The Incurable Romantic

심리치료실에서 만난
사랑의 환자들

사랑과 광기의 12가지 그림자

프랭크 탤리스 지음 | 문희경 옮김

어크로스

불치의 사랑으로 니콜라에게 바칩니다.

　로마 철학자 루크레티우스Lucretius는《사물의 본성에 관하여De rerum natura》라는 대서사시로 유명하다. 원자 운동과 우주와 시간을 비롯한 광범위한 주제를 다루는 이 시에는 심리학에 관한 내용도 풍성하게 담겨 있다.

　루크레티우스가 마음과 행동에 관해 쓴 글 가운데 인간이 사랑에 빠지면 어떻게 되는지를 묘사한 대목이 있다. 사랑에 빠지면 채워지지 않는 욕망으로 불안해하고 안절부절못한다. 성적 합일은 격정적이고 과격하지만 결국 일시적인 위안을 줄 뿐이다. 서로에게 더 많은 것을 갈구하기 때문이다. 마치 중독에 관한 설명처럼 읽힌다. 루크레티우스는 사랑에 빠지는 상태는 병들거나 더 심각하게는 미치는 것과 비슷하다고 말한다. 사랑은 치유되지 않는 병과 같고, 사랑에 빠진 사람은 겉으로 드러나지 않는 상처로 곪아간다. 사랑에 빠진 사람은 사랑으로 병이 나서 쇠약해지고 책임을 방기하고 무모하게 행동하고 과도한 선물에 돈을 퍼붓고 질투심으로 불안해한다.

루크레티우스는 이 모든 증상을 열거하고는 스탠드업 코미디의 장치를 쓴다. 우리의 기대를 뒤엎어 웃음을 끌어내는 장치 말이다. 그는 이렇게 말한다. "이런 건 그나마 사랑이 잘 풀릴 때의 모습이다. 잘 풀리지 않을 때는 어떨지 상상해보라." 갑자기 루크레티우스가 고대 철학자가 아니라 친한 친구나 술친구처럼 느껴진다.

이어서 루크레티우스는 사랑이 잘 풀리지 않으면 어떻게 되는지 기술한다. 사랑이 잘 풀리지 않으면 망상에 빠져 객관적 판단력을 상실한다. 끊임없이 환각에 빠져 산다. 평범한 대상을, 심지어 추한 대상조차 지고의 미美로 지각한다. 사랑하는 사람과 멀리 떨어질 수 없고, 사랑하는 이 이외에 세상의 모든 사람이 무의미해 보인다. 절망에 빠지고, 무력해지고, 음탕한 쾌락이 서로를 옭아맨다. 루크레티우스는 사랑의 여신에게는 견고한 족쇄가 있다고 경고한다.

2000년 전 로마의 철학자가 오늘날 우리가 잘 아는 상사병을 기술하다니 흥미롭고 놀랍다. 어쩌면 인간의 본성이 고대와 크게 달라지지 않았는지도 모른다. 루크레티우스는 여기서 멈추지 않는다. 자신의 주장을 정교하게 발전시켜서 잘 풀리는 사랑과 잘 풀리지 않는 사랑, 말하자면 정상적인 사랑과 비정상적인 사랑을 구분한다. 넓게 보면 정신의학 자체가 이런 구분 위에서 출발했다. 정신의학이란 한 마디로 다양한 '정상'인 사람들 가운데 비정상적인 사람들을 찾아내는 학문이다.

사실 루크레티우스가 기술하는 잘 풀리는 사랑의 증상은 잘 풀리지 않는 사랑의 증상보다 조금 덜 극적일 뿐이다. 정상과 비정상 사이에 뚜렷한 차이가 있는 것이 아니라 연속선에서 심각도가 점점 커지는 것이다. 루크레티우스가 이런 구분에 관해 딱히 뚜렷한 신념을 가진 것은 아닌 듯하다. 그는 단지 농담을 효과적으로 전달하기 위해 구분했을 뿐이다.

루크레티우스는 사랑에 애태우는 사람들을 바보라고 부른다. 그들의 어리석음을 함께 비웃자고 우리를 초대한다. 남이 웃음거리가 될 때 구경하면서 느끼는 쾌감도 분명 존재하지만, 사실 우리가 사랑을 앓는 사람들을 비웃는 것은 위선적이거나 기계적인 태도일 뿐이다. 사랑에 빠져서 어리석은 행동(혹은 조금이라도 나답지 않은 행동)을 해본 적이 없는 사람이 얼마나 될까? 세상을 등지거나 감정을 억누르는 사람만이 사랑 앞에 무덤덤할 뿐이다.

루크레티우스에 관해서는 알려진 바가 거의 없다. 성 히에로니무스 St. Hieronymus 는 루크레티우스가 중년에 이르러 스스로 목숨을 끊었다고 전한다. 사랑의 묘약으로 미쳐버린 것으로 전해진다. 어쩌면 그는 사랑의 열병을 더 진지하게 바라보았어야 했는지도 모른다.

그 여자는 명석하고 유명한 오페라 가수였지만 지독한 우울증을 앓고 있었다. 우울증 환자가 그렇듯 그녀도 극도로 짜증이 심했다. 그녀는 내게 남편과의 잠자리가 어떤지 털어놓았다. "내가 무슨 섹스인형이 된 기분이에요." 그러면서 입을 'O'자 모양으로 벌리고 팔다리에 뻣뻣하게 힘을 주었다. 그러다 휙 나를 보았다. 그제야 내가 앞에 있는 걸 깨달은 듯했다. 그녀는 실눈을 뜨고 물었다. "왜 이런 일을 하세요?" 나는 고민 없이 하나 마나 한 대답을 했다. "직업이니까요…." 그렇게 건성으로 답할 문제가 아니었지만 자세히 설명할 틈이 없었다. 그녀는 심리학자의 통찰력 있는 답변을 기대한 터였다. 그녀가 버럭 화를 내듯이 말했다. "온통 비참하고 불행한 얘기들뿐이잖아요. 매일같이 남들의 쓰레기 같은 소리들, 제가 하는 이런 쓰레기 같은 소리나 들어주잖아요! 이런 일로 먹고사는 사람은 도대체 어떻게 생겨먹은 사람이에요?" 그러다 눈에서 불길이 사그라지고 자기혐오의 수렁에 빠지는 듯 보였다. 그녀는 보일 듯 말 듯 미안한 몸짓을 보였다. 나는 "괜찮습니다"라고 말했고 더 괜찮은 대답도 해주었지만 여전히 완벽하지 않고 다소 솔직하지 않은 대답이었다.

정말 왜 나는 심리치료자가 됐을까?

감상적이고 안전한 대답은 사람들을 돕고 싶다는 것이다. 이건 사실이다. 그렇지만 전혀 시원한 답변이 아니다. 소방관에게 왜 소방관이 되었냐고 묻자 무덤덤하게 "불 끄려고요"라고 답하는

격이다.

내가 기억하는 한, 나는 늘 오지와 주변부와 경계가 모호한 지대와 괴상한 것들에 끌렸다. 사춘기에는 괴기스러운 소설과 공포영화를 닥치는 대로 읽고 보았다. 인간 마음의 음침한 구석과 괴상한 행동을 다루는 장르를 좋아했다. 성인이 되면서 괴상한 것(특히 괴상한 심리)에 대한 관심이 다소 수그러들고 지적 호기심에 조금 더 다가섰다. 그래도 본질은 변하지 않았다.

나는 다양한 임상 현장에서 일했고, 그중에는 정신없이 돌아가는 대형병원도 있었다. 어디서든 나는 번잡하고 깨끗한 '무대 전면'(접수대나 외래 진료실이나 병동)은 되도록 피하고 옆길로 새서 지하와 휑한 복도와 텅 빈 사무실을 배회했다. 으슥하고 구석진 곳에서 헤맬 때는 한참이나 아무도 마주치지 않을 때도 있었다. 어느 날은 천장이 유리판으로 덮인 버려진 수술실 같은 방을 발견했다. 유리판은 거의 다 깨지고 타일 바닥에는 낙엽이 흩어져 있었다. 한가운데에는 흰색 에나멜로 덮인 낡은 기계가 있었다. 바퀴 모양의 받침 위에 망원경처럼 생긴 장치가 놓여 있고, 장치에는 레버가 달려 있었다. 허버트 조지 웰스나 쥘 베른의 소설 속으로 걸어 들어간 느낌이었다. 또 한 번은 먼지 앉은 선반이 줄줄이 늘어선 방을 발견했다. 선반마다 직사각형의 투명 아크릴 용기가 놓여 있고 용기 안에는 포름알데히드 용액에 담긴 인간의 뇌 조각이 있었다. 그 이미지는 마치 기억의 도서관 같아서 잊히지 않았다. 어느 빅토리아 시대풍의 정신병원에서는 과거에 입원한 환자들이 만든 작품을 모아 둔 작은 박물관을 발견했다. 내가 유일한 관람객이었다. 관리인(키가 작고 경계심이 많아 보이는 여자)이 다가와 다짜고짜 무더운 날씨가 살인 행동에 미치는 영향에 관해 어떻게 생각하는지 물었다.

증상에는 원인이 있게 마련이다. 증상은 뇌 기형이나 신경전달물질의 불균형이나 억압된 기억이나 왜곡된 사고로 인해 나타날 수 있다. 증상은 또한 이야기의 종착점이기도 하다. 나에게 심리치료는 과학이자 연민인 동시에 서사로서도 의미가 있다. 어쩌면 의미가 있는 정도 이상일 수도 있다. 이것이 내가 그 우울한 오페라 가수에게 털어놓지 못한 불편한 진실이다. 요컨대 내가 날마다 심리치료의 고통스러운 과정을 감당할 수 있는 이유는 이야기 듣는 것을 좋아하기 때문이다. 특히 이상한 내용이 섞여 있고 기이하거나 충격적인 증상을 설명해주는 이야기를 좋아한다. 그래서 양심의 가책을 느끼기도 하지만 이런 면에서는 다른 훌륭한 심리치료자들도 자유롭지 않다는 데 조금 마음이 놓인다.

심리치료는 오래전부터 스토리텔링과 연관되었다. 훗날 정신분석으로 발전하는 치료법으로 치료받은 최초의 환자는 안나 O Anna O 다. 그녀는 프로이트의 후원자이자 공동 연구자였던 요제프 브로이어 Josef Breuer에게 치료받았는데, 변성 의식 상태*에서 안데르센의

---

* 깨어 있을 때의 의식과 다른 의식 상태. 수면 상태나 최면 상태.

동화를 연상시키는 이야기를 들려주었다. 안나 O를 치료하는 데 대화가 중요한 요소가 되었기 때문에, 안나 O는 브로이어의 치료법을 '대화치료'라고 불렀다.

사람들은 살아 있는 이야기책이다. 대화치료는 책의 표지를 열고 그 안의 이야기가 밖으로 흘러나오도록 도와준다.

이 책은 실존인물들의 실제 이야기를 바탕으로 한 것이다. 모두가 사랑에 빠졌거나 사랑의 고통을 안은 채 나를 찾아온 사람들의 이야기다. 그리고 모든 사람이 정서 문제나 성 문제, 혹은 두 가지 모두에 시달린다. 루크레티우스의 말처럼 낭만적 사랑은 거의 언제나 육체적 욕망과 연결된다. 이 책에 나오는 임상 현상(증상, 감정, 행동)은 모두 사실이지만 환자들의 익명성을 보장하기 위해 가명으로 소개했다.

3500년 이상 전에 이집트에서 지어진 거의 최초의 시는 사랑에 빠진 사람들의 절망을 병으로 묘사한 아름다운 연가戀歌다. 고대 의학 문헌에서도 사랑에 빠진 상태를 병으로 기술한다. 2세기의 그리스 의사 갈레노스Galenos는 어느 부인이 무용수와 사랑에 빠져서 잠도 이루지 못하고 이상한 행동을 하는 사례를 소개한다. 상사병은 고대 그리스·로마 시대부터 18세기에 이르기까지 정당한 진단으로 간주되었다는 기록이 있지만 19세기에는 거의 사라졌다. 오늘날 상사병lovesickness이라는 말은 진단보다는 은유로 쓰인다.

사랑에 빠진 사람이 고통스러운 심정을 토로하면 기껏해야 알량한 공감과 함께 냉소적이고 다 안다는 듯한 미소만 돌아온다. 비웃거나 조롱하는 반응도 흔하다.

하지만 상사병은 결코 가벼운 문제가 아니다. 짝사랑이 자살로 이어지는 예도 적지 않고(특히 젊은 사람들 사이에), 모든 살인의 약 10퍼센트가 성적 질투와 관련이 있다. 정신의학과 심리학에서는 연인이나 부부 사이의 문제를 정신질환과 연관 지을 뿐 아니라 정신질환의 주요 원인으로 이해하는 관점도 있다.

나는 사랑 때문에 고통 받는 환자들에게 심리치료를 해주면서 마음의 고통과 문제 행동의 심각성이 주요 정신질환의 핵심 증상과 일치하는 것을 발견했다. 환자들은 생각과 감정을 말하는 것을 수치스럽게 여기고 사랑의 고통이 일시적이거나 사춘기에 지나가는 현상이거나 사소하거나 우스꽝스럽다는 일반적인 시각을 내면화해왔다. 진실과는 동떨어진 시각이다. 사랑에 빠진 감정과 행동은 오래 지속되고 심각해질 수 있다. 나는 평범한 사람들이 격정에 휩쓸리는 것도 보았고, 거절당한 후 두고두고 고통스러워하는 것도 보았다. 환자들이 심리적 벼랑 끝으로, 음침하고 무서운 곳으로 걸어가는 동안 그들과 동행하면서 부적절한 한 마디나 서툰 표현 하나에도 절벽 아래로 뛰어내릴 수도 있겠다고 느꼈으며, 환자들이 세이렌의 망각의 노래를 듣고 해방과 영원한 안식을 믿고는 내가 벼랑 끝에서 물러서라고 아무리 말려도 소용이 없는 경우도 겪었다. 욕망과 갈망으로 속이 텅 빈 사람들이 서서히 쪼그라들면서 점점 희미해져가는 과거의 자기를 끌어안고 사는 경우도 보았다. 어떤 경우에도 나는 냉담하게 다 아는 듯한 미소를 짓지 않았다.

'불치의 낭만적 사랑'●은 단지 재미있게 붙인 제목이 아니라, 임상 현장의 불편한 현실을 담은 제목이다. 고대 이집트의 어느 열정적인 시인은 의사에게 치료약이 있다 해도 그의 심장을 고쳐주지 못한다는 인상적인 시구를 남겼다. 그 시인의 말이 옳았을지 모른다.

사랑 앞에서는 모두가 평등하다. 누구나 사랑을 원하고, 누구나 사랑에 빠지고, 누구나 사랑을 잃고, 누구나 사랑의 광기를 어느 정도는 안다. 사랑이 이루어지지 않으면 재산도 교육도 지위도 무용지물이 된다. 버림받은 귀족은 버림받은 버스기사만큼 상처 받는다. 프로이트를 비롯해 심리치료의 거의 모든 주요 이론가들은 사랑이 인간의 행복에 필수 요소라는 데 동의한다.

나는 사랑에서 시작된 문제, 곧 사랑의 열병과 질투, 애달픈 심정, 정신적 외상, 부적절한 애착, 중독을 비롯한 모든 문제를 진지하게 바라보아야 하고, '정상'적인 사랑과 '비정상'적인 사랑은 경계가 모호하다고 믿는다. 나의 이런 관점이 앞으로 소개할 다소 불편할 수도 있는 고백으로 입증되기를 바란다. 불편할 수도 있다고 말하

● 이 책의 원제는 'The Incurable Romantic'이다.

는 이유는 진화 과정에서 신경계에 뿌리내린 인류 보편의 취약성이 드러나기 때문이다. 단순한 성적 끌림이라는 불씨 하나가 모든 것을 태워버릴 불길로 번질 수 있다. 모든 인간의 마음에 이런 성향이 잠재해 있기에 병원에서 만나는 환자들의 사례가 그토록 매혹적인 동시에 두려움을 주는 것이다. 이런 환자들은 우리 자신의 지난 연애를 돌아보게 하고 우리 앞에 놓일 수 있는 위험을 경고해준다.

심리치료는 내분이 심한 학문 분야로 악명 높다. 다양한 학파가 공존하고(예: 정신분석, 게슈탈트, 합리적 정서치료), 각 학파는 (기본적인 가치관과 원리를 지키면서도) 주류에서 갈라져 나온 치료법을 내놓은 주요 학자로 대표된다. 정통에서 벗어난 학파들은 이론을 조금 손보는 경우부터 주요 원리를 대대적으로 수정하는 경우까지 다양하다. 심리치료의 역사는 내분과 분열과 분리독립과 학문적 적대감으로 점철되어 있다. 나무에서 큰 줄기가 몇 갈래 갈라져 나오고 줄기마다 다시 수많은 곁가지가 갈라져 나오는, 복잡한 수형도를 떠올리면 된다. 이렇게 가지가 갈라지면서 발전하는 과정은 불과 100년 남짓한 시간에 일어났고, 지금도 계속되고 있다.

이런 종류의 심리 서적은 서두에 저자의 이론적 배경을 소개하는 것이 관례로 굳어졌다. 대개는 저자가 선호하는 한 가지 접근법으로 증상을 해석하고 이해한다. 하지만 나는 한 가지 학파를 고수하면 불필요한 제약에 갇힌다고 생각한다. 심리치료의 역사에서 가장 멀리 뻗어나간 곁가지의 학자라고 해도 증상의 원인과 유지와 치료에 관해 중요하거나 유용한 관점을 내놓을 수 있기 때문이다. 따라서 이 책에서는 임상 사례를 소개하면서 심리치료의 다양한 관점의 해설을 함께 싣는다.

심리치료자들은 심리학 안에서 서로 논쟁을 벌이면서도, 정신질환의 근본 원인을 생물학적 요인에서 찾는 정신의학자들과의 더 큰 논쟁에 참여할 때는 보다 통일된 집단의 모습을 보여준다. 생물학적 정신의학에서는 모든 정신질환의 원인이 뇌의 구조적 혹은 화학적 이상에 있다고 전제한다. 이런 전제에서는 자연히 더 근본적인 과학인 생물학이 심리학을 이긴다는 결론에 이른다. 정신질환을 이해하는 생물학적 관점과 심리학적 관점이 양극화되고, 각 관점을 지지하는 사람들은 대체로 열성적이고 목소리가 크다. 다시 말하지만 나는 이런 논쟁이 (특히 극단적으로 흐르면) 소모적일 뿐이라고 생각한다.

모든 정신 상태는 뇌 상태와 연결된다고 가정한다고 해서 심리학이 틀렸다는 의미는 아니다. 생물학이 화학에 의해 틀렸다고 입증되지 않고 화학이 물리학에 의해 틀렸다고 입증되지 않는 것과 마찬가지다. 세상의 거의 모든 현상은 다양한 방식과 다양한 차원으로 기술되고, 인간의 정신도 예외가 아니다. 다양한 관점이 주어진 현상을 더 완벽하고 충실하게 이해할 수 있게 해준다. 따라서 이 책의 사례 해설은 생물학적 정신의학과 뇌과학을 모두 참조한다.

그는 열아홉 살의 철학과 학생이었다. 그는 머리도 감지 않고 수염을 지저분하게 기르고 있었다. 불면의 밤을 말해주듯 눈 밑이 퀭하고 옷에서 담배 냄새가 났다. 여자친구한테 차인 후 지난 수 세기에 걸쳐 시인들이 노래한 상사병의 갖가지 증상을 두루 체험하고 있었다. 그의 몸에서 고통과 분노의 격랑이 점점 커지는 듯했다.

"어떻게 된 건지 모르겠어요. 도저히 모르겠어요." 그는 초조하게 다리를 떨면서 말했다. "뭐든 답을 주실 수 있나요?" 그가 '뭐든'에 방점을 찍은 탓에 정말 순수하게 물어보는 질문이 아니라 나의 무능을 비꼬면서 도발하는 질문으로 들렸다.

"무엇을 묻는 건지에 따라 다릅니다." 내가 대답했다.

그의 핏기 없는 얼굴이 상기되었다. "이런 게 다 뭐죠? 그러니까… 인생도, 사랑도. 다 뭘까요?"

사랑과 인생이 자주 함께 묶이는 이유는 사랑 없는 인생은 생각할 수 없기 때문이다. 우리가 사랑의 본질에 대해 물을 때는 인간이란 무엇이고 어떻게 살아야 하는지에 대한 심오한 질문을 던지는 셈이다.

젊은 환자는 허공에 팔을 던지고는 그대로 멈춘 채 물었다. "네?"

차례

The Incurable Romantic

1장

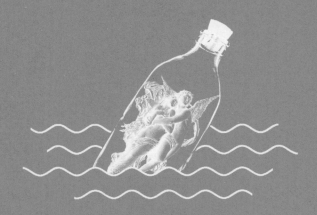

그는 나에게 반했다

클레랑보 증후군과 색정형 망상장애

사랑에 빠지는 건 고통스럽다.

누구나 사랑에 빠지는 게 어떤 건지 안다.

그 욕구와 절망과 갈망을 안다.

계속 살아갈 용기와 힘을 주는 건 시간이 아니다.

계속 살아가야 하는 이유는 희망에 있다.

　우리는 조그만 테이블을 사이에 두고 등받이가 높은 안락의자에 마주 앉았다. 손 닿는 자리에는 심리치료자의 필수품인 티슈상자가 놓여 있었다. 모든 직업의 부대용품 가운데 이보다 더 재미없는 물건이 또 있을까. 나는 오랜 세월 사람들이 우는 걸 보면서 살아왔다.

　40대 중반의 메건은 수수한 옷차림에 평범하고 얼굴이 둥그스름한 여자였다. 얼굴 양옆으로 진갈색 단발이 내려와 턱 밑으로 단정히 말려들어갔다. 전체적으로 푸근한 인상을 주는 사람이었다. 온화한 표정에 공손하고 남을 의식하는 미소를 지었다. 치맛단이 무릎 아래로 내려오고, 실용적인 디자인의 신발을 신고 있었다. 야박한 사람이라면 촌스럽다고 말할 수도 있었다.

　지역 보건의*에게서 온 진료 의뢰서에는 메건에 관한 주요 사실들이 간략히 적혀 있었다. 의뢰서(비서가 녹음 내용을 풀어서 정리한

● general practitioner. 영국의 국민건강보험NHS에서 1차 진료를 담당하는 일반의.

서류)의 어조는 대개 중립적이다. 간결하고 짤막한 문장으로 극적인 내용은 감추고 이름과 나이, 주소, 상황 정도만 기술한다. 하지만 메건의 의뢰서에는 연극적 열기가 담겨 있었다. 주요 사항만 간략히 기록하는 의뢰서에서조차 비극적인 사랑의 주요 내용이 식지 않았다. 극단의 감정, 제멋대로인 태도, 욕정과 욕망이 분출되었다.

메건이 상담실에 도착하기 전에 의뢰서를 훑어보다가 어떻게 생긴 사람일까 궁금했다. 당연히 의뢰서 내용에 어울리는 로맨스의 여주인공이 떠올랐다. 늘씬하고 흐트러진 머리카락에 뭔가에 홀린 듯 망연한 눈빛의 여인 말이다. 그래서 메건이 상담실에 들어설 때 적잖이 실망한 것이 사실이다.

흔히 진부한 생각이 얼추 들어맞는 편이지만 외모는 상당히 기만적일 때가 많다. 첫 만남에서는 서로를 제대로 보지 못한다. 한참 만나야 그가 어떤 사람인지 어느 정도 파악할 수 있다. 메건도 처음에는 그저 법률사무소 직원으로밖에 보이지 않았다. 알고 보면 훨씬 낭만적인 사람이지만 첫 만남에서 나는 내가 가진 편견의 벽 너머를 보지 못했다.

나는 간단히 내 소개를 하고 지역 보건의에게 받은 의뢰서를 보았다고 말했다. 그래도 직접 사정을 듣고 싶다고 말했다.

"어렵네요." 메건이 말했다.

"네, 물론 어렵죠." 나도 동의했다.

"사정을 말씀드릴 수는 있어요. 어떻게 된 건지 얘기할 수 있어요. 그런데 어떤 감정인지는 말로 표현하는 게 참 어려워요."

"급할 거 없어요. 천천히 얘기해도 됩니다."

메건은 몇 차례의 경미한 우울증 증상 외에는 특별히 심각한 심리 문제를 겪은 적이 없었다. 메건이 말했다. "우울증을 심하게 앓은 적은 없어요. 그러니까 제가 아는 어떤 사람들처럼 겪은 적은 없어요. 그냥 조금 울적해질 때가 있어요. 그뿐이에요. 그러다 몇 주 지나면 다시 기분이 좋아지고 괜찮아져요."

"울적해지는 이유는 찾았나요?"

"제가 일하는 법률사무소 변호사들이 좀 까다로워요. 그래서 스트레스를 받았나 봐요."

나는 공감하듯이 고개를 끄덕이며 몇 가지를 적었다.

메건은 결혼 20년차였다. 회계사인 남편 필립과 화목하게 살았다. "저희 부부는 아이가 없어요." 메건이 먼저 말을 꺼냈다. "아이를 갖지 말자고 합의한 게 아니라 어쩌다 보니 때를 놓쳤어요. 계속 미루다 보니 결국 더 이상 중요한 문제로 생각하지 않은 거죠. 가끔은 아이를 낳았으면 어땠을지, 엄마가 됐으면 어땠을지 생각하기는 하지만 그렇다고 막 후회하는 건 아니에요. 소중한 뭔가를 잃었다는 생각은 들지 않아요. 남편도 같은 생각일 거예요."

2년 전에 메건은 사랑니 발치 전문 치과의사에게 진료를 받았다.

"그 사람을 처음 만난 때가 기억납니까?"

"데이먼이요?" 치과의사의 성을 빼고 이름만 부르는 게 조금 이상하게 들렸다. 대수롭지 않은 문제일 수도 있지만 메건의 사례에서는 중요했다.

"베르마 씨요." 메건의 표현을 고쳐주려는 게 아니라 단지 우리가 같은 사람을 가리키는 건지 확인하기 위해 그 치과의사의 성을 다시 말했다.

메건이 약간 놀란 얼굴로 쳐다보았고, 나는 계속하라고 손짓했다. "그 사람이 제 이를 살펴보고는 뽑아야 한다고 했어요. 진료 후 저는 집으로 돌아갔죠."

"그 사람이 매력적이었나요? 뭔가가 느껴졌습니까?"

"꽤 잘생겼다고 생각했어요. 유쾌한 사람이었어요. 그런데…." 메건은 고개를 저었다. "모르겠어요. 그게, 이래서 어렵다는 거예요. 이런 건 말로는 표현이 안 되거든요. 뭔가 느껴진 거 같아요. 처음 본 순간. 네, 그랬던 거 같아요. 다만 어떻게 된 건지 확신이 들지 않았어요. 무척 혼란스러웠어요."

메건의 목소리에서 고통이 묻어나서 내가 말했다. "괜찮습니다…."

데이먼 베르마는 발치 수술을 집도했고, 수술은 순조롭게 끝났다. 전신마취가 풀리고 의식이 돌아온 후 메건은 다른 느낌을 받았다. "주위에서 사람들이 움직이는 게 느껴졌어요. 간호사 둘이요. 소리가, 말소리가 들렸어요. 눈을 뜨고 천장의 전등을 보면서 이런 생각을 했어요. 그 사람을 봐야 돼. 두렵지도 않고 걱정되지도 않았

어요. 수술이 어떻게 됐는지 궁금하지도 않았어요. 그냥 그 사람이
보고 싶었어요."

"왜죠?"

"그냥… 그러고 싶었어요. 잘 모르지만 그래야 할 것 같았어요."

"그 사람한테 하고 싶은 말이 있었습니까?"

"아뇨. 그냥 보고 싶었어요."

"그랬군요. 그런데 왜일까요?" 나는 더 정확한 답을 끌어내려고
해봤지만 메건은 정확히 대답해줄 마음도 없고 그럴 수도 없었다.

치과의사는 호출을 받고 회복실로 찾아왔다. 메건의 손을 잡으며
아마도 일상적인 위안의 말을 해주었을 것이다. 그가 무슨 말을 했
는지 메건이 기억하지 못하는 이유는 제대로 듣지 않았기 때문일
것이다. 메건은 그의 얼굴에 반했다. 비정상적으로 아름다운 얼굴,
남자에게 중요한 힘과 능력과 성공을 표상하는 얼굴로 보였다. 그
리고 메건은 그의 눈에서 놀라운 뭔가를, 숨이 턱 막힐 만큼 뜻밖
의 뭔가를 보았다. 그것은 둘만의 교감이었다. 메건이 그를 원하는
만큼 그도 자기를 원한다고 느꼈다. 확실했다. 왜 전에는 못 봤지?
그가 물러서려고 하자 메건이 그의 손을 조금 꽉 쥐었다. 그가 당
황한 듯 보였다. 물론 당황스러우시겠지. 감정을 표현할 수 없을 테
니까. 그 자리에서는, 간호사들이 보는 앞에서는. 어떻게 회복실에
서 환자에게 사랑을 밝힐 수 있겠는가? 의사로서의 평판도 생각해
야 할 터였다. 메건은 그의 연기가, 진실을 숨기려는 어설픈 시도가

조금 재미있었다. 그의 손가락을 놓아주면서 확실히 알았다. 서로를 향한 사랑이 강렬하고 압도적이라 둘이 평생 함께 살 테고 함께 죽을 가능성도 크다는 사실을.

첫눈에 빠지는 사랑

마법에 걸린 공주가 깊은 잠에서 깨어나서 백마 탄 왕자의 눈을 그윽하게 바라본다. 그림 형제의 《작은 들장미》에 나오는 장면이지만, 그림 형제보다 100년 이상 앞서 샤를 페로Charles Perrault가 쓴 《잠자는 숲속의 공주》에도 나온다.

사랑에 그렇게 깊이, 그렇게 한순간에 빠져드는 것이 가능할까? 아니면 동화 속에서나 일어나는 일일까? 매력에 대한 판단은 순식간에 일어나고, 일단 좋은 쪽으로 판단이 서면 그에 맞는 추론이 이어진다. 사람들은 대개 아름다운 사람이 더 호감을 주고 다정하고 재미있을 거라고 가정한다. 심리학에서 충분히 연구된 후광효과halo effect라는 현상이다. 하지만 메건의 경험은 훨씬 심오한 것이었다. 서로 모르는 사람들이 찰나에 의미 있고 오래가는 관계를 형성하는 것은 불가능해 보인다. 어떻게 그런 일이 가능할까? 두 사람은 서로를 알지 못한다. 하지만 많은 사람이 첫눈에 사랑에 빠진 적이 있다고 말하고, 사랑에 빠진 많은 커플이 함께 산다. 일부 심리학자는 이렇게 순식간에 상대에게 끌리는 능력은 진화적으로 유리하다고 말한다. 성적 접촉이 빨라져서 자식을 낳을 기회를 덜 허비할 수 있기 때문이다. 그러면 유전자가 다음 세대로 전달될 가능성이 높아지므로 개인에게도(적어도 개인의 유전자에게도) 좋고 궁극적으로는 종種에도 좋다. 첫눈에 사랑에 빠지는 성향은 본능적이고 생물학적인 것일 수도 있다는 뜻이다.

메건이 베르마를 처음 본 순간 사랑에 빠진 건 그렇게 이상한 일이 아닐 수 있다. 하지만 혼자만의 감정을 서로 주고받는 감정이라고 믿고 고집하는 것은 다른 문제다. 사람들은 보통 같은 주파수로 소통하고 서로의 마음을 파악하지만 상대의 생각과 감정을 확실히 안다고 주장하는 경우는 흔치 않다. 더구나 메건처럼 잠깐 만나고도 그러는 경우는 드물다.

"데이먼 베르마가 당신을 사랑하는 건 어떻게 알았습니까?"

"그냥 알았어요."

"네, 어떻게요?"

"그냥 알았어요."

메건이 이렇게 같은 말만 되풀이해서 대화가 막혔다. 나는 잠시 교착상태를 풀어갈 최선의 방법이 무엇일지 고민했다. 프로이트 시대부터 현재까지 심리치료자들은 소크라테스식 질문을 자주 활용한다. 전제에 의문을 던지고 환자가 좀 더 비판적으로 사고하도록 돕는 방법이다. 소크라테스식 질문은 의문을 제기하기보다는 조심스럽게 우회적으로 물어볼 때 최선의 효과를 거둔다. "장애물을 만나면 부딪히려 하지 말고 돌아가라"라는 동양의 지혜와 일맥상통한다.

내가 물었다. "우리는 왜 어떤 건 믿고 어떤 건 믿지 않을까요?"

메건은 내가 갑자기 초점에서 벗어난 것처럼 실눈을 뜨고 보았다. "그건 다 이유가…."

"그럼 당신의 이유는 뭔가요? 데이먼 베르마가 당신을 사랑한다고 믿는 근거가 뭐죠?"

"그건 분석할 수 있는 게 아니에요."

"그 말이 맞을 수도 있겠죠. 그래도 이 문제를 잠시 짚어보고 싶어요. 뭐가 나오는지 보자고요."

메건은 말이 없었다. 상담하다 보면 침묵이 흐르며 시간이 멈춘 것 같은 순간이 있다. 정적이 감돈다. 그럴 때는 질문하는 것조차 어설프고 강압적으로 보인다. 나는 자세를 고쳐 앉았다. 이 단순한 변화에 마법이 깨지고 시간이 다시 흐르기 시작했다.

"그 사람 눈에서 보였어요."

"뭐가 보였는데요?"

"욕구. 사람들 눈에 다 보이지 않나요?" 메건이 방어적인 태도로 날카롭게 되물었다.

"사람들은 항상 표정을 해석해요. 그래도 표정만 보고 그 사람이 무슨 생각을 하는지 다 알 수 있을까요?"

"항상은 아니죠."

"당신은 데이먼 베르마의 환자였고, 그 사람한테 면담을 요청했어요. 당신이 그 사람의 표정을 잘못 해석한 것일 수도 있지 않을까요? 당신이 본 건 사실 배려나 걱정 같은 것일 수도 있잖아요."

"제가 본 건 더 의미 있는 거였어요. 그런 표정 있잖아요. 왜 있잖아요, 사랑의 표정이랄까…."

사람들은 사랑의 표정에 관해 말한다. 실제는 연구자들이 교미응시copulatory gaze라고 일컫는 현상으로, 한쪽이 시선을 돌리기 전에 몇 초 동안 서로 눈이 마주치는 상태다. 서로 사랑하게 될 두 사람이 처음 만나는 순간 나타나는 현상으로, 이처럼 강렬히 탐색하는 시선은 대개 성적 관심을 드러낸다. 유인원도 거의 비슷한 행동을 보인다.

"당신은 확신하잖아요."

"네."

"혹시 다른 가능성은 없을까요?"

"아뇨, 딱히…."

"그게 그 사람 눈에 보였군요."

"제가 본 게 뭔지는 잘 알아요." 메건이 손바닥을 펼쳐 보이며 미안하다는 미소를 지었다. 그녀는 무슨 말을 하려고 한 걸까?

사실 베르마의 눈에는 특별한 것이 없었다. 희미한 욕구의 기미조차 없었다. 메건은 그저 환자였을 뿐이다. 베르마는 병원 몇 군데와 제휴하고 대규모 개인 부담 진료소에서 일하는 바쁜 치과의사였다. 그의 입장에서는 의사와 환자 사이로 만났고 이제 발치 수술을 마쳤으니 헤어지면 끝날 일이었다. 그는 회복실에서 나간 후 몇 차례의 후속 진료 외에는 메건을 다시 만날 일이 없을 줄 알았을 것이다. 하지만 시간이 흐르고 그가 잘못 판단한 것으로 드러났다. 크게 착각한 것이다.

감당하기 힘든 감정

"그 사람 생각을 떨쳐낼 수가 없어요. 그 사람도 절 생각하는 게 느껴지고요."

"무슨 뜻입니까? 느껴지다니…."

메건은 내 질문을 무시했다. "너무 불공평해요. 우리 둘 다 같이 있고 싶어 해요. 그런데 그 사람은 자기 상황을 해결할 방법을 찾지 못했어요."

"그 사람이 정말로 당신과 함께 있고 싶다면 아내와 헤어지면 되지 않을까요?"

"아뇨. 그분은 착한 사람이에요. 진짜 착한 사람이요. 아내의 마음을 아프게 하고 싶지 않은 거예요."

"그 사람이 그런 말을 하던가요?"

"굳이 말할 필요가 없었어요." 메건이 피곤한 표정으로 나를 보았다. 다시 자기를 변명하고 싶지 않은 듯했다. 이제 소크라테스식 질문도 성가신 듯했다.

메건은 수술을 받은 후 밤낮으로 베르마에게 집착했다. 다시 직장으로 돌아갔지만 밤잠을 설치고 출근하느라 업무에 집중하지 못했다. 베르마와 가까이 있고 싶은 마음이 간절했다.

"성적으로 끌린 건가요?"

"아뇨." 메건이 항변하듯 말했다. 그리고 한숨을 내쉬었다. "흠, 맞아요. 그런 것도 있었어요. 그래도 그건 아주 작은 일부였어요. 오해의 소지가 있어요, 섹스는요. 우리가 같이 있을 수 있다면 몸으로 꼭 뭘 하지 않아도 문제 될 거 없어요. 딱히. 그래도 우린 서로를 원했을 거예요."

메건의 남편은 아내의 기분이 갈수록 저조해지는 걸 알아챘다. 뚜렷한 원인은 없었다. 아내와 대화를 나눠보려 했지만 아내는 그를 피하면서 속내를 드러내지 않았다.

그렇게 몇 주가 흘렀다.

베르마에게 연락하고 싶은 마음이 나날이 커졌다. 떨어져 지내는 시간이 견딜 수 없고 고문처럼 느껴졌다. 메건은 용기를 내서 그에게 전화했다. "어색한 통화였어요. 그 사람한테 감정에 솔직해질 기회를 주었지만 두려워하는 것 같더군요. 그 사람한테는 감당하기 힘든 일이겠죠."

"그 사람한테 뭐라고 말했습니까?"

"처음에는 수술 후 회복 상태에 관해 얘기했어요. 그러다 결국 단도직입적으로 말을 꺼내야 했어요. 만나서 커피나 한 잔 하면서 어떻게 할지 의논하자고 말했죠. 템플카페가 할리가에서 멀지 않은 곳에 있거든요. 전 택시를 타고 가겠다고 했어요."

"그러니까 그 사람이 뭐라던가요?"

"못 알아듣는 척하더라고요. 굴하지 않고 계속 말해봤지만 그냥 얼버무리기만 했어요. 뭐라고 핑계를 대고는 전화를 끊었어요."

"자신의 감정에 겁이 나서 전화를 끊은 거군요."

"맞아요…."

"꼭 그렇게만 해석할 수 있을까요?"

메건은 어깨를 으쓱했다.

메건은 단념하지 않았다. 계속 베르마에게 전화했고, 하루에 여러 번 할 때도 있었다. 치과 비서들이 싸늘하게 응대하며 전화 좀 그만하라고 말했다. 그러자 메건은 어찌어찌해서 베르마의 집 전화번호를 알아냈다. 베르마의 아내 앤지가 전화를 받자 메건은 애써 좋게 설명해보려 했지만(데이먼이 그렇게 해주기를 바랐을 테니까) 그의 아내는 버럭 화를 냈다.

"저더러 가서 도움을 받으라고 하더군요."

"그 말을 들으니 어떤 생각이 들었습니까?"

"그렇게 나올 줄 예상했어요."

"그럼 당신의 행동이 남들한테 어떻게 보일지 안 거네요?"

"미친 사람처럼 보인다는 말씀인가요?"

"그런 말은 안 했습니다." 나는 솔직하지 않았다. 사실은 그 말을 하고 싶었다.

"했어요." 메건이 고개를 끄덕였다. "다 알아요….."

"그래서 잠시 돌아보게 되지 않았나요? 당신이 뭘 하고 있는지 다시 생각해보게 되지 않던가요?"

"남들이 어떻게 생각하든, 그런 건 중요하지 않았어요."

"지금은 어떤데요? 지금은 중요한가요?"

우리는 작은 테이블 너머로 서로를 바라보았다.

메건은 베르마에게 매일 장문의 편지를 보내서 구구절절 해결책을 제안하고 부디 그들의 사랑을 부정하거나 거부할 수 없다는 사실을 알아달라고 애원했다. 진실을 받아들이지 않는다면 절대 행복해질 수 없다. 진실을 외면하는 이유가 뭐냐? 그의 책임도 아니고 우리 두 사람 모두의 책임도 아니다. 우리 둘이 뭘 어떻게 할 수 있었겠나? 굉장한 일이, 아름답고 기적 같은 일이 일어났고, 더 이상 물러설 데가 없다. 용기를 내서 둘이 함께 미래를 끌어안아야 한다. 우리 삶은 지금까지와 다를 것이다. 그리고 우리가 떨어져 살면 비참하고 불완전한 그림자로 살 것이다. 게다가 우리 두 사람의 미래만 불행한 것이 아니다. 각자 배우자들의 미래도 생각해야 한다. 필립과 앤지를 속이고 계속 거짓말해서는 안 된다. 둘 다 좋은 사람들이고 거짓 결혼생활을 지키느니 더 나은 삶을 찾아야 한다.

"그 사람이 일하는 병원 앞에서 기다렸어요. 몇 시간이고 기다렸어요. 그 사람이 나오는 걸 보고 그에게 달려갔어요."

메건은 잠시 말을 끊고 아랫입술을 깨물었다.

"어떻게 됐습니까?"

"얘기하기 싫어하더군요. 전 다 이해한다고 말해줬어요. 너무나 순식간에 벌어진 일이라 시간이 필요할 거라고요. 그래도 결국에는 이게 실제로 일어난 일이란 걸 인정해야 한다고 말해줬어요."

결국 베르마는 지역 보건의에게 연락했고, 지역 보건의가 그날 바로 메건의 남편에게 연락했다.

"남편분은 당신이 뭘 하는지 알고 나서 뭐라고 하던가요?"

메건은 천장을 쳐다보고 입술에 손을 댔다. 소리를 죽였지만 알아들을 수는 있었다. "자기는 별로 행복하지 않다고 했어요."

클레랑보 증후군

메건은 무엇이 문제였을까? 데이먼 베르마를 만나기 전 메건은 비교적 평범하게 살았다. 안정된 직장, 휴가, 취미생활, 남편과의 관계를 유지했다. 그러다 하루아침에 모든 게 바뀌었다.

메건은 드물지만 충분히 연구된 정신질환인 클레랑보 증후군Clérambault's syndrome에 해당했다. 프랑스의 정신과 의사 가에탕 드 클레랑보Gaëten de Clérambault가 1921년에 구체적으로 기술한 정신질환으로, 환자는 주로 여성이다. (거의 혹은 전혀 알지도 못하는) 남자와 사랑에 빠지고 그 남자도 자기를 열렬히 사랑한다고 믿는다. 대개는 남자가 먼저 자기를 사랑했다고 주장한다. 실제로는 아무런 자극이나 근거가 없는데도 이런 인식이 생긴다. 상대 남자(피해자 혹은 대상이라고도 불리는 사람)는 주로 나이가 많거나 사회적 지위가 높거나 유명한 사람이다. 범접하기 어려운 처지가 자극제가 될 수 있다. 이처럼 한쪽에서 마음대로 쫓아다니면 상대는 심각하게 괴롭힘을 당한다고 느낀다. 클레랑보 증후군은 남자에게도 나타날 수 있지만 대개는 여자가 훨씬 더 취약하다. 정확한 성비는 알려지지 않았지만 여자와 남자의 비율이 3 대 1 정도로 보인다.

클레랑보 증후군(또는 이와 상당히 유사한 증상)에 관한 기록은 이미 수 세기 전부터 존재했고, 고대 그리스·로마 시대의 작품에도 유사한 사례가 발견된다. 따라서 드 클레랑보가 1921년에 이 증상을 소개했을 때는 전혀 낯선 증상이 아니었다. 과거에는 색정증erotomania이라고 불리던 증상을 다시 정리한 것일 뿐이다. 그럼에도 그의 이름이 사랑의 질병 중에서도 가장 고통스러운 질병과 강력히 연결되어 떠오른다. 20세기 후반에는 특히 그랬다. 드 클레랑보가 감정만이 아니라 성적인 측면까지 포괄해서 기술했기 때문에 더 강력하게 연상되었을 것이다. 일례로 18세기에 색정증을 보이는 사람을 "변덕스럽고 사회 통념에서 벗어난 욕정을 광적으로 추구하는 사람"이라고 정의한 것과 비교된다.

현재는 클레랑보 증후군과 색정증이라는 용어를 혼용한다. 한때는 무신경하게도 "늙은 하녀의 정신병"이라고도 불렀다. 현대의 진단체계에서는 '망상장애: 색정형'으로 분류한다. 그럼에도 드 클레랑보는 여전히 정신의학사에서 여백의 주석으로 남아 있다. 그리고 사람들이 좀 더 명확하고 현대적인 용어보다 '클레랑보 증후군'을 더 많이 사용하는 이유는 발음도 더 듣기 좋고 극적으로 들리기 때문일 것이다. 이 말은 과거에 인간의 마음이 아직 암흑의 대륙이고 거의 탐험되지 않은 황무지로 남아 있던 흥미로운 시대를 연상시킨다.

드 클레랑보가 소개한 가장 유명한 사례는 영국의 조지 5세가 자기를 사랑한다고 믿는 53세의 프랑스인 재봉사였다. 그녀는 조지 5세를 설득하려고 몇 번이나 영국으로 건너가 버킹엄 궁전 앞에서 하염없이 기다렸다. 커튼이 살짝 움직이는 걸 보고 왕이 자기한테 신호를 보내는 것으로 믿었다. 왕이 다가오지 않아도 그녀의 확신은 흔들리지 않았다. 왕이 아직 부정하는 상태일 거라고 보았기 때문이다. "폐하가 절 싫어하실 순 있지만 결코 잊지는 못하실 거예요. 제가 그분께 무관심할 수 없듯이 그분도 제게 무관심할 수 없어요."

이 재봉사는 편집성 정신병도 앓고 있었다. 예를 들어 왕이 이따금 그녀의 일에 관여한다고 믿었다. 클레랑보 증후군은 조현병이나 양극성 장애*와 연관되는 경우가 많다. 메건의 사례가 흥미로운 이유는 평범함 때문이다. 메건의 일상이나 성격이나 과거의 삶에는 그녀가 훗날 겪을 증상을 암시하는 단서가 전혀 없었다. 따라서 메건의 사례는 정신건강에 관해서라면 누구나 팽팽한 줄 위를 걷고 있으며 중심을 잃고 떨어지기까지는 대단한 사건이 필요하지 않다는 사실을 보여주는 증거였다.

드 클레랑보는 1차 세계대전에서 큰 공을 세워 훈장을 받았을 뿐 아니라 예술가로도 인정받았다. 그의 작품은 현재 프랑스의 여러 박물관에 걸려 있다. 그중에 가장 독창적인 작품은 베일을 쓴 여인들을 사진에 담은 연작이다. 북아프리카 군병원에 파견되었을 때 모로코의 전통의상을 보고 옷감이 흘러내리는 형태에 매료되어 작품의 주제로 삼았다. 전통적인 프로이트학파라면 그의 작품의 흥미로운 형태에서 상징적인 암시, 가령 은폐와 유혹, 폭로와 누설의 징후 같은 요소를 찾아낼 것이다. 기묘한 이미지가 빅토리아 시대의 심령 사진을 연상시키는 구석이 있지만 최근까지도 문화사학자들의 관심 밖에 머물렀다.

1934년에 드 클레랑보는 두 차례에 걸친 백내장 수술에 실패한 후 거울 앞에 앉아 낡은 군용 권총으로 스스로 목숨을 끊었다. 카

---

* 조증이나 경조증과 우울증이 모두 나타나는 기분 장애.

메라 초점을 거울에 비친 자신에게 맞춰둔 채로.

그는 미리 작성해둔 유서에서 자신의 행동을 설명하려 했다. 유서에서 그는 자신이 루브르박물관에 기증하려 한 그림은 사기를 당해 구입한 것이라고 해명했다. 그는 그 일로 망신당하고 한 차례 우울증을 앓았던 터였다. 그러나 사실은 눈이 멀 수 있다는 가능성이 자살에 이르게 한 가장 큰 요인이었을 것이다. 그는 오랜 세월 두 가지 관점(예술가의 눈과 정신과 의사의 눈)으로 사람들을 연구했다. 사회의 모든 때와 접힌 부분과 주름진 부분을 세밀히 관찰해 이면의 현상을 파악하고자 했다. 이처럼 예리하게 지각하지 못하는 채로 살아가야 하는 삶은 그에게 무의미했을 것이다. 그는 방아쇠를 당기면서도 스스로를 자세히 관찰했을 것이다. 그가 무엇을 보았을지 궁금하다.

거부당한 '운명적' 사랑

"남편은 어떻게 나오던가요?"

"화를 냈죠. 그래도 험한 말은 하지 않았어요. 자기를 배신했다고 비난하지도 않았고요. 남편과 대화를 나누면서 설명해보려고 했지만 그이는 이해하지 못하더군요. 진심으로는요. 그이는 절 사랑한다면서, 자기는 언제까지나 내 곁에 있어줄 거라고 말했어요. 슬펐어요."

"당신이 더는 남편을 사랑하지 않아서…."

메건은 아연한 표정으로 나를 보았다. "아뇨, 아뇨. 전 항상 그이를 사랑했어요. 데이먼에게 느끼는 감정은…." 메건은 말끝을 흐리고 뭔가를 잃어버린 듯 주위를 두리번거렸다. 그리고 굳은 표정과 불안한 눈길로 나를 똑바로 쳐다보았다. "이건 달라요. 고상한 거예요."

"영적인 건가요?"

"잘 모르겠어요. 아마도. 하느님을 기준으로 보면 어디쯤에 있는 감정인지 모르겠어요. 그래도 남편을 사랑하는 마음하고 다른 종류라는 건 확실해요. 더 강하고 더 깊어요. 꼭 그래야 하는 것처럼."

"운명처럼?"

"네. 그래요. 운명…."

메건은 남편에게 이끌려 정신과 진료를 받았고, 의사는 망상 사고를 줄여주는 항정신성약물인 피모지드Pimozide를 처방했다. 피모지드는 뇌의 도파민 수용기를 차단하는 기제로 작용하는 약물이다. 신경전달물질인 도파민은 행동의 무수한 측면, 가령 기억부터 구토까지 모든 측면에 관여할 뿐 아니라 쾌락과 쾌락 추구를 조절하는 역할도 하는 것으로 밝혀졌다. 따라서 도파민은 중독에 중요한 작용을 하는 것으로 보인다. 뇌의 도파민 회로는 낭만적 사랑이라는 감정의 생물학적 근거와도 관련이 있다.

메건은 의사가 처방해준 약을 복용했지만 베르마를 사랑하는 마음이 병의 증상이라고 믿지는 않았다. 약은 효과가 없었다. 메건이 느끼는 감정은 그대로였다. 복용량을 늘려보기도 했지만 역시나 효과가 없었다. 오히려 갈망이 더 커지는 듯했다. 치과병원 앞에서 기다리는 날도 많아졌다. 때로는 베르마가 메건을 발견하고 비서를 내보내서 "돌아가세요"라는 말을 전하게 했다. 메건은 억지로 버티지는 않았다. 그래봐야 무슨 소용이 있겠는가? 메건은 빙긋 웃으면서 고개를 끄덕이고 지하철역으로 향했다. 사실 그녀의 담대한 계획에서 그 정도 수모는 문제가 아니었다. 어차피 인내가 결실을 맺을 테니까. 대개는 메건이 병원 앞에 몰래 숨어 있거나 주차장의 큰 차 뒤에 숨어 있어서 베르마의 눈에 띄지 않았다. 온종일 베르마를 지켜보는 날도 있었다. 한겨울 추운 날씨에도 베르마가 근처에 있다는 사실만으로 따스하게 느껴졌다.

어느 늦은 오후, 5시쯤 메건은 베르마가 병원에서 나와서 집으로 돌아가는 길을 미행했다. 그의 집 건너편 가로등 아래 서서 집 안에 있는 그의 모습을 카메라에 담았다. 그의 아내 앤지가 이층에서 우연히 창밖을 내다보다가 메건을 발견했고, 베르마가 급히 뛰어나와 메건과 대면했다. 그는 화가 나서 경찰에 신고하겠다고 으름장을 놓았다. 메건은 그의 말이 진심이 아니라고 믿었다. "그냥 그러는 척한 거예요. 아내를 위해서. 속으로는 제가 거기 있어주기를 원했어요." 메건은 저항하지 않았다. 집에 가라고 하면 순순히 집으로 돌아갔다. 하지만 그날 사건으로 모두가, 특히 앤지가 극도의 불안감에 시달렸다. 베르마의 집에는 여덟 살짜리 아들과 열 살짜리 딸이 있었는데, 앤지는 아이들의 안전을 걱정했다. 하지만 데이먼 베르마는 이런 상황에서도 존경받을 만한 결정을 내렸다. 경찰에 신고하지 않기로 한 것이다. 메건이 아파서 그런 행동을 하는 것이라고 이해했다. 하지만 그의 아내는 그만큼 너그럽게 봐줄 수가 없었다.

메건은 이렇게 말했다. "제가 그 사람을 곤란하게 만든 건 알아요. 그건 정말 미안하게 생각해요. 그 사람의 결혼생활을 깨려고 그랬던 건 아니에요. 이미 끝난 관계일 텐데요. 전 그냥 계속 그러고 싶었어요."

이언 매큐언Ian McEwan의 소설 《이런 사랑Enduring Love》은 주인공이 클레랑보 증후군 환자에게 스토킹을 당하면서 관계가 무너지기 시작하는 과정을 그린다. 앤지와 데이먼 베르마에게도 같은 상황이 벌어졌다. 둘 다 스트레스를 견디지 못했다. 그들은 메건을 막기 위해 어떻게 할지를 놓고 다투기 시작했다. 적절한 시기에 베르마는 다소 급진적인 해결책을 택했다. 두바이의 일자리에 지원한 것이다. 순전히 메건 때문만은 아니었다. 전부터 부부가 의논해오던 일이었지만 메건이 나타난 바람에 결정이 수월해진 것이다. 데이먼 베르마는 메건의 무서운 병리적 사랑이 간단히 끝나지 않을 걸 알았다. 얄궂게도 우리가 진실한 사랑이라고 말하는 감정이 병리적으로 뒤틀린 사랑만큼 오래가지 못한다. 베르마는 메건과 물리적으로 멀어지는 방법으로 평범한 일상을 되찾을 수 있었다.

데이먼 베르마의 가족이 6개월째 두바이에서 지내던 무렵에 메건이 나를 찾아왔다. 메건은 더 이상 정신과 치료를 받지 않았고, 지역 보건의도 메건이 많이 좋아졌다고 보았다. 그래도 그동안 일어난 일을 심리치료자와 상담하면서 정리하면 도움이 될 거라고 판단한 것이다. 메건이 정신적 외상을 입었으므로 여느 외상 환자처럼 지난 삶을 이해할 수 있으면 적응하는 데 도움이 될 거라고 보았다. 하지만 메건과 대화할수록 전혀 호전되지 않았다는 의심이 들었다. 메건은 단지 고통을 교묘히 감추고 있었을 뿐이다.

"아직도 데이먼이 그립군요?"

"네. 많이 보고 싶어요." 메건은 자기 손을 들여다보았다. 고개를 푹 수그려서 나와 눈이 마주치지 않았다. "그 사람이 뭘 하고 있을지 자주 생각해요. 그러니까, 두바이에서… 그 사람이 아침에 눈을 뜨고 침대에서 나와서 양치질을 하고 출근하는 모습을 상상해요." 베르마가 가족과 함께 있는 모습을 떠올리지 않는 것이 흥미로웠다. "그 사람이 차에 타고 라디오를 들으며 운전하는 모습, 햇살이 비치는 장면을 상상해요. 치과에 도착해서 환자를 진료할 준비를 하는 모습을 상상해요. 손을 깨끗이 씻고 수술가운으로 갈아입는 모습을, 영화나 다큐멘터리처럼 상상해요." 메건은 양쪽 손끝을 맞 댔다. "초저녁엔 혼자 있고 싶어요. 그때쯤 두바이에서 그 사람이 잠자리에 들어 아무런 방해를 받지 않고 어둠 속에 누워 있을 테니까요. 그러면 그 사람에게 닿을 수 있을 것 같고, 그 사람도 내가 자기를 생각하는 걸 알 것 같아요. 그럼 그 사람도 날 생각할 테고, 우리 둘 다 서로를 생각할 테고, 그건 마치…." 메건이 고개를 들었다. 더없이 행복한 표정이었다. 종교적 환상을 본 것처럼. 눈빛을 반짝이며 얼굴에 홍조를 띠었다. 메건은 조금 숨이 가쁜 듯 덧붙였다. "마치 우리가 하나인 것처럼요."

메건은 환상에 빠져들어 신비주의에서 말하는 황홀경과 유사한 상태에 이른 듯 보였다. 하느님과 영적으로 재결합하는 체험은 흥분되고 황홀하다. 그래서 조각이나 종교시에서 강렬한 천상의 교감을 성적으로 묘사하는 것이다. 오직 오르가슴으로만 설명이 가능한 상태일 것이다.

프로이트는 동시대의 다른 사람에게서 '대양감 oceanic feeling'●이라는 개념을 빌려와 유쾌하게 소멸하는 감각을 설명했다. 하지만 정신적으로 원초적 상태로 돌아가는 것 이상은 고려하지 않았다. 사실 프로이트는 모든 공생하는 감정은 자아와 세계의 경계가 아직 완성되지 않고 구멍이 숭숭 뚫려 있던 유년기의 기억에서 영향을 받는다고 보았다. 사랑에 빠진 사람들과 신비주의자들이 느끼는 황

● 원래는 로망 로랑Romain Rolland이 프로이트에게 소개한 용어로, 풍부한 긍정적 에너지를 공급하는 신비로운 원천을 의미했다.

홀경은 자궁과 모유 수유를 의미한다. 어쩌면 우리는 항상 원상태로, 분리 공포를 알지 못했던 상태로 돌아가기 위해 안간힘을 쓰는 건지도 모른다. 인간은 혼자 태어나 혼자 죽는다고 한다(이 말을 했다고 전해지는 사람은 기원전 4세기 인도의 철학자 차나키야부터 배우 오손 웰스에 이르기까지 다양하다). 그런데 이 말이 꼭 맞는 것은 아니다. 누구도 혼자 태어나지 않는다. 그리고 이 사실을 결코 잊지 않을 것이다.

고통의 무게

망상이란 아무런 근거도 없이 유지되는 확고한 신념이다. 그런데 사람마다 근거의 기준이 다를 수 있다. 메건은 자기가 느끼는 감정을 마땅한 근거로 간주했다. 그래서 신념이 더 굳건해졌다. 데이먼 베르마가 자기를 사랑한다고 확신한 것이다. 베르마가 자기를 사랑하는 것을 아는 이유는, 그녀가 그것을 강렬하게 느끼기 때문이었다. 강렬한 감정이 일어나는 건 당연히 어떤 의미가 있다는 뜻이라는 것이다. 하지만 오히려 그 반대가 진실에 더 가까울 수 있다. 감정은 모호하고 기만적이며 모순될 때가 많다. 감정이 항상 세계나 사람들이나 주변에 관해 믿을 만한 정보를 제공하는 것은 아니다.

나는 언젠가 걷는 것을 두려워하는 여자를 상담한 적이 있다. 다리나 평형감각에는 아무런 문제가 없었다. 그런데도 그 여자는 한 발을 다른 발 앞에 놓으며 걷는 것을 두려워했다. 그녀는 걷는 것이 무섭게 느껴지기 때문에 걷는 것은 위험하다고 단정했다.

환자 상태가 호전되지 않으면 치료자는 좌절감에 빠진다. 나는 데이먼 베르마에 대한 메건의 확고한 신념에 계속 의문을 던지면 신념이 달라질 거라고 믿고 상담을 진행했다. 하지만 상담은 내 생각대로 흘러가지 않았다. 나는 조급한 마음에 소크라테스식 질문을 줄이고 직접적으로 질문을 던지기 시작했다.

"베르마가 당신을 사랑하는 것처럼 보입니까?"

"그런 것 같아요."

"하지만…."

"네."

"그 사람은 두바이로 떠났어요. 수천 킬로미터나 멀리 떠났어요."

나는 이 말이 그녀에게 울림을 주도록 침묵했다. 그 침묵이 깊어지고 강압적으로 느껴지게 그대로 두었다. 메건의 귀에 쌕쌕거리는 숨소리가 들릴까? 점점 빨라지는 심장박동 소리가 들릴까? 침묵, 긴 침묵은 무척 불편할 수 있다. 침묵은 요구한다. 메건은 나를 보았다. 어리둥절하고 상처 입은 표정으로.

여러 해 전에 나는 정신분석 사례 학회에 참석했다. 당시 토론 주제는 이따금 침묵이 깊어지게 놔두는 작업이 얼마나 필요한지에 관한 것이었다. 한 연구자는 이렇게 말했다. "심리치료는 압력솥과 같습니다. 압력이 가해지지 않으면 요리가 되지 않습니다." 하지만 환자가 끓는 걸 지켜보는 건 쉽지 않다.

메건이 드디어 입을 열었다. "그 사람은 아내를 힘들게 하고 싶지 않은 거예요." 이 말이 주문처럼 들렸다.

다음 시간에 메건은 다른 때보다 더 지쳐 보였다.

"그 사람하고 통화할 수 있으면 좋겠어요. 5분만이라도 통화하면 한결 편해질 거 같아요. 그 사람 목소리를 들을 수만 있다면…."

"전화번호를 알아내려고 해봤나요?"

"아뇨. 그 생각을 안 해본 건 아니지만. 안 했어요."

"두바이로 찾아가는 건요? 그 사람을 따라서 두바이로 찾아갈 생각은 해봤습니까?"

"네. 해봤어요."

"그런데 아직 여기 계시네요…."

"네. 아직 여기 있어요." 메건이 한숨을 쉬었다. 숨을 크게 내뱉어서 몸이 쪼그라드는 것처럼 보였다. 어깨를 앞으로 웅크리고 무릎을 살짝 올려서 뒤꿈치가 바닥에서 떨어졌다. 조그맣게 웅크리는 모습을 보니 태아 자세가 떠올랐다. 메건은 주먹을 쥐고 배에 붙였다. 그리고 말했다. "저도 알아요…. 알아요." 눈에 물기가 어렸다.

무엇을 안다는 걸까?

메건 스스로도 데이먼 베르마가 자기를 사랑하지 않고 그들의 사랑이 운명이 아니며 그들이 영원히 함께 하지 못할 수도 있다는 것을 알았다. 그 심연을 들여다보자 지독한 고통이 올라온 것이다. "저도 알아요…. 알아요." 메건은 이 말만 되풀이했다. 지금도 그 말이 들리는 듯하고 메건과 마주 앉은 상담실의 배경 소음까지 들리는 것만 같다. 슬픔과 체념으로 가득한, 머뭇거리듯 다소 갈라진 목소리가 이중으로 울렸다. 나는 메건에게 지나치게 해석하지는 말라고 했지만, 그녀의 목소리와 자세와 떨리는 눈빛에서 무슨 생각을 하는지 애처로울 만큼 또렷이 드러났다. 지금 그녀가 무슨 생각을 하는지 똑똑히 보이고, 슬픔이 역력히 드러났다.

사랑에 빠지는 건 고통스럽다. 누구나 사랑에 빠지는 게 어떤 건지 안다. 그 욕구와 절망과 갈망을 안다. 사랑이 돌아오지 않으면 견딜 수 없이 고통스러울 수 있다. 시간이 치유해준다지만 계속 살아갈 용기와 힘을 주는 건 시간이 아니다. 계속 살아가야 하는 이유는 희망에 있다. 경험과 관찰을 통해 얻는 희망. 누구나 직간접적인 경험을 통해 사랑한다고 해서 그 사랑이 반드시 돌아오는 것은 아니고 거절당할 수도 있으며, 처음에는 잘될 것 같던 관계가 깨지기도 할 뿐만 아니라 또 다른 사랑이 다시 찾아온다는 것도 깨닫는다.

메건은 인생에서 최고의 사랑을 발견했다. 메건은 사랑의 대상에 헌신적이었고, 그 헌신은 시와 노래의 진부하고 터무니없는 은유와 같았다. 메건은 해와 달과 북극성만큼 한결같았다. 그 사랑은 다른 사람에게 옮겨가지 않을 터였다. 그러니 희망도 없고 미래도 없었다. 남들이 몇 달 혹은 몇 년 동안 견디는 고통을 메건은 평생 견뎌야 했다. 생각해보라. 사랑에 절망하고 불행한 순간에 어떤 심정이었는지. 그리고 그 감정이 중단 없이 영원히 지속되는 상태를 상상해보라.

"너무 불공평해요." 메건이 속삭였다.

"그래요." 나도 동의했다. "그건….."

눈물이 뺨을 타고 흘러 스커트에 떨어졌다. 나는 티슈상자를 그녀 쪽으로 밀어주었다. 메건은 나의 터무니없이 부족한 행동을 알아채지 못했다. 메건은 너무 멀리 가버렸고, 나는 그녀가 느끼는 고통의 무게에 숙연해졌다.

클레랑보 증후군의 원인은 무엇일까? 가장 정확하면서 학술적으로 정직한 답은 가장 만족스럽지 않은 답이기도 하다. 아무도 제대로 모른다는 것이다. 신경전달물질의 불균형을 원인으로 보고 약물 처방으로 불균형을 바로잡아도 거의 효과가 없었다. 도파민이 한 원인일 수도 있지만 메건의 경우 도파민 수용기를 차단하는 방법이 기분이나 생각이나 행동에 아무런 영향을 미치지 않았다. 대다수 환자가 그런 약물을 쓴 후 감정이 둔해졌다고 보고하지만 근본적인 집착은 사라지지 않았다.

또 한 가지 가능성은 측두엽(특히 우측 측두엽)의 비정상적인 전기 활동이다. 클레랑보 증후군과 측두엽 뇌전증 사이에는 몇 가지 공통점이 있다. 강렬해지는 감정, 변형된 성적 관심, 초월적 경험이 있다. 측두엽 뇌전증 발작 때 환자는 '도스토옙스키 간질'을 경험하는 것으로 알려져 있다. 도스토옙스키가 황홀경 발작을 자주 경험해서 붙은 명칭이다. 일부 측두엽 뇌전증 환자가 모르는 사람이 자기를 사랑한다고 주장하기도 하지만 극히 이례적인 경우일 뿐이다.

정신분석학에서는 클레랑보 증후군을 성적 양가감정으로 설명했다. 닿을 수 없는 상대를 선택함으로써 현실의 친밀한 관계(혹은 성관계)를 회피할 수 있다는 것이다. 이 설명도 특히 메건의 사례에는 설득력이 없다. 실제로 메건은 데이먼 베르마를 만나기 전에는 정상적인 성생활을 유지했다. 친밀한 관계를 회피하려는 것과는 거리가 멀었다. 한편 클레랑보 증후군을 보이는 여자들이 애정 없는 아버지 밑에서 자랐다는 가설도 있다. 물론 많은 여자 환자에게 해당하는 설명이다. 하지만 그런 아버지 밑에서 자란 여자들이 모두 클레랑보 증후군을 보이는 것은 아니다.

클레랑보 증후군은 치료가 어렵다. 예후가 좋지 않고 대부분 만성으로 발전한다. 약물 치료와 함께 상대에게서 강제로 떼어놓는 방법을 병행하는 것이 가장 효과적인 접근법이지만 메건은 피모지드를 복용하고 6개월 동안 데이먼 베르마를 만나지 못했는데도 변함없이 그를 갈망했다.

어느 날 나는 메건에게 우리의 상담이 진척을 보이는 것 같은지 물었다.

"네, 도움이 돼요…. 얘기하는 거요."

나는 우리가 어디론가 가고 있다고 자만했다. 하지만 엄청난 착각이었다.

사랑의 성물함

모든 조건이 동등하다면 사람들은 (특히 매력 면에서) 자기와 비슷한 부류와 사귀는 경향이 있다. 자기 외모가 얼마나 괜찮은지 궁금하면 거울을 볼 게 아니라 옆에 있는 배우자를 보면 된다. 진화의 관점에서 아름다움은 여러 가지 건강지표 중 하나이지만 가장 중요한 지표가 될 수 있다. 누구나 매력적인 배우자를 만나고 싶어 하고, 자기보다 매력이 떨어지는 사람과 짝이 되고 싶은 사람은 드물다. 아름다운 사람은 다른 아름다운 사람과 짝이 되고, 그만큼 아름다운 외모를 타고나지 못한 사람은 한 단계 아래 조성된 시장에서 여전히 하향구매를 거부하려고 안간힘을 쓴다. 이런 원리에 따라 계층이 형성되고 대개는 자기와 가장 유사한 상대를 찾아 짝이 된다. 진화학자들은 이런 현상을 선택결혼assortative mating이라고 부른다. 예외가 드물고, 예외가 나온다면 주로 부(또 하나의 건강지표)에서 원인을 찾을 수 있다. 부는 부유하고 나이 많은 남자와 매력적인 젊은 여자의 결합을 강화하는 경향이 있다.

나는 메건의 남편 필립이 어떻게 생긴 사람인지 궁금했다. 그래서 그를 만나고 싶다고 전했다.

필립은 메건과 동갑이고 체형도 비슷했다. 머리색도 같고 키는 기껏해야 3~4센티미터쯤 더 컸다. 옷차림도 비슷했다. 상당히 편안한 차림으로, 연푸른색 셔츠와 짙은 파란색 점퍼, 단정하게 주름잡은 회색 플란넬 바지를 입고 윤을 낸 옥스퍼드화를 신었지만 상담실에 들르지 못할 정도로 너무 편한 복장은 아니었다. 그는 서글서글하고 유쾌한 사람이었다. 정중하고 남의 시선을 의식하듯 미소를 짓는 모습이 눈에 띄었는데, 이건 메건의 미소와 똑같아서였다. 데이먼 베르마가 그들의 인생에 끼어든 사건이 벌어지기 전에 그들 부부가 손잡고 이상적인 동반자로 함께 살아가는 모습을 쉽게 떠올릴 수 있었다.

"지난 몇 년간 많이 힘드셨겠네요." 내가 말했다.

"네. 꽤 힘들었습니다." 그가 대꾸했다.

자제력을 타고난 사람 같았다.

우리는 메건과 그의 관계의 성격에 관해, 그리고 그들의 관계가 어떻게 달라졌는지에 관해 대화를 나누었다.

"데이먼이 두바이로 떠난 후로 좋아진 것 같습니다." 필립은 메건처럼 치과의사를 성이 아니라 이름으로 불렀다. "이제는 아내가 어디서 뭘 하는지 걱정하지 않아도 되니까요. 아내는 다시 직장으로 돌아갔고, 퇴근하면 곧바로 집으로 와요. 다들 아주 잘해줬어요. 아내가 일하는 직장 동료들 말이에요. 사무장이 특히 잘해줬어요. 자기 딸도 우울증을 앓아서 잘 안다면서 많이 이해해줬어요."

"무슨 일이 있었는지 남들도 압니까?"

"그게… 정확히는 아니에요." 필립은 얼른 대꾸하고는 남부끄러운 일을 가급적 줄여서 전한 이야기를 길게 꺼내지 않으려 했다. 그가 거짓말을 해야 하는 현실이 안타까웠다. 하긴 우리 사회의 폐단이기는 하다. 공감을 받아 마땅한 상황에서도 필립은 솔직히 털어놓지 못했다. 여전히 창피하고 굴욕감이 드는 듯했다.

"겉으로는 모든 게 정상으로 돌아온 것 같아요. 같이 얘기도 나누고 영화도 보러 가고 산책도 하거든요. 지난 8월에는 몇 주 동안 콘월에 가서 행복한 시간을 보냈습니다."

"두 분이 아직… 가깝나요?"

"네, 그런 거 같아요."

나는 얼마나 가까운지 궁금했다. "두 분이 아직… 친밀한가요?"

"친밀하냐고요? 그러니까 잠자리를 갖느냐고 묻는 건가요?" 나는 고개를 끄덕였다. "네." 필립이 말을 이었다. "네, 해요. 아주 이상하죠." 그가 갑자기 쑥스러운 듯 소년 같은 표정을 지었다. "달라진 게 아무것도 없거든요. 그런데 모든 게 달라요."

"무슨 뜻인가요?"

"아내가 거기 있는데 거기 없어요. 아내인데 아내가 아니고요."

이 말을 듣자 카그라스 증후군Capgras delusion이 떠올랐다. 카그라스 증후군 환자는 가까운 관계의 사람이 사라지고 똑같이 생긴 다른 사람이 그 자리에 들어와 있다고 믿는다.

"아내가 항상 그 사람을 생각하는 건 저도 압니다. 잠자리 중에도 그 사람을 생각하는 거 같고요."

"부인께서 그 사람에게 성적 환상을 품고 있다고 생각하시는군요."

필립은 내가 명백하고 노골적인 결론으로 넘어가지 않도록 말을 잘랐다. "아뇨, 아닙니다." 그는 숨을 깊이 들이마시며 마음을 추스르고는 말을 이었다. "그게, 저도 물론 장담할 순 없습니다. 그건 알아요. 아내가 저랑 사랑을 나눌 때도 그 사람을 생각할 수 있겠죠. 그래도 전 그렇게 생각하지 않아요." 필립은 베르마를 향한 메건의 감정이 그보다 더 추상적이고 더 고차원의 감정이라고 믿었다. 그렇게 믿는 데는 이유가 있었다.

"아내가 혹시 이 얘기를 한 적이 있는지…." 필립이 말끝을 흐리며 난해한 수학 문제를 마주한 듯 머리를 긁적였다. "사실 그걸 뭐라고 불러야 할지 모르겠군요. 성물함이라고 해야 하나."

"네?" 나는 놀라서 자세를 고쳐 앉았다. "아뇨, 그런 얘기는 들은 적 없습니다."

"상자가 하나 있는데요. 그냥 평범한 보관함인데 하얀 천을 덮어서 침대에 놓아둬요. 안에는 데이먼과 관련된 물건들이 들어 있고요."

"어떤…?"

"그 사람이 신문에 난 적이 한 번 있습니다. 대규모 기금 모금 자선행사 같은 데서 사진이 찍혔더군요. 턱시도를 빼입고 하원의원이랑 텔레비전에 나오는 유명인사 옆에 서 있었어요. 무척 화려해 보였어요. 아내가 신문에서 그 기사를 오려서 보관했어요. 그 사람의 오래된 명함도 들어 있고 병원에서 집어온 정보책자도 있고 진료 예약 서류도 있어요. 다른 것도 몇 가지 더 있고요. 펜이랑 클립이랑… 그 사람이 만진 물건이겠죠. 몰래 가져왔을 겁니다."

"그런 물건으로 뭘 하던가요?"

"가끔 꺼내서 늘어놔요."

"당신 앞에서요?"

"아뇨. 전에는 그랬는데 지금은 안 그래요. 전에는 상자 앞에 앉아 눈을 감고 있었어요. 모르긴 몰라도, 기도하는 거 같았어요."

"당신은 그것에… 그 성물함에 어떤 감정이 듭니까?"

필립은 내 질문에 당황한 듯 보였다. "그냥 제가 참아야 하는 일이 아닐까요?" 소년처럼 당황한 표정을 지었다.

"아뇨. 꼭 그래야 하는 건 아닙니다. 부인한테 뭐라고 말할 수도 있잖아요."

"제가요?"

"네. 반대하셔도 됩니다."

필립은 고개를 저었다. "아내한테 그런 것까지 관두라고 강요할 수는 없어요. 그럼 무척 힘들 거예요. 뭐 하러 그래요. 제가 왜 그러고 싶겠어요."

나는 그의 연민에 감동했다. 병리적이지 않은 평범한 사랑도 위대할 수 있다.

다음 상담 시간에 나는 메건에게 성물함에 관해 물었다.

"요즘은 전보다 더 데이먼하고 가까이 있어요. 물리적으로요." 뒤에 붙인 이 말에 많은 의미가 담겨 있었다. 메건은 아직도 자기와 베르마를 갈라놓는 엄청난 거리를 물리적이지 않은 수단으로 메울 수 있다고 믿었다.

"그 물건들은 얼마나 자주 꺼내 봅니까?" 내가 물었다.

"자주는 아니에요. 그래도 도움이 돼요. 거기 있는 걸 아니까."

"남편은 어떤 기분이 들까요? 아내가 그런… 기념품을 간직하는 걸 옆에서 지켜보면요."

"그이는 별로 신경 쓰지 않아요."

"과연 그럴까요?"

"그럼요. 그이는 신경 쓰지 않아요. 해로울 건 없잖아요."

"당신 입장에서도 그런 물건을 버릴 수 있다면 다시 털고 일어나는 데 도움이 될 텐데요."

그림자가, 공포 같은 것이 메건의 얼굴을 덮쳤다. "해로울 건 없어요. 남편도 신경 쓰지 않고요. 정말이에요." 불안을 감추지 못하는 목소리가 지나칠 만큼 또랑또랑 울렸다.

정상적 사랑과 비정상적 사랑

소설이나 영화에서 묘사하는 심리치료는 오해의 소지가 있다. 열정 넘치는 심리학자가 소환되어 도저히 가망 없는 것 같고 이해하기 힘든 증상을 보이는 환자를 치료한다. 뛰어난 통찰력과 교묘한 책략으로 험난한 과정을 거치고 온갖 역경을 극복하면서 환자와 관계를 형성한다. 무의식에서 기억을 캐내는 음침한 탐색의 과정이 이어지고 마침내 수수께끼가 풀린다. 복잡한 퍼즐 조각이 정확히 맞춰지고 환자는 건강을 완전히 되찾는다. 영웅 같은 치료자가 퇴장하면서 음악이 흐르고 타이틀이 올라온다.

　하지만 현실의 심리치료는 크게 다르다. 사실 심리치료 과정은 중구난방이고, 소설이나 영화의 서사만큼 만족스러운 여정을 따라 진척되는 경우는 거의 없다. 막다른 길도 만나고, 엉뚱한 모퉁이로 돌아가기도 하고, 정체되고 좌절하는 시기도 있고, 문제를 제대로 푸는 건지 의심이 고개를 들 때도 있다. 심지어 (환자들에게 두려움에 직면하도록 설득하는) '노출 기법'과 같은 직접적인 접근법으로 구체적인 불안증을 치료할 때조차 전혀 다른 방향으로 접근해야 하는 상황이 벌어질 수 있다. 언젠가 오염될까 두려워서 문손잡이를 잡지 못하는 여자 환자에게 노출 기법을 시도한 적이 있다. 그 환자는 상담실 문손잡이로 불안하게 손을 뻗으면서 다른 문의 손잡이를 떠올렸다. 어릴 때 아버지가 방에 들어와 성적으로 학대하기 전에 불길하게 덜커덕거리던 손잡이가 떠오른 것이다. 우리는 마땅히 노출 기법을 중단하고 그 기억을 탐색했다. 정신분석가처럼 이론을 중시하는 치료자들은 길을 잃은 느낌에 잘 빠진다. 기억과 꿈과 해석은 실로 무한하기 때문이다. 무의식이 늘 협조적인 것도 아니고 환자의 정신으로 깊이 파고들어가도 치료에 의미 있는 단서를 전혀 발견하지 못할 수도 있다.

메건의 퍼즐 조각은 정확히 맞아떨어지지 않았다. 어떤 어두운 진실이 드러난 것도 아니었고, 명쾌하게 설명해주는 연결고리도 나오지 않았다. 생물학에 기반을 둔 정신의학자라면 클레랑보 증후군은 정신질환이므로 뇌의 화학적 불균형으로 설명해야 한다고 말할 것이다. 나는 실제로 존재하지 않거나 그저 우연히 발생한 무언가를 찾으려 한 것이다. 메건이 약을 먹어도 효과를 보지 못했다고 해서 정신의학의 주장이 설득력을 잃는 것은 아니다. 어쩌면 더 좋은 약이 필요한 건지도 몰랐다.

나는 심리학적으로 명쾌하게 설명할 수는 없지만 내가 관찰한 내용을 소개할 수는 있다. 메건 같은 환자를 어떻게 바라볼지에 대한 함의를 갖는 일종의 맥락화contextualization 작업이다.

나는 메건의 사례를 생각할수록 그녀의 병이라는 것이 사실 행동이나 정서의 측면에서 낭만적 사랑과 높은 상관관계를 보인다는 점에서 놀랐다. 메건의 이상심리는 질적인 차원의 문제라기보다는 양적인 차원의 문제였다. 메건의 이야기에는 우리가 누군가에게 반할 때 일어나는 모든 경험이 들어 있다. 메건의 경우에는 다만 과장된 형태로 나타났을 뿐이다. 메건의 망상 사고가 일면 정상일 수 있는 이유는, 낭만적 사랑이란 본래 이성적이지 않을 때가 많기 때문이다. 첫눈에 반하는 사랑, 우연한 만남을 운명으로 여기는 태도, 대양감, 시공을 초월하는 강렬한 친밀감은 모두 흔한 경험이다. 사랑에 빠진 사람은 가벼운 형태의 스토킹을 한다. 사랑하는 사람과 우연히 마주칠 만한 장소에서 어슬렁거린다. 메건의 성물함도 연인이나 부부가 사랑을 추억하기 위해 간직하는 사진이나 물건의 과장된 형태로 볼 수 있다. 처음 만나거나 처음 함께 식사하거나 처음 입을 맞추었을 때 발산된 에너지가 깃든 유물이자 부적인 셈이다. 메건의 병이 정상에서 질적으로 벗어난 상태임을 보여주는 유일한 부분은, 상대 남자도 자신에게 반했다고 절대적으로 확신한다는 점이다. 사실은 그렇지 않다는 증거가 차고 넘치는데도 메건의 확신은 갈수록 견고해졌다. 이처럼 서로 사랑한다는 망상을 제외하고는 메건의 병적 사랑은 엄연한 낭만적 사랑이었다. 흔히 말하는 비정상이 아니라 지극히 정상적인 사랑이었다.

낭만적 사랑과 관련된 신경회로(자연선택에 의해 정해지고 모든 인간이 공유하는 신경회로)가 갑자기 과도하게 활성화되는 것이다. 따라서 메건의 상황은 누구나 경험할 수 있는 상황이라는 뜻이다. 우리도 사랑에 빠지면 같은 연속선에서 메건이 머무른 지점에 가까워진다. 정신과 진단을 받은 적이 없는 사람조차 그만큼 멀리 갈 수 있다.

심리학에서는 문제 중심 대처와 정서 중심 대처를 구분한다. 문제 중심 대처는 해결 가능한 문제일 때 적용하는 방법이다. 어려운 시험을 치러야 한다면 복습을 더 많이 하면 된다. 하지만 어떤 문제는 가족의 죽음처럼 해결이 불가능한 경우도 있다. 이때는 문제에 대한 반응을 바꾸는 수밖에 없다. 물론 어렵지만 이론적으로는 가능하다.

내가 메건에게 도움이 되었을까? 메건의 클레랑보 증후군에는 해결책이 없지만(치료 불가능한 상태였지만) 문제에 대한 반응은 바꾸었다. 메건은 결국 베르마와 평생 떨어져 살아야 한다는 사실을 받아들였고, 내가 아는 한 메건이 두바이로 베르마를 찾아가려고 시도한 적은 없다. 그럼에도 메건은 여전히 베르마를 사랑하고, 영원히 사랑할 것이다.

메건을 본 지 오래되었지만 아직도 그녀가 생각난다. 지금도 메건이 교외의 집에서 살금살금 계단을 올라가 침실에 들어가서 문을 닫는 장면이 떠오른다. 성물함 앞에 앉아 성물을 하나씩 꺼내는 모습이 떠오른다. 그리고 눈을 감고 지금쯤 그런 여자가 있었는지조차 잊어버렸을 남자와 교감하는 모습이 떠오른다.

유령이 찾아오는 침실

지속성 복합 사별 장애

상실은 개인의 고유한 경험이므로

사람마다 의미도 다르고 결과도 다를 수 있다.

사별에 대한 단일한 접근법은 없으며

올바른 애도 방법이라는 것도 없다.

먹구름이 하늘을 덮은 어느 가을날. 나는 퍼붓는 빗속의 우중충한 창밖 풍경을 내다보고 있었다. 가건물들 사이로 포석 깔린 좁은 길이 절벽처럼 막아선 1960년대식 삭막한 건물로 이어져 있었다. 연구소와 정신병원 사이의 버려진 공간. 황량한 그 길을 오가는 사람은 정신과 의사와 간호사가 대부분이지만 가끔 길 잃은 환자도 눈에 띄었다. 그런 환자들 중에 자기가 천사인 줄 알고 얼굴에 하얗게 분칠을 하고 돌아다니는 흑인 여자가 있었다. 천사의 무리에 끼려면 꼭 흰 피부여야 하는 줄 아는 모양이었다. 사실 흠칫 놀랄 만한 몰골이지만 우연히 나와 마주칠 때마다 항상 다정하게 웃어주었다. 사실 병원 관계자와 환자를 구분하는 것은 그리 간단치만은 않았다. 창밖으로 자주 눈에 띄는 어떤 사람은 학자 같은 분위기를 풍기는 60대 신사인데, 늘 구겨진 폴리에스테르 정장을 입고 어울리지 않는 운동화를 신고 있었다. 항상 바쁘게 뛰어다니고 엘리베이터 안에서도 가볍게 제자리 뛰기를 했다. 몇 년 동안 그가 가만히 있는 모습을 본 적이 없었다. 알고 보니 활기차고 유별난 그 사람은 유명한 생리학자이자 음악학 연구자이자 작곡가였다. 그는 (앨런 튜링도 회원으로 있던) 비율학회 Ratio Club 회원으로 활동했고 바순과 비슷한 전자 관악기를 발명한 인물이었다. 그는 학회 위원들이 보는 자리에서 자기 성기에 발기부전 치료제를 주사한 다음 그 효과를 감상하도록 요구한 일로 악평을 듣기도 했다. 그럼에도 그의 행동이 적절한지에 의문을 가진 사람은 없었다. 물론 지금과는 시대가 많이 다르기는 했지만 말이다.

내 상담실은 병원 옆 에드워드 양식의 테라스 딸린 건물에 있었다. 외래 진료소로 쓰이는 곳이었다. 이 건물에서 일하기 전에 들은 얘기로는, 지방의회에서 여러 번 나와서 건물을 조사하고 안전 부적격 판정을 내렸다고 한다. 다만 환자를 위한 공간이 부족하다는 시급한 이유로 철거를 면할 수 있었다는 것이다. 이 얘기를 들을 때는 떠도는 풍문일 뿐이라고 웃어넘겼지만 어느 날 아침 상담실 문을 열어보니 천장이 반쯤 내려앉아 있었다. 천장에 큼직한 구멍이 뚫리고 마룻널과 배수관이 드러났다. 상담실 안이 석고 파편과 먼지로 덮여 있었다.

건물이 심각하게 허물어진 상태였다. 목조 부분의 페인트가 벗겨지고 검은 곰팡이가 벽을 타고 올라갔다. 가구는 중고 가구점에서나 볼 수 있음직한 것들뿐이었다. 무일푼인 한 환자(근처 공동주택 단지에 사는 남자)가 내게 기부를 받느냐고 물은 기억이 생생하다.

세찬 바람에 유리창이 덜커덩거리고 간호사가 외투 옷깃을 머리까지 올려 고깔처럼 쓴 채로 그 황량한 길을 따라 종종걸음으로 걸어왔다. 초인종이 울렸고, 나는 문을 열어주었다. 메이비스라는 환자가 안으로 들어왔다. 처음 만났지만 의뢰서를 통해 그녀의 사연을 알고 있었다. 평생 소외계층이 사는 동네에서 살아온 노동계급 출신의 여자였다. 70대 초반이고 우울증이 심한 상태였다. 우울증의 원인은 남편과의 사별이었다. 남편은 1년 전에 심장마비로 세상을 떠났다.

사별 후 심각한 심리 장애를 경험하는 경우에는 (증상이 12개월 이상 지속되면) 복합 애도 반응 혹은 지속성 복합 사별 장애Persistent Complex Bereavement Disorder로 간주한다. 나는 애도 기간이 길어진다고 해서 이상심리로 간주하는 시각에는 의문이 든다. 사람마다 기질과 회복력이 다르고 상실의 경험을 받아들이는 정도도 다르다. 끝내 적응하지 못하는 사람도 있다. 심각한 외상으로 오랜 세월 고통에 시달리는 경우도 있는 것이다. 나는 오랜 애도의 상태를 인간의 본질적인 조건 탓으로 여기는 편이다. 진단은 이런 맥락에서 다소 불가해하게 보인다.

문을 열자 키가 작고 통통한 여자가 우산을 쓰고 있었다. 머리색은 하늘을 덮은 먹구름과 비슷하고 얼굴은 텅 비어 보였다. 심한 우울증 환자는 슬퍼 보이기보다는 몹시 지쳐 보인다. 슬픔을 넘어서 도달하지 못할 다른 행성에서 삶을 이어가는 것만 같다. 메이비스는 정서적으로 무감각해 보였다. 무감각해서 마취된 듯 보이는 모습이 자칫 오해를 불러일으킬 수 있었다. 사실 우울증으로 인한 무감각은 다른 형태의 고통일 뿐이다. 기온이 떨어지면 물이 어는 것과 같다. 단테가 가장 밑바닥의 아홉 번째 지옥을 얼음의 황무지로 묘사한 것은 정확한 통찰이었다.

"들어오세요." 내가 말했다.

"이건 어디다 둘까요?" 메이비스가 우산을 가리키며 물었다.

"원하시면 여기다 놓고 말려도 됩니다." 내가 라디에이터를 톡톡 치면서 말했다.

빗속에 서 있던 메이비스는 안으로 들어와 우산을 내려놓고 나를 따라 상담실로 들어왔다. 상담실의 허름한 분위기에는 관심도 없어 보였다. 카펫의 둥근 담배 자국과 전체적으로 낡은 분위기를 전혀 신경 쓰지 않는 듯 보였다. 메이비스는 요란하게 삐걱거리는 낡은 안락의자에 앉으며 무릎을 가지런히 모으고 나를 보았다. 주름 블라우스와 헐렁한 카디건과 짙은 색 스커트를 입고 회색 울타이즈를 신었다. 나는 간단히 내 소개를 하고 의뢰서를 간략히 요약해주고는 그녀가 내게 의뢰된 이유를 아는지 물었다.

"제가 잘 지내지 못하니까요. 그분이 그러셨어요. 파텔 선생님이요." 메이비스가 불만스러운 투로 말했다. "조지가 저세상으로 간 뒤로. 그분은, 파텔 선생님은 제가 얘기를 나눠야 한다고 하셨어요. 그러면 도움이 될 거라고요."

심리치료는 까다로운 과정이고 끝까지 호전되지 않는 환자도 많지만 항상 치료에 성공할 수 있다는 일말의 가능성이 존재한다. 광장공포증이 있는 여자에게 집밖으로 나가도록 설득할 수도 있고, 강박장애가 있는 남자에게 강박 충동에 저항하는 법을 배우게 해줄 수도 있다. 하지만 죽음은 돌이킬 수 없다. 사별 문제를 상담하는 치료자는 그저 가장자리만 건드릴 수 있을 뿐이다. 어차피 심리치료자에게 상담을 받는다고 해도 죽은 사람은 살아 돌아오지 않는다.

메이비스와 대화를 이어가는 것은 쉽지 않았다. 그녀는 단답형으로 대답하는 편이었다. 그래도 나는 상담을 이어가려고 애썼다. 말로 구슬리고 표정이나 몸짓으로 격려해주자 우리의 대화에도 일종의 리듬이 만들어지고 앞으로 나아갈 동력이 생겼다.

메이비스는 자격증 하나 없이 학교를 그만두고 어린 나이에 결혼했다. 남편 조지는 우편배달부였다. 부부는 결혼하고 2년 만에 아들 테리를 낳았다. 메이비스는 평생 가정주부로 살면서 밖에서 일을 구해본 적이 없었다. 아들은 학교를 마치고 공장에 들어가서 현장감독이 되었다. 40대인 아들은 아직 부모 집에 산다. 나는 아들에게 만나는 사람은 있느냐고 물었다.

"아뇨. 걘 여자들이 따르는 남자가 아니에요."

"네?"

"걘 돈을 좋아해요."

"무슨 말씀인지?"

"남한테 돈 쓰는 걸 싫어해요."

"어머니께는 돈을 드리나요?" 나이 든 어머니를 비용이 적게 드는 훌륭한 가정부로 대하는 사람도 있다.

메이비스는 진심으로 대답했다. "돈을 내긴 해요."

사실 이 말이 믿기지 않았다. "아드님이 여자친구를 사귀어본 적은 있나요?"

"어렸을 때는 있었는데 안 만난 지 한참 됐어요."

테리는 그리 너그러운 사람은 아닌 듯했다. 사람보다 차에 관심이 많다고 했다. "걘 항상 밖에서 미니를 손보고 있어요. 그게 걔 취미예요. 차를 뜯어고치는 거요."

나는 남편 조지에 관해 더 알고 싶었다.

"그이는 말수가 적었어요. 집에 오면 저녁 먹고 같이 텔레비전을 봤어요."

"남편하고 뭘 같이 하셨나요?"

"하다니요?"

"그러니까… 두 분이 같이 있을 때요."

"글쎄요, 저희는 같이 외출을 자주 하는 편은 아니었는데, 그런 거 말씀인가요?" 메이비스는 내 질문에 당황한 눈치였다. 부부가 같이 뭘 한다는 말은 들어본 적도 없고 낯설거나 수상쩍은 일로 생각하는 듯했다. "가끔 같이 장을 보러 가긴 했어요. 토요일에. 같이 시장에 갔어요. 그렇게 자주는 아니고. 굳이 그럴 필요가 없었거든요. 주중에 제가 시장에 가서 장을 봐왔으니까요."

나는 메이비스에게 그들 부부의 사회생활에 관해 물었다.

"남편은 친구가 많지 않았어요. 가끔 술을 마시러 나가는 정도. 그게 다였어요."

"당신은요?"

"저요?" 메이비스는 고개를 저었다. "저야 남편이 있고…."

메이비스는 외로웠다. 매일 죽은 남편을 생각했다. 아니, 매 순간 생각했다. 남편이 세상을 떠나자 메이비스의 존재에 깊은 틈새, 차디찬 공동空洞이 생겼다. 남편이 그리웠다. 사무치게 그리웠다. 그럼에도 메이비스가 남편 얘기를 할 때는 정확히 무엇이 그립다는 건지 언뜻 납득이 되지 않았다. 부부가 같이 있는 모습이 잘 그려지지 않았고, 특별히 즐거운 추억이나 일화도 없다고 했다. 게다가 메이비스가 아들에 관해 말하는 태도에도 상당히 묘한 구석이 있었다. 자식의 존재는 죽음을 속인다. 부모의 표정이나 버릇이 자녀에게 남아 있기 때문이다. 아버지가 돌아가시면 어머니는 아들의 얼굴에서 죽은 남편의 미소를 발견하고 위로받는다. 그런데 메이비스는 아들 테리에 관해서는 꼭 하숙인인 양 말했다.

겉보기에 메이비스는 잘 견디면서 평소 하던 일, 그러니까 집안일과 요리와 테리의 빨래와 다림질을 하면서 지냈다. 하지만 로봇처럼 일할 뿐이었다. 나는 메이비스에게 뭐든 즐거운 일이 있는지 물었다. 그러자 이렇게 대답했다. "먹는 거요. 요새도 가끔 맛있는 거 사먹어요. 스폰지펑거랑 연유하고, 또 프루트칵테일도요."

　나이 든 환자들, 특히 고등교육을 받지 못한 사람들을 상담하는 과정은 상당히 어려울 수 있다. 감정을 잘 표현하지 못하기 때문이다. 평생 감정을 드러내지 말라는 말만 듣고 살아온 탓이다. 융통성도 부족하고 추상적인 개념을 이해하지 못할 수도 있다. 메이비스도 같은 이유에서 도와주기 어려운 환자였다. 게다가 뭔가가 더 있는 것 같았다. 내가 알아채지 못한 중요한 뭔가가 있었다.

　메이비스의 외로움에 관해 이야기를 나누다가 나는 남편한테서 가장 그리운 게 뭔지 물었다. 직접적인 대답을 끌어내기 위해 단도직입적으로 물은 것이다.

　메이비스는 뿌연 안경 너머로 나를 쳐다보며 거침없이 대답했다. "섹스죠."

　솔직히 이건 예상하지 못했다.

사랑의 세 가지 요소

우리는 성을 호르몬에 의해 작동하는 욕구로 생각하지만 성적 동기는 훨씬 더 복잡하고 미묘하다. 호르몬은 여러 가지 요인 중 하나일 뿐이다. 테스토스테론 수치와 욕구 사이에 연관성이 있지만 테스토스테론 수치가 너무 높아도 욕구가 거의 혹은 전혀 생기지 않을 수도 있다. 마찬가지로 남자의 몸에서 테스토스테론이 주로 생성되는 고환을 제거한다고 해서 반드시 성적 관심까지 사라지는 것도 아니다.

성관계의 동기가 일어나는 것은 뇌의 특정 회로가 성적 사고나 이미지나 흥분되는 외부 자극에 반응해 활성화되기 때문이다. 그리고 이 회로는 성기에서 나오는 호르몬과 신호에 민감하게 반응한다.

현대 심리학에서는 유인 동기 이론incentive motivation theory으로 성욕을 설명한다. 욕구가 일어나서 성적 대상을 찾는 것이 아니라, 성적 대상에 먼저 끌리고 욕구가 일어난다는 개념이다. 유인誘因에 이끌리는 것이다. 성적 유인의 가치는 과거 성경험의 결과에 의해 결정된다. 과거에 기분 좋은 결과를 얻었다면 유인의 가치가 높아지는 반면에 만족스럽지 못한 결과를 얻었다면 유인의 가치가 떨어진다.

나이가 들어도 성관계를 즐기는 사람은 많다. 하지만 나이가 들수록 성욕은 줄어든다. 결혼관계가 50년 동안 유지되면 성욕이 더 줄어든다. 몸이 변하면서 결국 욕구와 식욕도 변한다. 심리학자 로버트 스턴버그Robert Sternberg에 따르면 문화적으로 가장 이상적인 사랑은 세 가지 요소로 이루어진다. 친밀감과 열정(주로 성적 열정)과 헌신이다. 스턴버그는 이것을 '완전한 사랑'이라고 부른다. 그러나 사랑의 세 요소가 항상 존재하거나 똑같은 수준으로 존재하는 것은 아니다. 세 가지가 다양한 방식으로 결합되어 지속성이나 만족도가 떨어지는 형태의 사랑을 낳을 수 있다. 예를 들어 친밀감과 헌신 없이 열정만 있다면 몹시 불안정한 '짝사랑'이 되는 반면, 열정은 없고 친밀감과 헌신만 있다면 '우애적 사랑', 즉 다정하고 오래가는 우정 같은 사랑이 된다.

결혼생활에서 헌신 요인이 일정하게 유지된다고 전제할 때 세월이 흐르면서 중요하게 여기는 지점이 열정에서 친밀감으로 옮겨간다. 성관계가 꼭 필요한 요인은 아니게 되고 서서히 다정한 관계로 발전해서 정서적으로 보상받는 것이다.

열정 요인이 처음 크게 감소하는 시기는 결혼한 지 3~4년 정도 됐을 때다. 이 시기에 파경을 맞는 부부가 많다. 실제로 이혼율이 최고치에 이르는 시기이기도 하다. 그 이유를 진화에서 찾을 수 있다. 원시 환경에서 자식을 낳고 자식의 생존을 보장하기 위한 최적의 기간이 3~4년이다.

남자가 자리를 잡고 가정을 이루면 테스토스테론이 감소한다. 그리고 다시 새로운 관계가 생길 때까지 계속 감소한다. 테스토스테론은 남성 호르몬이라고 불리지만 여성의 성 활동과도 관련이 있다. 여성의 테스토스테론 수치도 결혼과 출산에서 남성과 비슷한 양상을 보인다. 여자는 폐경 후 테스토스테론이 감소하는 시기에 성욕을 더 상실한다.

성은 소중하다. 누구에게나 시간이 제한된 탓에 더 소중하다. 부부가 80대까지 계속 성관계를 갖는다고 해도 열여덟 살 때만큼 정력적이지는 않을 것이다. 정력이 줄어들고 감각이 무뎌지고 건강이 쇠약해지고 테스토스테론 수치가 낮아져서 자연히 육체적으로 성관계의 강도가 약해진다. 임종을 앞두고 육체가 쇠약해진 사람이 젊었을 때 성관계를 적게 할 걸 하고 후회하는 경우는 거의 없을 것이다. 메이비스와 조지의 관계 중심에는 성관계가 있었다. 사실 성이 그들 관계의 전부였을 수도 있다.

"우린 항상 그걸 했어요." 메이비스는 이렇게 털어놓으며 자신의 성욕이 그렇게 강하고 지속적이었다는 데 새삼 놀라는 표정을 지었다. 이 말을 하면서 목소리가 누그러지지 않았다. 옅은 미소조차 짓지 않았다. 나는 성에 대한 감정이 죄책감으로 복잡해진 건지 궁금했다. 그 세대의 여성들은 성을 즐기는 것이 도덕적으로 문제가 있다고 배웠다. 혹시 그런 가능성이 있는지 물어보자 메이비스가 특유의 반응을 보였다. "아뇨, 죄책감 같은 건 느껴본 적 없어요. 왜 그래야 하죠? 우린 결혼한 사이인데요."

거의 성관계로만 성립된 결혼은 오래가지 못한다. 몇 년만 지나도 흔들리기 시작한다. 앞서 말한 스턴버그의 사랑 이론인 삼각형 이론에 따르면, '완전한 사랑'은 사랑의 세 요소(친밀감, 열정, 헌신)가 두루 비슷하게 갖춰져야 한다. '완전한 사랑'은 삼각대처럼 세 개의 다리 위에 서 있다. 세 개 중 하나만 없어도 쓰러진다.

물론 셋 중 하나가 나머지 두 개보다 짧아도 삼각대는 어느 정도 버틸 수 있다. 열정이 식을 때 나타나는 현상이다. 그러면 결혼의 안정성은 감소해도 하중이 열정과 친밀감과 헌신으로 분산되어 삼각대가 쓰러지지는 않는다.

그런데 메이비스와 조지의 관계는 어떻게 그렇게 오래 유지될 수 있었을까? 대화를 많이 나눈 것도 아니고 공통된 관심사도 없었다. 물론 서로에게 헌신하기는 했다. 스턴버그는 이렇게 친밀감 없이 헌신과 열정만 있는 관계를 '허구적 사랑'이라고 불렀다. 실체가 없고 비합리적인 사랑이다. 잘 알지도 못하는 사람에게 뭐하러 헌신하겠는가? 의미 있는 헌신이 되려면 우선 친밀한 관계여야 한다. 게다가 허구적 사랑은 결국 깨지게 마련인데, 열정이 감소하면서 공허한 헌신만 남기 때문이다. 그러면 의무감으로만 같이 살 뿐이고 관계를 오래 유지하지 못한다.

그런데 메이비스와 조지의 경우는 어디에도 해당하지 않았다. 두 사람의 열정은 수십 년이 지나도 감소하지 않았고, 50년간 서로에게 헌신할 만큼 성생활에 만족했다. 굳이 대화를 나눌 필요가 없었다.

메이비스는 여전히 남편의 손길을, 그의 몸이 닿는 감촉을, 신체 접촉을 갈망했다. 그 갈망이 너무나 강렬해서 울음이나 외침이나 그보다 더 강렬한 부름이 되었다.

"아직도 그이가 느껴져요. 아직도 그이가 가까이 있는 거 같아요."

중요한 고백이었다. 메이비스가 계속 말해주기를 바랐지만 내심 갈등하는 눈치였다. 더 침묵하는 것도, 질문을 던지는 것도 적절하지 않은 듯해서 마지막에 그녀가 한 말을 다시 말해주었다.

"남편이 아직 가까이 있다고 느끼는군요."

메이비스는 고개를 끄덕였다. "침대에 있을 때요." 이렇게 말하고는 특유의 골똘히 생각하는 표정으로 나를 보았다. "어느 날 아침에 눈을 떠 보니까 그이가 있었어요. 옷장 옆에 서서. 그러니까… 귀신이요."

"어떻게 하셨나요?"

"'조지, 조지' 하고 불렀어요. 그런데 사라져버렸어요."

금지된 소망

귀신이 존재할까? 물론 존재한다. 귀신을 봤다는 목격담이 하도 많아서 그 존재를 의심하기 어렵다.

특히 두 가지 이론이 두드러진다. 하나는 귀신이 사후세계로 돌아가는 영혼이라는 이론이고, 다른 하나는 심리 현상이라는 이론이다. 현재 우리는 두 번째 이론을 선호한다. 하지만 심리 현상이라고 해서 그것이 실재하지 않는다는 뜻은 아니다. 가령 기억은 바위나 나무나 태양만큼 실재한다. 뇌과학에서 기억을 폄하하여 단순히 생물학적 과정의 부산물, 곧 부수현상이라고 주장한다고 해도,

기억이 그만큼 덜 실재하는 것은 아니다. 단지 다른 방식으로 실재할 뿐이다.

소설이나 영화가 과학보다 더 정확히 미묘한 진실을 포착할 때가 많다. 귀신에 관해서는 특히 그렇다.

진정한 심리적 귀신 이야기가 처음 나오는 작품은 1898년에 출간된 헨리 제임스Henry James의《나사의 회전The Turn of the Screw》이다. 줄거리는 단순하다. 어느 집 가정교사가 두 명의 귀신(그 집안의 옛 하인들인데 서로 연인 사이다)이 아이들에게 사악한 영향을 미친다고 믿는다. 그리고 그 귀신들의 초자연적인 힘에 맞서면서 비극이 시작된다.

이 소설이 심리적인 작품인 이유는 전개 방식 때문이다. 독자는 어느새 귀신들이 초자연적 존재인지 환상의 존재인지 궁금해한다. 그리고 아마추어 정신분석가가 되어 분석하기 시작한다. 그 집에 출몰하는 귀신들과 고지식한 가정교사의 억압된 성욕 사이에 연관성이 있을까? 이런 측면에서 제임스는 훗날 초자연적 사건은 억압된 것이 되돌아오는 현상이라고 주장한 프로이트를 예견한 셈이다. 귀신은 무의식의 투사projection다.

심리적 귀신 이야기인 이 작품은 현대의 독자에게도 강렬하게 다가온다. 귀신이라는 현상을 믿어야 하는 것은 아니기 때문이다. 독자는 이미 육신을 떠난 원통한 영혼이 아니라 인간 마음의 자명한 진실을 믿어야 한다. 따라서 귀신은 우리의 기억과 금지된 소망

만큼이나 실재한다.

메이비스의 금지된 소망은 명백했다. 남편과의 성관계를 원했고, 그녀의 무의식은 죽음을 장애물로 인식하지 않았던 것이다.

알고 보니 메이비스는 남편의 유령을 이미 몇 번이나 만났다. 몇 주가 흐르고 이 주제를 편안하게 꺼낼 수 있게 되자, 메이비스는 남편을 침실에서 네다섯 번, 밖에서 두 번 보았다고 고백했다.

"공원에 앉아 있다가 남편이 나무 아래 서 있는 걸 봤어요."

"남편이… 진짜처럼 보였나요?"

"네, 생전하고 똑같았어요. 우비를 입고 있었고요."

"그래서 어떻게 하셨나요?"

"가서 말을 붙여보려고 주섬주섬 짐을 챙기고 다시 눈을 들어보니 그이는 가고 없었어요."

이런 유형의 귀신은 잡힐 듯 잡히지 않는다. 고개를 살짝 움직이거나 빛이 미세하게 변화해도 (구름 뒤에서 해가 나오듯) 순식간에 사라져버릴 수 있다.

"또 어디서 남편을 봤나요?" 내가 물었다.

"시내요. 하지만 사람들 속에서 그이를 놓쳤어요."

이처럼 군중 속에서 본 경우는 다른 사람을 착각한 것으로 보인다. "좋습니다." 나는 고개를 끄덕였다. "좋아요."

환각은 외부 자극이 없을 때 경험하는 지각으로 정의된다. 가장 흔한 환각은 환청과 환시이지만 모든 감각에서 환각이 나타난다.

수백 년 동안 환각은 광기의 주요 증상이자 비정상을 보여주는 명확한 지표로 간주되었다. 그러나 이런 관점은 올바르지 않으며, 올바른 적도 없다.

우리가 객관적 현실이라고 여기는 현상은 일종의 타협이다. 외부 자극이 우리의 감각을 침투하고 그에 따른 해석의 결과다. 우리 눈에는 맹점이 있고 매 순간 그 위치가 달라지며, 주변시는 매우 약하고 망막에 도달하는 상은 작고 희미하다. 따라서 우리 눈에는 가장자리가 흐려지고 부분부분 생략되어 뿌옇고 흔들리는 세상이 보인다. 그럼에도 우리가 보는 세상은 완전하고 안정되고 파노라마처럼 펼쳐지고 선명하게 정의된 그림이다. 시각 정보가 의식에 도달하기 전에 이미 무의식에서 상당히 편집되기 때문이다. 뇌가 빈 틈을 메우고 동작을 보충하고 경험을 근거로 추측한다. 따라서 무의식의 편집은 기대와 동기와 욕구에 의해 편향된다. 예를 들어 아기 엄마는 항상 배경 소음을 아기의 울음소리로 오인한다. 소음이 전혀 없을 때 허위 경보로 경험할 때가 있다. 엄마는 고개를 한쪽으로 기울이며 "저 소리 들었어요?"라고 묻는다.

인지심리학자 로저 셰퍼드Roger Shepard는 지각은 "외부로 향하는 환각"이고 환각은 "내부에서 시연된 지각"이라고 말했다. 이를테면 현실이 완전한 진실도 아니고, 환각이 완전한 허구도 아니다.

성인의 약 5퍼센트가 환각을 경험하면서도 의학의 도움을 받은 적이 없다. 그냥 환각을 경험한다는 사실을 인정하고 보통 사람들처럼 살아가는 것이다. 미국인의 3분의 1이 천사를 본 적이 있다고 주장한다. 과장된 수치로 보일지 몰라도 실제로 아동의 3분의 1 정도가 상상친구를 가지고 있다는 결과와 일치한다.

메이비스에게 나타난 환각은 흔한 현상으로, 사별 후 환각 경험Post Bereavement Hallucinatory Experience, PBHE이라고 불린다. 사별한 사람의 무려 80퍼센트가 이런 현상을 경험한다고 보고한 연구도 있다. 따라서 이런 환각을 비정상이 아니라 정상으로 간주할 수 있다. 배우자가 먼저 세상을 떠난 경우에는 죽기 전에 배우자를 다시 만날 수도 있다.

사람들이 사별 후 환각 경험을 보고하는 경우는 많지 않다. 죽은 아내나 남편을 보는 것은 기이하고 지극히 사적인 체험이므로 어떻게 말을 꺼내야 할지 몰라서다. 이런 얘기를 어떻게 꺼내겠는가? 혹은 정신질환으로 진단받을까 봐 말하지 못하는 것일 수도 있다.

내 어머니는 병원에서 임종을 앞두고 의식이 또렷하지 않았다. 눈은 뜨고 있었지만 아무것도 보지 못했다. 뾰족한 꼬챙이에 찔리는 양 이따금 "아야, 아야, 아야" 소리만 냈다. 차마 보기 힘든 모습이었다. 어머니는 밤새 그랬다. 몹시 고통스러운 건 아니고 짜증이 난 정도로 보였다.

어머니의 친한 친구가 내 옆에 앉아 있었다. "네 엄마는 자기가 어떻게 될지 알고 있었단다." 나를 위로하듯 내 팔을 잡으며 말을 이었다. "네 엄마는 충분히 시간을 갖고 마음의 준비를 해뒀어."

"누구도 죽을 준비를 하지는 못할 거 같은데요. 제대로 준비하지는 못할 거 같아요." 내가 말했다.

"아니야. 네 엄마는 준비가 됐어. 네 아버지 덕에…."

아버지는 10년 전에 돌아가셨다.

"무슨 말씀이에요?"

"엄마는 네 아버지를 느낄 수 있었단다. 그 존재가 점점 더 강해졌어. 네 엄마가 그러더라. 아주 강하다고. 네 아버지가 꼭 집에 있는 거 같아서 이름을 불러볼 때도 있다고. 어떤 때는 바로 옆에 앉아 있는 거 같더래. 네 엄마는 알았어. 자기를 데려가려고 온 거래."

10년 동안 어머니는 나한테 한 번도 아버지가 찾아온다고 말한 적이 없다. 내가 어머니의 종교적 신념에 공감하지 못해서였을 거라고 짐작할 뿐이다. 어머니의 친구가 그런 비밀을 말해준 순간 어머니는 이미 마지막 말을 끝냈다. 그리고 다시는 아무 말도 하지 않고 그날 오후 세상을 떠났다. 나는 아직도 궁금하다.

애도의 다섯 단계

"그게 남편이라고 생각하세요? 정말로요?"

메이비스는 내려온 안경을 다시 밀어 올렸다. "네."

"그게 어떤 뜻일까요? 남편이 돌아오는 게…."

"모르죠. 남편도 제가 보고 싶었나 보죠."

"혹시 종교를 가지고 있습니까?"

"아뇨. 교회는 다니지 않아요. 가본 적도 없고요. 남편도 마찬가지고요."

"사후세계를 믿으시나요?"

메이비스가 종교에서 위안을 얻을 수도 있겠다는 생각이 들어서 물은 것이다. 적어도 교회에서 동료애를 느끼고 지지를 받을 수도 있겠다는 생각이었다.

"잘 모르겠어요. 제가 뭘 믿는지 몰라요." 프로이트의 학문적 공헌 중 하나는 무의식에 모순된 신념들이 공존할 수 있다고 제안한 것이다. 사실 인간은 그보다도 더 비뚤어진 존재다. 고의로 모순될 수도 있다. 메이비스가 침실에서 죽은 남편을 본 데에는 어떤 종교적 의미가 있어 보이지 않았다.

"좋아요." 나는 하나 마나 한 추임새를 넣으며 다음 질문을 생각했다. "남편이 말을 건 적은 있나요?"

"아뇨. 그냥 나타났다가… 사라져요."

"그 일을 다른 식으로 설명할 수 있을까요?" 메이비스는 내 말뜻을 알아듣지 못했다. "사실은 그게 남편이 아니고 환각 같은 것일 수는 없을까요?"

메이비스의 말에 반박하려는 건 아니었다. 단지 환자가 상황을 어떻게 평가하는지 확인하고 싶었다. 메이비스는 유난히 깊이 사고하지 못하고 수동적인 사람이었다. 자신에게 벌어지는 상황에 의문을 품거나 분석하기를 꺼렸다.

메이비스가 분명히 답했다. "아뇨."

"남편을 그리워한 나머지 뇌에서 속임수를 썼다고는 생각하지 않으세요?"

메이비스는 입을 꾹 다물고 인상을 쓰며 "네"라고 답했다.

"메이비스." 나는 펜을 내려놓고 몸을 앞으로 숙였다. "남편을 보면 어떤 기분이 들어요?"

"무섭진 않고…."

내 질문에 그녀가 자꾸만 혼란에 빠지는 것 같아서 더는 묻지 않았다. 게다가 환각이 메이비스에게 해를 끼치는 것 같지도 않았다. 사별 후 환각 경험이 순전히 부적응의 증상은 아니고 스스로를 보호하고 적응하려는 스트레스 반응의 결과일 수도 있었다. 환각이 어느 정도는 죽음을 덜 절대적으로 보이게 해주고 외로움을 덜어줄 수 있다.

메이비스는 총 열 번 정도 상담을 받으러 왔다. 나는 의뢰받은 대로 해주었다. 사별 상담을 해주고 우울증 치료를 위한 인지행동치료Cognitive Behavioural Therapy, CBT를 병행했다. 인지행동치료에서는 단순한 실험으로 도움이 되지 않는 확고한 신념을 검증했다. 주로 메이비스가 스스로 무엇을 할 수 있고 무엇을 할 수 없다고 생각하는지 알아보았다. 예를 들어 그녀는 사회적 상황에 대처할 수 있다고 생각하지 못했다.

　나와 상담하면서 메이비스는 조금 더 적극적이 되고 정신건강 자선단체에서 운영하는 사교모임에도 나가기 시작했다. 하지만 메이비스가 그런 사교모임에서 얻은 것은 그리 크지 않았다. 실제로 친구를 사귀거나 삶의 질을 개선하거나 심지어 더 행복해지고 싶은 마음이 없었기 때문이다. 어차피 메이비스가 원한 건 성관계였다. 귀신의 방문은 대개 영적으로 중요한 의미를 갖는다. 죽은 뒤에도 영혼이 있다고 확인해주고 천국에서 다시 만날 것을 약속하기 때문이다. 메이비스의 경우는 정반대였다. 메이비스는 그렇게 생각하지 않았다. 아니, 그럴 수 없었다. 육체적 욕망에 의해 나타난 남편의 혼령은 초월성의 증거가 아니라 그저 육체로 깊이 더 깊이 스며들었을 뿐이다.

　정신과 의사 엘리자베스 퀴블러-로스Elisabeth Kübler-Ross는 애도의 다섯 단계로, 부정, 분노, 타협, 우울, 마지막으로 수용에 이르는 과정을 정리했다. 퀴블러-로스의 연구가 중요한 영향을 미치기는 했지만 애도의 단계가 뚜렷이 구분된다는 개념을 지지하는 증거는 많지 않다. 상실은 개인의 고유한 경험이므로 사람마다 의미도 다르고 결과도 다를 수 있다. 사별에 대한 단일한 접근법은 없으며 올바른 애도 방법이라는 것도 없다.

　메이비스를 마지막으로 상담한 날에도 비가 왔다. 메이비스가 복도에서 우산을 들었고, 나는 문을 열어주었다.

내가 말했다. "안녕히 가세요. 또 얘기 나누고 싶어지면 언제든 심리학과로 전화 주시고요."

우리는 악수했다. 메이비스는 웃지 않았다. 하늘을 쳐다보고는 손잡이의 버튼을 눌러 검은 우산을 펼쳤다. 메이비스는 계단을 내려가 모퉁이에 있는 선술집 쪽으로 걸었다. 한 번쯤 뒤돌아볼 법도 한데 그냥 앞으로만 걸어가며 시야에서 사라졌다.

나는 안으로 들어와 창가에 서서 병원과 연구소 사이의 음산한 공간을 내다보았다. 폴리에스테르 정장에 운동화를 신은 괴짜 생리학자가 퍼붓는 빗속에서 뛰어갔다. 이윽고 사람 그림자 하나 보이지 않았고, 가로등이 켜지자 포석이 번들거렸다. 나는 잠시 메이비스를 생각했다.

섹스 없는 결혼생활에 불만을 토로하는 사람은 많다. 하지만 메이비스와 조지 사이에는 섹스가 중심에 있었다. 테스토스테론의 밀물에 휩쓸려 해변으로 떠밀려온 (서로 할 얘기도 없이 오도 가도 못 하는 처지가 된) 낯선 두 사람이 날마다 옆에서 함께 눈을 뜨고 각자의 하루를 살았다. 그럼에도 부부는 몽상가들처럼 관능적이고 나른한 쾌락의 낙원에서 살았다. 침실 밖으로 나가봐야 고작 차와 스폰지펭거가 위안을 주는 가난하고 권태로운 현실이 있을 뿐이었다. 섹스가 접착제가 되지 말았어야 했다. 사랑에서 빠져나왔어야 했다. 성관계가 곧 사랑은 아니므로, 사랑의 일부일 뿐이므로. 그럼에도 메이비스와 조지의 사례는 열정이 식거나 둘 중 하나가 죽지만 않는다면 사랑의 나머지 두 요소는 중요하지 않을 수도 있다는 사실을 보여주었다.

왜 이것이 놀라운 일이었을까? 사실은 그러지 말았어야 했기 때문이다. 처음 두 사람의 관계에 불이 붙을 때는 욕구가 가장 강렬할 때이므로 대화보다는 성관계로 더 친밀하게 연결된다. 욕구가 호감보다 더 강렬하다.

우디 앨런Woody Allen의 유명한 말이 생각난다. "사랑 없는 섹스는 무의미한 경험이지만 무의미한 경험으로서 섹스는 끝내주게 좋다."

메이비스와 조지의 식을 줄 모르는 열정은 아들 테리에게 영향을 미친 듯했다. 처음에는 테리가 인색하고 이기적인 사람인 줄 알았지만 점차 불쌍한 사람이라는 생각이 들었다. 자식들은 부모가 서로 사랑하기를 바라지만 지나치게 사랑하기를 바라지는 않는다. 부모가 너무 열렬히 사랑하면 (또는 서로를 열렬히 사랑하는 마음이 시들지 않으면) 자식은 고아가 된다.

그래서 테리는 마흔 살이 넘도록 아직 부모 집에서 살고 있을까? 평생 사랑받기를 기다려온 걸까? 이제 아버지가 세상을 떠났으니 자기에게도 기회가 올 거라고 생각했을지도 모를 일이다.

낫을 든 죽음의 신은 무대를 내려가면서 항상 음흉한 눈길을 던진다. 마치 자신의 은밀한 선물은 부활이라는 것을 암시하듯이.

The Incurable Romantic

3장

그 여자는 거기에 없었다

질투형 망상장애

몸의 취약성은 비타민 결핍이나 골다공증을

유발하는 취약성 같은 것으로 이해할 수 있다.

그런데 마음의 취약성은 어떨까?

심리적 취약성의 원인은 어떤 형태일까?

환자가 오지 않았다.

나는 그 환자의 기록부 여백에 날짜를 적고 'DNA'라고 적어 넣었다. '참석하지 않음did not attend'의 약자다. 임상 현장에서는 그런 식으로 축약어를 많이 쓴다. SSRISelective Serotonin Reuptake Inhibitor(선택적 세로토닌 재흡수억제제), CBTCognitive Behavioural Therapy(인지행동치료), PTSDPost Traumatic Stress Disorder(외상 후 스트레스 장애). 축약어를 많이 쓰는 이유는 임상 용어는 여러 개의 단어가 길게 연결된 경우가 많아서 모두 말하는 게 번거롭기 때문이다. 축약어는 의료계 종사자들 사이에 통용되는 대화의 한 형태이고 은어처럼 쓰일 수 있다. 예전에 소아과에 있을 때 FLK가 '웃기게 생긴 아이funny-looking kid'라는 뜻인 걸 알았다. 진단을 내릴 정도는 아니지만 마음 한구석에 걸리는 무언가, 문제가 있다고 말해주는 무언가가 있다. 규정하기 어려운 무언가는 대부분 얼굴에 나타나고 신경 발달에 문제가 있다는 뜻일 수 있다. 특이한 몸짓과 걸음걸이도 중요한 표식이다. FLK가 몰이해를 드러내는 축약어이기는 해도 최악은 아니다. 일부 스트레

스를 많이 받는 의사들은 LLS, 그러니까 '더럽게 못생긴look like shit'
이라고까지 부른다.

나는 DNA 사례 기록부를 한쪽에 치워놓고 다른 서류철을 집었
다. 서류철을 펼치자 정보가 불충분한 간결한 의뢰서가 나왔다. 이
성 관계에서 문제를 겪는 30대 후반 여성의 사례였다. 한 문단으로
정리된 의뢰서를 읽고 40분 정도 학술지 논문을 뒤적이거나 상담
실 안에서 서성였다. 환자가 상담 시간에 나타나지 않는 경우는 꽤
많다. 그만큼 치료자들은 상담실에서 서성이거나 손가락으로 책상
을 두드리거나 벽시계를 쳐다보거나 창밖을 내다보는 시간이 많다
는 뜻이다. 바람맞은 기분과 조금 비슷하다. 다만 늘 겪는 일이라는
점만 다르다. 전화벨이 울리고 비서가 11시 예약 환자가 도착했다
고 알렸다.

애니타는 굉장히 매력적인 여자였다. 키가 크고 다리가 길었고
금발에 오묘한 보랏빛이 도는 눈동자를 가졌다. 편안한 청바지와
점퍼 차림으로도 무척 우아해 보였다. 대충 걸치고 나왔는데도 완
벽하게 조화를 이룬 차림새로 보였다. 인테리어 디자이너라는 건
나중에 알았다.

"그럼….." 내가 서류철을 펼치며 말했다. "관계에서 어려움을 겪
고 있군요."

"네." 말을 더 이어가려는 듯 보였지만 이내 표정이 바뀌고 머뭇
거리다 입을 닫았다.

"남자친구의 이름은 뭔가요?"

"그레그요."

"얼마나 만났습니까?"

"1년쯤이요."

그들은 둘 다 아는 친구의 저녁모임에서 만났다. 그레그는 게임 프로그래머이고 직접 회사를 차렸다. 수익성이 좋은 사업이었고, 그가 개발한 게임 하나가 상도 받았다. "컴퓨터게임에는 사실 관심이 없어요." 애니타가 코를 찡긋하며 말했다. "처음에는 남자친구가 괴짜인 줄 알았는데, 대화를 나누면서 뭔가 통하는 느낌을 받았어요. 화학적으로 통하는 느낌이요."

서로에게 끌리는 감정을 말할 때 흔히 화학에 빗대어 말한다. 1809년에 출간된 괴테의 《친화력 Die Wahlverwandtschaften》이라는 소설에서는 낭만적 사랑도 화학적 결합과 동일한 법칙을 따를 수 있다는 개념을 탐색한다. 남자와 여자는 특히 서로의 분비물에 반응한다. 인체의 분비물이 개인의 고유한 분자구조로 공기 중에 서명을 하는 셈이다. 그 공기를 마시면 이런 분자에 의해 성적 호르몬이 자극받는데, 의식 차원에서는 냄새를 감지하지 못할 수 있다. 16세기에는 여자들이 껍질을 깐 사과를 겨드랑이 밑에 끼우고 사과에 땀이 배게 했다. 이렇게 땀이 밴 사과를 좋아하는 남자에게 선물했다. 그러면 상대 남자는 사과에서 나는 향긋한 머스크 향을 맡으며 떨어져 지내는 시간의 고통을 달랬다.

애니타는 같은 말을 반복했다. "화학적으로 통하는 느낌이요."
의구심이 들던 뭔가를 스스로 다시 확인하는 투였다.

애니타와 그레그는 사귄 지 6개월 만에 동거하기 시작했다. 애니
타가 그레그에게 자기 집에 들어와서 같이 살자고 제안했고, 그레
그도 그러자고 했다. 애니타는 이혼하고 여덟 살짜리 일란성 쌍둥
이를 키우고 있었다.

"그래서 어떻게 됐습니까?" 내가 물었다.

"우리 아이들, 브래들리랑 보는 그레그를 사랑해요. 처음 만난 날
부터 좋아했어요. 그레그가 집에 올 때 X박스*를 가져온 게 확실히
도움이 됐죠."

"쌍둥이들은 아빠를 자주 만나나요?"

"별로요. 애들은 아빠를 만나고 싶어 하지만 애들 아빠가 썩 믿
음직한 사람은 아니거든요. 항상 아이들을 실망시켰어요."

주식 거래인인 애니타의 전남편은 코카인 중독자였다. "가정을
깨지 않으려고 애써봤지만 더 이상은 견딜 수가 없었어요." 애니타
는 내 얼굴에서 걱정하는 표정을 보고는 미리 대답했다. "아뇨, 때
리거나 하진 않았어요. 젠장, 제가 그냥 나왔어요. 더는 같이 살 수
가 없었거든요. 침울하고 자꾸 거짓말만 해서요. 애들 생각을 해야
했어요."

● 마이크로소프트 비디오게임 콘솔.

그레그가 애니타의 집에 들어와 살기 시작한 지 얼마 안 가 둘의 사이가 나빠지기 시작했다. "서로 말이 없어졌어요." 애니타가 미간을 찡그렸다. "그이가 우리한테 관심을 잃은 것 같아요. 항상 밤 늦게까지 밖으로만 돌고 문자를 해도 절대로 답이 없어요." 둘은 점점 멀어졌다. "그이는 항상 밖에 있어요. 내 곁에 있어준 적이 없어요." 애니타는 잠자리에는 관심이 많지 않았다. "누군가와 가까이 있는 느낌이 필요해요. 친밀한 느낌이요." 그레그는 걸핏하면 짜증을 냈다. "그이가 저더러 통제광이래요." 애니타는 내게 공모하는 표정을 짓고는 웃었다. "어떻게 해야 될지 모르겠더군요. 이건 중요한 문제예요. 누구와 같이 살기로 결정하는 문제 말이에요. 아이가 있으면 더더욱. 내가 실수한 것일 수도 있다는 생각이 들어 무기력해졌죠. 그래서 지역 보건의를 찾아가 프로작 처방을 받았지만 부작용이 심해서 이렇게 선생님을 찾아온 거예요."

애니타는 우울한 건 맞지만 안정된 목소리였다. 눈물을 흘리지도 않고 자기가 원하는 게 뭔지 명확히 인지하고 있었다. "저기요, 전 그냥 상황을 잘 풀어가고 싶어요."

"그레그가 상담에 와줄까요?" 내가 물었다. "그레그를 따로 만나보고 싶군요. 그런 다음에 두 분이 같이 상담하는 일정을 잡아보죠."

애니타가 일어섰다. "선생님께 전화하라고 할게요."

통제광의 사랑

사실 부부치료는 그 출발이 음울했다. 부부치료는 원래 나치의 건강사업의 일환으로 개발되었다. 제3제국의 원대한 목적을 달성하려면 안정적이고 인종적으로 순수한 대가족을 구성해야 했다. 물론 전후의 부부치료는 전혀 다른 형태로 발전했다. 오늘날 몇 가지 유형이 있지만 대체로 대화와 문제 해결 기법을 훈련한다. 화목하지 않은 부부는 의미 있는 대화를 거의 나누지 않고 서로를 지치게 만드는 대화(주로 화를 내거나 비난하는 대화)를 자주 나눈다. 갈수록 부정적인 행동을 주고받으며, 성관계도 줄어들고, 함께 있는 시간을 더 이상 즐겁게 여기지 않는다.

나는 애니타가 "항상"과 "절대로" 같은 표현을 많이 쓰는 것을 알아챘다. 그레그는 항상 밤늦게까지 밖으로 돌고 문자를 보내도 절대로 답이 없다고 했다. 그런 단어들은 정확하지 않을 때가 많고, 대개는 왜곡된 지각과 연관된 사고방식을 드러낸다.

독일에서 태어난 정신분석학자 카렌 호나이 Karen Horney는 언어와 심리적 취약성을 연결한 최초의 심리치료자 중 한 사람이다. 호나이는 '당위의 횡포 tyranny of shoulds'라는 개념으로 타협하지 않는 내적 언어가 얼마나 심한 스트레스와 죄책감을 불러일으키는지 강조했다.

가령 나는 완벽해야 한다, 나는 말라야 한다, 나는 성공해야 한다는 식의 당위가 있다. 환자들에게 좀 더 섬세하게 말하게 해주면 내적 언어가 현실에 더 잘 부합하도록 유도할 수 있다. 이렇게 간단히 수정하기만 해도 심리평가 결과가 향상되고 기분도 좋아진다. 나는 당장 학술 용어를 적었다. 과잉일반화overgeneralization.

다음 주에 그레그가 왔다. 말쑥한 차림에 점잖은 태도를 가진 그는 케임브리지대학교에서 수학으로 1등급 학위를 받은 사람이었다. 나는 애니타의 불만을 간략히 전달하고 그의 반응을 살폈다. 그의 입술이 일그러지며 유쾌하지 않은 미소가 떠올랐다. "애니타가 다 말씀드리지 않았나 보군요?"

"무슨 말이죠?"

그레그는 한숨을 쉬고 몸을 앞으로 숙였다. "전 외출을 많이 하는 편이 아니에요. 일주일에 한두 번 정도예요. 그리고 외출하면 항상 애니타한테 문자를 보내요. 어디에 있는지, 언제 집에 들어갈지 알려줘요. 전에는 문자 보내는 걸 깜빡하곤 했어요. 그건 맞아요. 그래도 요즘은 아니에요. 애니타 때문에 힘들 때가 있었거든요. 왜 그렇게 불안해하는지 도통 모르겠어요. 애니타는 사실 나한테 과분한 여자예요. 사실 모델을 해도 될 만한 여자잖아요." 그레그는 동의를 구하듯 나를 보았고, 나는 고개를 끄덕였다. "그런데 전혀 선택을 할 수 없는 여자처럼 굴어요."

그레그는 애니타가 같이 살자고 한 건 그를 계속 감시하고 싶어서였다고 말했다.

"애니타는 제가 다른 여자를 만나서 바람을 피울 거라고 의심해요. 전 안 그래요. 전 그런 사람이 아니에요. 애니타를 사랑하고요."

"애니타한테도 그런 말을 해주었습니까?"

"그럼요, 늘 해요. 그래도 소용이 없어요. 제가 몰래 바람피우는 줄 알거든요. 어디 갔다 왔는지, 누구랑 있었는지 꼬치꼬치 캐물어요. 꼭 취조당하는 기분이 들어요. 제가 조그만 실수 하나만 해도, 무슨 일관성 없는 태도를 증명하는 증거라도 찾아낸 양, 엄청 불쾌하게 생각해요. 그러고는 마음을 닫고 말도 안 해요." 그는 턱을 가슴으로 내리고 피곤한 눈으로 보았다. "그러다가 서서히 침묵에서 빠져나오기는 해요. 그러면 저는 달래주면서 내 말이 사실이라고 맹세해야 돼요." 그는 못마땅한 표정으로 재킷에서 실밥을 뽑았다. "애니타가 제 이메일이랑 신용카드 명세서도 확인하려고 해요."

"그래서 보여주십니까?"

"숨길 건 없어요. 그래도 그건 아니지 않나요?" 그는 소파에 등을 기대고 깔끔하게 기른 구레나룻을 만졌다. "어느 날은 밤에 들어와서 샤워하고 있었거든요. 샤워부스에 있는데 애니타가 들어와서 세탁바구니를 가지고 나가더라고요. 세탁기를 돌린다면서." 그는 의아하고 자신 없는 눈으로 보았다. 계속 말해야 할지 말지 모르겠다는 눈치였다. "그런데 말이에요 세탁기를 돌리지 않았더라고요. 그냥 제 옷을 뒤지고 싶었던 거예요."

"그걸 어떻게 알죠?"

"제가 오해한 것일 수도 있죠. 그래도 오해가 아닌 거 같아요."

"애니타가 물증을 찾고 있었다는⋯."

"집착이 심해요."

그레그는 움찔했다. 생각은 주문과 같을 수 있다. 입 밖에 내야만 힘이 생긴다.

상담을 더 이어가기 전에 한 가지는 짚고 넘어가야 했다. "그레그, 사적인 거 하나만 물어볼게요. 답변은 비밀로 하고요."

"좋습니다."

"바람피운 적 있습니까?"

"맙소사, 없다니까요!" 그는 몹시 기분이 상한 표정이었다. "전 진심으로 우리 관계가 잘 풀리기를 원해요. 그전에 다른 사람을 만날 때도 바람피운 적은 없어요. 저 원래 그런 사람이 아니에요."

연인을 감시하고 싶은 욕망

애니타는 숄더백에서 고무줄을 꺼내 머리를 하나로 묶었다. "우린 다른 사람들이에요. 각자 상황을 다르게 봐요." 나는 객관적 사실을 확인하는 것이 어려울 때가 있다고 수긍했다.

"남자친구는 얼마나 자주 외출합니까? 전에 얘기한 것처럼 항상 외출하나요? 아니면 일주일에 한 번 정도 나가나요?"

"제가 과장한 것일 수도 있겠죠. 그런데 그게 중요한 게 아니잖아요. 같이 있는 시간이 충분하지 않다는 게 문제죠."

"남자친구한테 신용카드 명세서를 보여달라고 한 적 있어요?"

"요새는 안 그래요."

애니타는 계속 얼버무리다가 말했다. "알겠어요. 제가 통제욕이든 소유욕이든, 그런 게 심할 순 있어요. 그래서요? 누굴 사랑하면 다 그러는 거 아닌가요?"

질투와 사랑은 불가분의 관계다. 중세의 성직자 안드레아스 카펠라누스Andreas Capellanus는 궁정연애의 서른한 가지 규칙을 정리했다. 그중 두 번째 규칙이 "질투하지 않는 남자는 사랑할 수 없다"이다.

"그렇죠." 내가 동의했다. "자연스러운 겁니다. 사랑과 질투는 같이 가죠. 사랑에 빠지지 않았다면 불륜을 의심하는 일도 없겠죠."

"제 말이요." 애니타는 안심한 듯 말했다. "다 관심이 있으니까 그러는 거죠." 그리고 솔직히 털어놓았다. "그이가 바람피우는 상상을 많이 해요. 요즘 들어 더 끔찍한 상상을 해요. 악몽처럼. 그레 그가 시내에서 다른 여자를 만나는 거예요. 둘이 너절한 호텔에 들어가서 오후 동안 방을 빌려요."

"그 여자가 누굴까요?"

"몰라요. 아무도… 누구든. 그냥 그런 장면이 머릿속을 떠나지 않아요." 애니타는 어깨를 으쓱했다. "둘이 침대에서 뒹구는 모습까지 그려져요. 끔찍해요. 속이 울렁거려요. 지금도 그 생각을 하니

토할 거 같아요." 애니타는 이런 상상을 하면서 그레그가 어디 있는지, 뭘 하는지 알고 싶은 욕구에 사로잡히는 듯했다. 직장에 전화해서 그레그가 어디 있는지 확인하지 못하면 그런 우울한 상상을 사실로 믿기 시작했다. 내가 다시 그 얘기를 꺼내자 애니타는 이렇게 말했다. "제가 육감이 뛰어나거든요. 그래서 아는 거예요. 여자의 육감이랄까? 누구랑 잘 될지 순식간에 알아채거든요. 제가 일하는 분야에서는 이런 능력이 있으면 도움이 돼요. 웬만해서는 만족하지 않을 고객한테 시간을 허비하지 않아요."

애니타가 사람의 성격을 잘 판단할지는 몰라도 특별한 재주를 가진 건 아니었다. 그녀의 상상에 어떤 의미가 있는 것도 아니었다. 잘못된 추론은 자연히 잘못된 결론으로 이어진다.

그레그가 어디에 있는지 모를 때 실제로 애니타가 어떤 상상을 하는지는 아직 명확하지 않았다.

"그레그가 바람피운다고 생각해요?" 내가 물었다.

"그럴 수도 있죠." 애니타가 답했다.

"그건 제 질문의 답이 아닌데요."

애니타는 다리를 꼬고 부츠의 길고 뾰족한 힐에 정신이 팔린 듯 보였다. 손을 뻗어 힐을 만졌다. 거의 애무하듯이. "그런 생각이 들 때도 있고, 아닐 때도 있어요."

질투형 망상장애

질투에 사로잡힌 주인공은 문학에 단골로 등장한다. 에우리피데스의 메데이아는 연적을 독살하고 자식들을 살해했다. 셰익스피어의 오셀로는 데스데모나를 목 졸라 죽였으며, 톨스토이의 포즈드니셰프는 단검으로 아내의 갈비뼈 아래를 찔렀다. 이런 장면에는 암울한 현실이 반영된다. 시대와 장소마다 추정치는 다르지만 세계적으로 애인이나 배우자, 혹은 전 애인이나 전 배우자에 의한 살인이 전체 살인 사건의 약 10분의 1을 차지한다. 살해 동기는 주로 드러난 불륜이나 불륜에 대한 의심이다. 남자가 여자를 죽이는 사건이 많지만 여자가 남자를 죽이는 경우도 (훨씬 낮은 비율이지만) 있다. 전 세계에서 살해당한 여자의 3분의 1 정도가 남편이나 애인에게 당한 것이다. 주로 칼에 찔려 죽거나 맞아 죽는다. 통계적으로 여자가 아는 사람과 자는 것보다 모르는 사람과 자는 편이 훨씬 안전한 셈이다. 질투의 심각도가 연속선상에 분포하기는 하지만 질투는 가벼운 형태조차도 폭발력을 가질 수 있다.

20세기 전반에 걸쳐서 본다면 애니타는 다음의 진단을 받았을 것이다. 오셀로 증후군, 성적 질투 증후군, 병적 질투, 정신증적 질투, 편집증적 질투, 강박적 질투, 망상적 질투. 현재는 여러 용어가 '망상장애: 질투형'으로 대체되었다. 따라서 병리적 질투는 클레랑보 증후군(현재 망상장애: 색정형)과 밀접한 연관이 있다.

클레랑보 증후군의 주된 특징은 사랑의 망상인 반면, '망상장애: 질투형'의 주된 특징은 불륜에 대한 망상이다. 두 진단은 동일한 약물을 처방받는다. 뇌 신경화학 회로가 동일하다는 뜻이다. 병리적 질투도 클레랑보 증후군과 마찬가지로 뇌 우반구의 손상과 연관된다는 점에서 두 가지 상태가 더 많이 중첩될 수도 있다. 두 상태에서 나타나는 행동도 유사하다. 이유는 각기 다르지만 둘 다 상대를 쫓아다니면서 괴롭히는 행동을 보인다. 클레랑보 증후군 환자는 분리된 상태를 견디지 못해서 그러는 데 비해, 병리적 질투를 보이는 사람은 상대를 감시하기 위해서 그런 행동을 한다. 두 유형 모두 직감이 강하고 예후가 좋지 않은 편이다.

나는 애니타에게 내가 상담한 환자들 중 일부는 약물로 간단히 질투 사고를 잡았다고 말했다. 애니타는 프로작을 복용하고 심각한 부작용을 겪은 터라 약에 대한 거부감이 컸다. 다른 이유도 있었다. "약을 먹으니까 기분이 달라졌어요. 마음이 조금 죽어버린 느낌이 들었어요. 정말 이상했어요. 그냥 제 상상일 수도 있지만 일하는 데도 방해를 받는 것 같아요. 사무실에 가면 아무것도 떠오르지 않았어요. 색상이든, 질감이든, 재료든… 보통은 아이디어가 막 샘솟거든요." 예술적 재능을 발휘해야 하는 직업을 가진 환자들에게 흔히 듣는 불평이다. 기분장애, 특히 감정 변화가 심한 기분장애가 창조성을 끌어낸다고 보는 시각이 있다. 예를 들어 평생 기분장애를 경험하는 사람의 비율은 연령과 성별과 교육 요인을 통제할 때 작가들이 다른 사람들보다 유의미하게 높았다. 감정 기복이 심하면 내면으로 침잠하는 우울감에서 활력이 넘치는 기분으로 넘어가는 식의 낙관적이고 생산적인 주기가 시작될 수도 있다. 그런데 화학적 방법을 이용해서 기분을 인위적으로 안정시키면 이런 긍정적인 효과가 사라질 것이다.

애니타는 성적 상대를 비교적 적게 만나온 편이었다. (그녀 말로는) "꽤 까다로운" 편이었다고 한다. 사랑하는 누군가에게 가까이 오도록 허락할 때마다 자신의 취약한 내면을 주체하지 못했다고 했다. 그럴 때 발가벗겨진 기분이 든다고 말할 때는 목소리가 가늘어지면서 숨이 찬 듯 말끝을 흐렸다. 겁을 먹거나 두려울 때 나타나는 반응이다. 그러다 보니 결국 어린애 같은 말투가 되었다.

모든 사람의 내면에는 하위 인격, 곧 과거 자기의 일면이 현재까지 남아 있다는 개념은 칼 구스타프 융Carl Gustav Jung의 분석심리학에서 나왔다. 1934년에 융은 이렇게 적었다. "모든 성인의 마음에는 아이가 숨어 있다. 영원한 아이, 항상 무언가 되어가는 과정에 있지만 영원히 완성되지 않고 끊임없이 보호와 관심과 교육을 요구하는 아이가 있다." 융의 이 말은 훗날 특히 1960년대와 1970년대에 많은 임상가가 수정해서 썼고, 그 뒤로는 대중심리학자들이 열심히 가져다 쓰면서 사람들에게 "내면의 아이"를 사랑하라고 재촉했다. 남용되고 감상적으로 흐른 탓에 이 개념의 가치가 떨어졌다. 그럼에도 마음이 어떻게 작동하는지를 생각할 때 유용한 개념이다.

생애 초기의 중요한 순간을 떠올리게 하는 어떤 감정이나 사건은
잠재된 기억을 불러내므로 다시 아이가 된 기분이 든다.

나는 애니타의 내면에 숨은 아이의 목소리를 들은 것 같았다. 커
튼 뒤에 숨어서 틈새로 내다보는 소녀. 그 소녀에게 밖으로 나오라
고 말을 건넬 수도 있었지만 조심스러웠다. 괜히 겁먹고 숨어서 다
시는 나오지 않을까 봐.

사소한 다툼의 이면

부부나 커플 상담에서는 각자가 어느 위치에, 어떻게 앉는지를 관
찰해서 둘의 관계에 관해 많은 것을 유추할 수 있다. 부부나 커플
이 상담실에 들어와서 긴 소파의 양끝에 한 명씩 앉는 경우가 상당
히 많다. 마치 서로를 밀어내는 힘의 장에 두 사람이 갇힌 것만 같
다. 서로 멀찍이 떨어져서 비스듬히 기울어져 앉은 나머지 거의 서
로를 등지는 자세가 된다. 내가 좀 더 가까이 앉아달라고 말하면
마지못해 그렇게 한다. 하지만 상담이 끝날 즈음이면 대개 다시 멀
찌감치 떨어져 앉는다. 다들 관계를 회복하고 싶다고는 말하지만
두 사람의 자세가 더 많은 것을 말해준다.

애니타와 그레그는 가까이 앉은 자세가 편해 보였다. 나란히 앉
아서 이따금 서로 만지기도 했다.

부부나 커플 상담에서 치료자의 역할은 심판이나 재판관의 역할과 상당히 유사하다. 부부나 커플이 기본 정보(누가 무슨 말을 언제 했는지)에 관해서도 서로 다른 말을 할 때가 많다. 같은 사건을 전혀 다르게 기억하는 것이다. 사소한 증거를 보고 넘겨짚고 엉뚱한 길로 빠지는 경우가 많다. 서로가 상대의 마음을 다 읽을 수 있다는 듯 오류로 가득한 결론을 내고는 그 결론을 부정할 수 없는 진실로 믿어버린다. 그러면 크게 좌절할 수밖에 없다. 상담 중에 서로 화가 나서 으르렁거릴 때가 있다. 문제가 심각한 부부나 커플은 서로에게 마구 비난을 퍼붓는다. 내가 언성을 높이며 그만하라고 소리쳐야 할 때도 적지 않다.

애니타와 그레그는 심각하게 싸우기보다는 사소한 문제로 다투는 정도였다.

"내가 뭘 더 할 수 있을지 모르겠어." 그레그가 말했다. "어디 있는지 보고하고 누구랑 있는지도 다 말해주잖아."

"그러셔?" 애니타가 말했다.

"응."

"정말 그렇게 생각해? 화요일에 늦게 왔잖아. 문자도 보내지 않았고."

"아, 왜 이래, 애니타. 제발. 그날은 어쩔 수 없었잖아." 그레그가 나를 돌아보며 조급한 투로 말했다. "회사에 위기상황이 터졌거든요. 긴급회의에 참석해야 했어요. 시간이 없었다고요."

"문자 한 통 보내는 데 얼마나 걸린다고?" 애니타가 말을 잘랐다.

"그냥 못 보낸 거라니까." 그레그가 대꾸했다.

"약속했잖아."

"애니타." 내가 손을 들어 주의를 끌었다. "그레그가 뭐라고 약속했는데요? 정확히 말해봐요."

"문자 하겠다고요. 항상."

"그 말은 맞아요." 그레그가 말했다. "그렇게 말하긴 했어. 그래도 자기가 이해를 안 해주는 거 같아, 애니타. 가끔은 아무리 하고 싶어도…." 그가 항변하려다가 멈췄다. 입을 벌렸다가 아무 말도 하지 않고 다시 닫았다. 더 이어갈 의지를 잃은 듯했다.

나는 애니타에게 재차 물었다. "위기상황이 있었던 걸 의심하나요?"

"애니타도 어떤 상황인지 알아요." 그레그가 대꾸했다. "제가 이메일을 보여줬거든요. 원하시면 선생님께도 보여드릴 수 있어요. 심각한 상황이라 그때 당장 수습해야 했어요."

"애니타?" 내가 다시 물었다.

"몇 초면 될 일이잖아요."

"사람은 가끔 스트레스를 받으면 잊어버릴…."

"중요하지 않으니까 그런 거겠죠."

"그레그가 실수로 문자를 못한 게 그런 의미 같아요? 당신이 중요하지 않아서?"

"그런 느낌이 들어요."

"그러면 무척 속상하겠네요. 그래도 내 질문을 잘 생각해보고 대답해줘요. 정말로 그렇게 생각해요? 그레그가 문자를 보내지 않은 건 당신이 중요하지 않은 사람이라는 뜻이라고?"

나는 애니타에게 잠시 생각할 시간을 주고 싶었다. 그러니까 그녀의 생각의 일부는 그냥 자동으로 일어난 생각, 곧 인지심리학에서 경솔한 생각이라고 부르는 것일 수 있다는 점을 깨닫게 해주고 싶었다. 하지만 나는 지나치게 단호하게 질문을 던지며 잘못된 부분에 초점을 맞추느라 애니타에게 마치 법정에서 심문을 받는 느낌을 주고 말았다. 나는 앞서 그레그가 문자를 보내지 않은 일을 두고 "실수"라고 말했다. 이미 내가 그의 행동을 용납 가능한 행동으로 판단했다는 뜻이다. 심리치료자는 작가처럼 세심하게 말을 골라 써야 한다.

애니타는 신경이 날카로웠다. 화가 나서 얼굴이 빨개졌다. "그레그는 항상 자기를 믿어도 된다고 말해요. 자기가 믿을 만한 사람이라고요. 그런데 문자 한 통도 제대로 보내주지 않아요."

부부나 커플은 남들에게는 전혀 중요해 보이지 않는 문제로 다투면서 아무런 해결책도 내지 못한 채 같은 자리만 맴돈다. 핀의 머리 위에서 천사가 몇 명이나 춤출 수 있는지를 놓고 끊임없이 논쟁을 벌이던 중세 신학자들의 무의미한 논쟁처럼 말이다. 하지만 부부나 커플이 남 보기에 사소한 문제로 다툴 때는 이면의 숨은 이유를 들어봐야 한다. 중요한 건 언쟁이 아니라 언쟁하는 방식이다.

그레그도 화가 나서 투덜댔다. "말도 안 돼. 애니타, 자기는 모든 면에서 지나쳐. 내가 집에 들어간 게, 뭐, 한 시간 늦었나?"

"한 시간 10분."

"그래." 그레그가 눈동자를 굴렸다. "한 시간 10분."

나는 환자 기록부에 남긴 메모 아래 단어 하나를 추가했다. "완벽주의." 그리고 밑줄을 그었다.

사람들은 왜 질투할까

사람들은 왜 질투할까? 누군가를 사랑하면 그 사람이 마냥 자유롭고 행복하기를 바라야 한다. 진정한 사랑은 구속하지 않고 영혼을 자유롭게 풀어주어, 우리가 기존의 한계를 뛰어넘게 해준다. 레바논의 시인 칼릴 지브란Khalil Gibran의 시 중에 결혼식에서 자주 낭송되는 시가 있다. "사랑은 세상에서 유일한 자유다. 사랑은 정신을 고양시켜서 인간의 법과 자연 현상에 가로막혀 경로를 바꾸지 않는다." 희망을 주는 말이기는 해도 사랑의 여신은 견고한 족쇄를 가지고 있다고 말한 루크레티우스의 경고가 더 진실에 가깝다. 우리는 자기 자신으로 살 수 있을 때만 자유로울 뿐, 완전히 자유로운 것은 아니다.

유토피아를 추구하는 공동체들은 '자유연애'를 원칙으로 내세웠지만 거의 모든 공동체에서 구성원들이 일부일처제로 돌아가면서 공동체가 줄어들거나 와해되었다. 일부다처제가 허용되는 사회에서도 남성의 5~10퍼센트만 아내를 여러 명 둔다. 인터넷은 '일부다처제/일처다부제'의 생활양식을 시도해보고 싶은 젊은 커플들에게 대화의 통로를 열어주었지만 여전히 많은 사람이 질투를 극복하는 것이 커다란 걸림돌이라고 고백한다. 안정되고 '열린' 관계를 유지하면서 자녀를 키우는 부부나 커플은 전체 인구의 극소수에 불과하다. 사회공학자나 정치 공상가들이 사회구조를 바꾸려고 시도할 때마다 다시 가족 단위로 돌아간다. 단일한 배타적인 관계에 특권을 부여하고 질투로 그 관계를 유지하려는 욕구는 인간의 본성으로 보인다.

원시 환경에서는 아이가 잘 성장하면 부모의 투자에 건강한 이자, 곧 유전자의 생존이라는 이자를 돌려주었다. 어머니 입장에서는 이런 목적에 가장 큰 위협은 가족의 자원이 분산되는 것이다. 이를테면 배우자가 다른 여자와 성관계를 가질 때 벌어지는 상황이다. 아버지에게는 배우자의 부정의 대가가 훨씬 크다. 다른 남자의 유전형질을 퍼뜨리는 데 자원을 허비할 수도 있기 때문이다. 질투는 예방조치를 취하라는 경고, 한 마디로 라이벌을 찾아내는 레이더다. 남자가 부정의 대가를 더 크게 치른다는 점에서 남성의 성적 질투가 더 강렬하다는 사실과 배우자 살인 통계에서 뚜렷한 성차가 나타나는 현상도 일부 설명된다.

애니타의 경보기는 시도 때도 없이 울려댔다.

"그레그가 우리 집으로 들어와 살기 전에 그이 집에 조금 일찍 가곤 했어요. 살펴볼 시간을 가지려고요."

"남자친구 물건을 살펴봤다고요?"

"아뇨….". 나는 기다렸고, 애니타가 내 눈을 보았다. 그리고 인상을 찌푸리며 가슴이 두근거리는 듯 가슴에 손을 얹었다. "침대를 봤어요."

"뭘 찾으려고요?"

"그게… 얼룩, 머리카락."

"흔적이군요….".

"네."

"그래서 뭘 찾았나요?"

"침대에는 항상 머리카락이 있었어요. 시트에서 집어 불빛에 비춰보고….".

"당신이 찾으려던 거였습니까?"

"항상 의심 가는 것들이 있었어요."

"또 뭘 했습니까?"

"베개 냄새를 맡았어요. 향수 냄새가 나는지 보려고요."

애니타는 있지도 않은 여자를 찾으려 했다. 그레그가 자기는 결백하다고 아무리 말해봐야 그녀는 계속 과학수사관처럼 철두철미하게 연적의 증거를 찾으려 했다.

질투가 심한 일부의 경우에는 배우자가 외도했다고 솔직히 털어놓은 뒤에도 계속 캐묻고 감시하고 확인하려 든다. 신경의 '스위치'가 꺼지지 않아서다. 강박장애는 침투 사고가 불안과 불쾌감을 일으켜서 환자가 일종의 의식儀式을 수행함으로써 불안과 불쾌감을 줄이려 하는 상태다. 의식은 강박적이고 저항하기 힘든 강력한 충동과 연관된다.

강박장애의 효과적인 치료법은 노출과 반응 예방이다. 강박장애를 치료할 때는 환자에게 불안한 상황에서 불쾌감을 견디고 의식을 수행하고 싶은 충동을 억제하도록 유도한다. 연구에 따르면 이런 '행동치료'를 받으면 미상핵과 시상 같은 뇌의 특정 영역의 활동이 줄어든다. 뇌활동의 변형된 양상은 강박장애 약을 복용할 때 나타나는 양상과 거의 일치한다. 흥미롭게도 심리치료와 연관된 생리적 이상은 의지로도 바꿀 수 있는 셈이다.

노출 기법과 반응 방지 기법으로 치료받은 강박장애 환자 대다수는 침투 사고를 적게 경험하고 고통에 덜 시달리며 의식을 수행해야 한다는 강박을 적게 느낀다.

나는 애니타에게 확인하고 싶은 충동에 저항해보라고 요청했다. 애니타는 단기간 저항할 수는 있었지만 계속하지는 못했다. 그레그가 다른 여자랑 같이 있는 충격적인 이미지가 자꾸만 떠올랐다. 의심이 악성 종양처럼 전이되어 질투심에 사로잡히고 다시 탐정처럼 뒤지고 싶은 강박적 충동에 압도당했다.

내면의 아이

거의 모든 심리치료 학파가 유년기 스트레스가 정신건강에 오랫동
안 영향을 미친다는 데 동의한다. 일부 학파에서는 이 개념을 논리
적 극단까지 끌고 가서 태아기 경험도 중요한 영향을 미친다고 주
장한다. 태아는 분명 자궁 속에서 경험하고 반응하면서 간혹 성인
의 행동을 예시한다. 초음파 사진을 보면 임신 27주만 돼도 남아가
엄지를 빨 때 성기가 발기하는 것으로 나타난다.

나는 애니타에게 어린 시절에 관해 물었다.

"엄마는 화가였어요." 애니타가 별로 자랑스러울 것 없다는 투로
말했다. "크고 화려한 색채의 추상화… 엄마는 늘 몰입한 상태였어
요. 그림을 팔아서 먹고살 만큼 돈을 벌지도 못하면서. 어릴 때 저
랑 남동생한테 시간을 많이 내주지 않았고, 지금도 그래요. 엄마는
자기가 보헤미안인 줄 알아요. 남자들이 집에 드나들었어요. 어렸
는데도 저는 무슨 일이 일어나고 있는지 알았어요. 잘못된 일인 것
도 알았고요. 엄마는 저랑 동생을 공범으로 만들었어요." 애니타는
눈을 부릅뜨고 술 취한 귀신의 말을 전하는 영매처럼 말했다. "아
빠한테는 말하지 마."

"비밀을 지켜드렸나요?" 내가 물었다.

"네." 애니타가 답했다. "그럼요. 그런데 아빠가 어떻게 알아냈어요. 엄마가 말했을지도 모르죠. 아빠랑 싸우다가 말했을 거예요. 극적인 효과를 주려고. 워낙 극적인 걸 좋아하는 사람이라. 둘이 허구한 날 싸우고 헤어지고 다시 만나곤 했어요. 둘이 화해하면 동생이랑 저는 할머니 집에 맡겨졌어요." 애니타가 물기 어린 눈으로 옛일을 떠올렸다. 나는 흥미로운 이중성을 보았다. 그녀의 모호한 표정에서. 어른 애니타와 아이 애니타가 불확정성의 상태에 머물러 있는 상태, 이를테면 양자중첩성*으로 다가오는 현실에 대처하는 상태를 감지했다.

건물 어디선가 전화벨이 울렸다.

"어머니한테는 어떤 감정이 들어요?"

전화벨이 끊겼다.

"어렵군요. 엄마잖아요. 별로 도움이 안 되는 부모였어요. 엄마는 그냥 관심이 없었어요. 자식을 키우는 게 따분했던 거 같아요."

영국의 전후 심리분석의 대가인 도널드 위니콧Donald Winnicott은 어머니-자식 관계가 미래의 정신질환을 예방하는 중요한 안전장치라고 제안했다. 사실 위니콧은 궁극적으로 인류 문명은 평범한 어

---

* quantum superposition, 서로 멀리 떨어진 두 입자가 존재적으로 연결돼 있어 한 입자의 상태가 확정되는 즉시 다른 입자의 상태도 변한다는 개념.

머니들의 절대적 헌신 위에 서 있다고까지 주장했다. 위니콧의 정서발달이론의 핵심은 '안아주기'다. 사실 이 개념은 안아주는 행위만이 아니라 모유 수유, 목욕시키기, 돌봐주기, 위로해주기 등 엄마가 아이를 보살피는 모든 행위를 포괄한다. 아기는 '안아주는 환경'에서 안전하다고 느끼고 의존성에서 독립성으로 순조롭게 넘어간다. 안아주기는 아기가 관계를 맺는 첫 경험이고 이후 모든 사회활동에 영향을 미친다.

심리치료도 일종의 안아주기로서 환자가 안전하게 탐색하고 성장하기 위한 장을 마련해준다. 심리치료자와 환자의 관계가 원만하게 형성되는 경우에는 훌륭한 자녀양육을 모방한다. 이런 관계는 과도기를 잘 넘기게 해준다.

7주 후 애니타는 심리치료에 적응했다. 속마음을 털어놓으면서도 덜 불안해했다. 나는 애니타가 더 깊이 파고드는 질문을 감당할 수 있을 거라고 판단했다. 애니타가 느끼는 질투심을 파헤치고 싶었다. 그 깊이를 헤아리고 싶었다. 이런 목적에는 인지치료에서 '하향식 화살 기법'이라고 부르는 기법이 유용하다. 이 기법은 아래 방향으로 화살표를 이어나가며 내담자의 생각과 그 의미를 묻는 질문을 던지는 방식으로 내담자의 핵심 신념에 접근한다.

"애니타, 만약 그레그가 바람피웠다고 인정한다면 당신은 어떻게 반응할지 생각해본 적 있어요?"

"엄청 충격을 받겠죠. 정말로 그렇게 생각하시는 건 아니죠? 그이가 무슨 말 했어요?"

"아뇨, 전혀." 나는 일단 애니타를 안심시켰다. "그냥 당신한테 그게 어떤 의미인지 궁금해서요. 만약 그게 사실이라면."

"의미요?" 애니타는 잠시 어리둥절한 표정을 짓고는 말을 이었다. "그이가 그동안 내내 거짓말을 했다는 의미겠죠." 애니타는 자세를 고쳐 앉아 의심의 눈으로 나를 보았다. 당연한 거 아니냐는 눈빛이었다.

"그럼 그게 무슨 의미일까요?" 내가 계속 물었다 .

"그이를 믿을 수 없다는 뜻이죠."

"그게 사실이라면?"

"맙소사, 자기 짝을 못 믿는데 대체 누굴 믿을 수 있겠어요?"

"좋아요. 당신이 그레그를 못 믿는다고 치죠. 아니면 앞으로 누구를 만나도 믿지 못한다고 치자고요. 그게 무슨 의미일까요?"

"친밀감 같은 게 없어지겠죠."

"그리고 만약 그게 사실이라면?"

애니타는 간간이 느리고 떨리는 호흡을 내쉬며 말했다. "외롭겠죠."

애니타는 몹시 두려운 듯 보였다. 드디어 내면의 아이가 숨어 있던 곳에서 나왔다. 아이는 이기적인 엄마에게 사랑을 기대했지만 (남편만큼 자식들에게도 믿음을 주지 못한 어머니에게서) 무시당하고 거부당했다.

진화의 과정에서 우리는 부모와 친밀한 관계를 맺기 시작했다. 원시의 아프리카 평원에서 버려진 아이는 죽은 목숨이었기 때문이다. 애니타의 연적, 실제로 존재하지 않는 그 여자는 단지 성적으로 유혹하는 요부가 아니었다. 죽음의 대역이었다. 애니타는 배신당할 수 있다는 상상만으로도 공포에 시달렸다. 배신을 떠올리면 내면의 아이는 사방에 그림자가 길어지고 포식자의 어두운 그림자가 다가오는 원시 황야에 떨어지기 때문이다.

완벽주의 혹은 방어기제

그레그가 애니타에게서 조금 떨어져 앉아 있었다.

"옛날 얘기는 물을 거 없어. 다 끝난 일이야. 지나갔고, 끝났어. 옛날 일이라고."

"왜 옛날 얘기만 나오면 항상 그렇게 예민하게 굴어?" 애니타가 말했다.

"어떻게 내가 예민하다고 말할 수 있니… 사실….."

"난 자기한테 다 말했어." 애니타가 '자기'에 힘주어 말하자 힐난조가 되었다.

"그건 알아. 그런데 그럴 거 없어. 내가 왜 자기가 그동안 남자를 얼마나 만났는지 관심을 가져야 해?"

"솔직함, 정직? 이런 게 중요하니까."

"아, 제발… 이건 정직이나 솔직함의 문제가 아니잖아."

"그럼 무슨 문제인데?"

"그런 식으로 물으면… 조종당하는 느낌이야." 분위기가 싸늘해졌다. 그레그가 도움을 청하듯 나를 바라보았지만 나는 그냥 손가락을 돌리면서 계속하라는 신호를 보냈다. "그건 핑계야." 그레그가 말했다.

애니타가 날카롭게 대꾸했다. "뭐?" 비명처럼 들렸다.

"핑계라고. 자기는 솔직히 말하자고 하지만, 사실은 그런 거 아니잖아. 그냥 정보를 더 캐내려는 거야. 그래야 비교하고 대조할 수 있으니까. 그래야 내가 실수하도록 유도할 수 있으니까. 사실 자기는 항상 내가 실수하게 만들 거야. 어차피 모든 걸 기억하는 건 불가능하니까. 정확히 기억할 수도 없고. 딱 들어맞지 않는 일은 항상 생기니까. 그렇다고 거짓말하는 건 아니야. 자기를 속이려는 것도 아니고. 그냥 기억나지 않는 거야. 과거의 관계들은 이제 나한테 중요하지 않으니까. 지금은 자기가 중요해!"

애니타의 입꼬리가 살짝 내려갔다.

"무슨 생각이 들어요?" 내가 애니타에게 물었다.

"이게 그렇게 무리한 요구인가요?" 애니타가 천장을 보고 말했다. "좋아요. 저한테 문제가 있네요." 다시 그레그를 보고 말했다. "그래도 자기가 조금만 더 노력하면…."

"내가?" 그레그는 가슴을 쳤다. 턱 소리가 날 정도로. "내가, 더 노력해? 그럴 수 있을지 모르겠어. 아무리 노력해도 충분하지 않을 거야. 무슨 말을 하든, 어떤 행동을 하든, 자기는 절대 만족하지 못할 테니까."

완벽주의자인 게 잘못은 아니다. 완벽주의 성향이 긍정적인 영향을 미칠 수도 있다. 그러나 내면의 기준이 과도하게 높으면 일상의 다른 기능을 심각하게 침해할 수도 있다. 완벽주의는 몇 가지 정신장애와 연관되고, 특히 신경성 식욕부진증과 강박장애와 우울증에서 두드러진다. 완벽주의를 이해하는 관점은 다양하다. 한쪽 끝에는 완벽주의를 부모의 가혹한 비판에 대한 방어로 이해하는 정신분석학이 있고, 반대편 끝에는 완벽주의를 뇌에서 아무런 동기 없이 발생하는 기호(예를 들어 물건을 줄맞춰 정리하는 본능적인 욕구)로 이해하는 인지과학이 있다.

애니타의 어머니는 자식들을 방치했을 뿐 아니라 자식들에게 몹시 비판적이었다. 이전 시간에 애니타는 이런 말을 했다. "엄마는 매사에 꼬투리를 잡았어요. 엄마가 그렇게 심하게 비난하지 않았으면 저도 엄마처럼 예술가가 됐을지도 몰라요. 엄마는 매사에 부정적이었어요."

나는 애니타의 완벽주의를 동기가 없는 현상보다는 동기가 있는 현상으로 보고자 했다. 신경계의 특성보다는 일종의 방어기제로 본 것이다. 그렇다고 대조적인 두 관점이 서로 배제하는 것은 아니다. 한 가지 현상을 여러 가지 원인의 결과로 이해할 수도 있다.

애니타가 그레그의 과거에 집착하면서 꼬치꼬치 캐묻는 이유는 그레그가 완벽하게 대답할 수 없기 때문이었다. 그레그는 암호화에 익숙한 직업을 가진 사람이기에 애니타가 '출구' 없는 '시험 운영 회로'에 빠져든 사실을 알아챘을 것이다.

애니타는 몹시 고통스러워 보였다.

그레그는 할 말이 더 있다고 했다. "내가 그냥 가만히 앉아 있어도 자기는 내가 무슨 잘못이라도 저지르는 것처럼 굴잖아." 그는 다시 나를 보고 말했다. "집에서 가끔 혼자 멍하니 생각에 빠져 있으면 애니타가 불안해하면서 캐물어요. '뭐가 문제야? 왜 얘기를 안 해?'라고요." 그레그는 애니타의 손을 잡고 엄지로 애니타의 손마디를 쓰다듬었다. 애니타는 고개를 들어 그레그의 눈을 보았다. 그레그가 말했다. "우리가 같이 행복하게 살면 좋겠어. 그런데 자기는 날 숨 막히게 해."

역기능적 스키마

애니타가 느끼는 질투의 근원은 유아기의 유기 공포, 곧 인류의 진화 과정에서 선택되고 개인의 생애 초기에 학습에 의해 강화되는 원시적인 공포에 있었다. 궁극적으로 버려질까 봐 두려운 마음으로 인해 정신장애에 취약해진 것이다.

그런데 이것은 무슨 뜻일까? 심리적으로 취약하다는 뜻일까? 몸의 취약성은 비타민 결핍이나 골다공증을 유발하는 취약성 같은 것으로 이해할 수 있다. 그런데 마음의 취약성은 어떨까? 심리적 취약성의 원인은 어떤 형태일까?

인지심리학자는 '스키마 schema' 혹은 '스키마타 schemata'라는 용어로 우리가 세계를 보고 이해하고 반응하는 방식에 영향을 미치는 일관된 신념을 설명한다. 이런 신념은 학습 경험을 통해 구축된다. 스키마 개념은 가설적 구성 개념으로 직접 관찰할 수 없으므로 이해하기 어렵다. 다만 역기능적 스키마를 경험의 빛이 유리의 홈에 굴절되는 일종의 렌즈로 이해할 수 있다. 이렇게 왜곡된 상은 부정확하고 강렬한 감정을 유발한다. 이를테면 왜곡된 렌즈를 통해 바라보는 세계가 마치 괴물이 득실거리고 위험이 도사리는 곳이라면 비합리적 공포가 일어날 것이다.

인지치료를 개발한 미국의 정신과 의사 애런 벡 Aaron T. Beck은 역기능적 스키마는 정보를 적어도 두 가지 방식으로 저장한다고 말했다. 먼저 조건적 진술이나 가정으로 저장한다. "나는 사랑받지 못하면 결코 행복해질 수 없어." 그다음에는 무조건적 진술로 저장한다. "나는 사랑받을 수 없어." 후자는 핵심 신념 core belief의 예다. 핵심 신념은 가정보다 더 결정적이고, 마음에 깊이 박혀 있다.

아기가 언어를 습득하기 전에 많은 중요한 학습이 이루어지므로 일부 스키마는 완전히 비언어적이거나 비언어적 요소를 포함한다. 언어를 습득하기 전에는 몸에서 학습이 일어난다. 몸이 '기억'하면 심장박동이 빨라지거나 과호흡이 일어나거나 가슴이 두근거리는 등의 신체 증상이 나타난다. 그래서 흔히 "뼈저리게 느낀다"거나 "육감이 든다"라고 표현하는 듯하다. 규정하기 어려운 지각이 뇌가 아니라 몸의 다른 여러 부위에 입력되는 듯하다.

스키마는 의식 아래로 영향을 미친다. 언어 이전의 스키마가 작동하면 유아기의 강렬하고 생생한 감정이 되살아난다. 질투와 같은 자극제가 '유기 스키마'를 가동시킬 수 있고, 그러면 원래 취약한 사람은 지독한 소외감에 시달린다. 인지를 거의 거치지 않고 자동으로 일어나는 반응이다. 심리치료의 주요 작업은 취약한 개인이 자신의 스키마를 알아채고 역기능적 가정과 해로운 핵심 신념을 바로잡아서 스키마 자체를 수정하는 과정이다. 치료 관계(치료자가 종종 대리부모 역할을 해야 하는 관계)는 언어 이전 차원의 변화를 위한 중요한 촉매가 될 수 있다. 하지만 이런 변화를 이루기는 매우 어렵고 치료자와 환자 양쪽 모두가 장기간 치료에 전념해야 가능하다.

스키마 중심의 인지치료는 여러 가지 치료 방법을 포괄하는 좋은 예다. 인지치료자와 정신분석가의 접근법이 크게 다르지만 양쪽 다 주된 목적은 무의식의 영향력을 줄이고 자기패배적 행동의 근원을 더 많이 알아내는 데 있다. 그러면 환자는 현상을 좀 더 명확히 평가하게 되고, 이런 평가는 자연히 합리적이고 현실에 근거한 판단을 내리는 데 영향을 미친다.

나는 낙관적인 생각이 들었다. 질투를 다루는 과정이 어렵기는 했지만 상담이 진척을 보이고 있었다. 그레그와 애니타는 대화를 나누었고, 양쪽 모두 좋은 관계를 유지하고 싶은 의지가 확고했다. 나는 환자 기록부에 만족스러운 도표를 그리며 명확한 공식을 적어 넣었다. 애니타가 느끼는 질투의 가까운 원인과 먼 원인을 밝히면서 화살표로 핵심 신념과 가정과 생각을 연결하고 원으로 특정 행동이 어떻게 유지되었는지 표시하고 작은 상자에 여러 가지 관련 요인을 적어 넣었다. 애니타는 교과서적 사례로서 다양한 심리 모델과 이론이 예상하는 모습에 부합한다. 따라서 나의 치료는 효과적이어야 했다.

이튿날 그레그와 애니타는 헤어졌다.

끝없는 의심의 결과

나는 그레그를 먼저 만났다. 왼쪽 눈썹 바로 위에 작은 반창고가 붙어 있었다.

"금요일 밤에 테니스 클럽에서 애니타랑 같이 친구들을 만났어요. 애니타도 편안해 보이고 다들 즐거웠어요. 여유롭게 웃고 떠들면서 농담을 주고받았죠. 애니타는 여럿이 모인 자리에서 사람들하고 정말 잘 어울려요. 믿기지 않으실 거예요. 선생님은 상담실에서만 애니타를 만나고 우리 문제에 관해 잘 아시니까요. 그런데 저 밖으로 나가면." 그레그는 창문을 바라보며 말했다. "애니타는 잘 즐겨요. 바 앞에 어떤 여자가 서 있었어요. 낯익다 싶었는데, 그 여자가 우리 쪽으로 돌아보는 순간 누군지 바로 알겠더군요. 케이트라고, 예전 여자친구예요. 4~5년 전쯤 사귀기는 했지만 진지한 관계는 아니었어요. 전 고개를 숙이고 못 본 척하면 그냥 지나가겠거니 했어요. 그런데 우리 일행 중에 리처드라는 친구가 케이트를 우리 자리로 부른 거예요. 둘이 같은 여행사에 다니더군요. 어쨌든 그런 상황에서 어떻게 해야 할지 모르겠더군요. 케이트는 다정하게 굴었고, 우리가 아는 사이인 게 뻔히 보였어요. 하지만 어떻게 아는 사이인지는 아무도 묻지 않았어요. 케이트도 조금 어색한 분위기를 눈치 챈 거 같아요. 한참 동안 저랑은 말을 하지 않았거든요. 케이트는 리처드랑 그의 아내하고 주로 얘기했어요. 다행히 한 잔만 마시고 바로 일어났고요. 그때부터 애니타는 거의 말을 하지 않았어요. 저녁 내내요. 저는 싸울 거 같은 느낌이 들어서인지 술을 너무 많이 마셨고요." 그는 죄책감 어린 눈으로 선처를 구하듯 바라보았다.

나는 성직자 같은 박애정신으로 허공에 면죄부를 그리는 시늉을 했고, 그는 말을 이었다. "그 주가 몹시 바빠서 주말에는 애니타랑 애들이랑 한가하게 보내고 싶었어요. 싸우고 싶지 않았죠. 차를 타고 집으로 돌아가는데 분위기가 싸하더군요. 결국 애니타가 물었어요. '케이트는 어떻게 알아?' 전에 사귀었다고 하니까 다시 묻더군요. '그럼 나한테는 언제 말해주려고 했어?' 이 질문에는 할 말이 없더군요. 전 그냥 다 잊어버리고 집에 가서 사랑을 나누고 싶었거든요. 보통 사람들처럼. 케이트는 그냥 잠깐 만난 사이였고 못 본 지 오래됐다고 대답해줬어요. 애니타가 다시 묻더군요. '뭐? 아까 그 클럽에서 만나기 전에는 본 적이 없다고?' 그래서 대답했죠. '응, 없어.' 하지만 애니타는 의심에 사로잡혔어요. 점점 기분이 나빠지는 게 눈에 보이더군요." 그레그는 소파의 빈 옆자리를 보았다. 애니타가 그 자리에 없는 게 문득 생각난 듯이.

"집에 가서 제가 베이비시터한테 돈을 줬어요. 주방에서 애니타가 계속 더 캐물었죠. 하나 묻고 또 묻고. 묻고, 묻고, 묻고. 끈질기게 따져 물었어요. 그러더니 말 같지도 않은 소리를 하더군요. '아직도 그 여자한테 끌려?' 그래서 제가 그랬죠. '응, 아직도 케이트한테 끌려.' 그다음에 이렇게 말하려고 했어요. '그래도 그 여자를 사랑하지 않아'라고요. 그런데 그 순간 애니타가 접시를 집어서 저한테 던졌어요. 빗나가긴 했지만 접시가 벽에 부딪혀 깨지고 파편이 여기로 날아와 찍혔어요." 그는 이마의 반창고를 만졌다. "그래서 생각했죠. 더는 못하겠다고. 나한테는 이런 게 필요하지 않다고요. 이건 사는 게 아니라고요."

"애니타가 어떻게 나오던가요?"

"울음을 터뜨리더군요. 그 소리에 브래드가 깨자 애니타가 가서 달래줘야 했고요. 애니타가 다시 돌아왔을 때, 내가 집에서 나가는 게 모두에게 최선일 것 같다고 말했어요."

"그러니까 어떻게 반응하던가요?"

"그냥 가만히 있더군요. 모르겠어요, 그냥 멍하니 얼어붙은 거 같았어요." 그레그가 눈물을 닦았다.

"괜찮아요…." 나는 소파에 티슈상자를 놓아주었다.

그레그는 잠시 그걸 보고는 티슈 한 장을 뽑았다. "정말 아름다운 여자예요. 굉장하죠." 그는 코를 풀고 티슈를 주머니에 넣었다. "원래 어땠던 간에 지금은 쌓인 문제가 너무 많아요. 아이들이 잘 지내면 좋겠어요. 착한 애들이고 보고 싶을 거예요. 그래도 계속 같이 살면 애니타는 금요일 밤마다 폭발할 거예요. 그러면 누구에게도 좋지 않겠죠. 브래드랑 보가 엄마의 그런 행동을 보고 자라면 안 돼요. 그러면 안 되죠."

우리는 몇 가지 방법을 상의했다. 잠시 떨어져 지낼지, 집중치료를 더 받을지. 하지만 그레그는 이미 결심한 것 같았다. 애니타와의 관계를 끝내기로.

"생각이 바뀔 수도 있을 텐데요." 내가 말했다.

"아뇨." 그가 단호히 말했다. "제 인생을 되찾고 싶어요."

다음 날 애니타를 만났다. 그녀는 딱딱하고 사무적인 목적이 있어서 왔다는 분위기를 풍기며 상담실에 들어왔다. 머리띠로 머리를 뒤로 넘기고 여느 때보다 화장을 진하게 했다. 화장이 잘 되긴 했지만 부자연스러울 정도로 매끄러웠다. 마네킹이나 인형처럼 인공적이었다. 애니타는 자리에 앉아 다리를 꼬고는 자신의 관점에서 그날의 상황을 전했다.

"그 여자를 보자마자 의심이 들었어요. 뭔가… 둘 사이에 뭔가 있었어요. 딱 보고 알았죠."

그레그가 찔리는 게 있는 사람처럼 굴었다고 했다. 자기가 물어봐도 대답하지 않았고, 그래서 이성을 잃었다고 했다. 아직도 그의 행동을 용서할 수 없다고 했다.

"제가 만약 그 여자에 관해 물었어도 그이는 한 마디도 하지 않았을걸요." 모든 상황이 견딜 수 없게 모욕적이었다고 했다. 케이트와 한 테이블에 앉아 있는 게. "그 여자가 그이랑 눈을 마주치려 하는 걸 보면서, 그 여자가 자기 머리를 쓸어넘기는 걸 보면서." 애니타는 사람을 능숙하게 조종하는 여자가 남자의 관심을 끌면서도 순진한 척하는 표정을 흉내 냈다. "어떻게 나한테 그런 짓거리를 할 수 있어요?"

그레그가 애니타와의 관계를 끝내기로 한 결심을 되돌릴 가능성은 거의 없었기 때문에, 그 문제는 말하지 않는 편이 나을 것 같았다. 적어도 실제로 어떤 상황이 벌어졌는지 알아내기 전까지는.

"어제 그이를 만나지 않으셨나요?"

나는 조금 속인 기분이 들었다. "네, 만났습니다."

애니타는 반항하듯이 입을 다물었다가 말했다. "우린 헤어질 거예요."

"그렇군요."

바로 이어서 애니타가 덧붙였다. "그이가 절 떠나는 거예요."

처음에는 조용히 눈물을 흘리더니 이내 고통스럽게 울면서 명치를 세게 맞아 숨을 못 쉬는 것처럼 상체를 푹 수그렸다. 눈물이 흘러서 마스카라 자국이 생겼다. 갑자기 어린아이가 되어 방심한 듯 아무렇게나 손등으로 코밑을 쓸어서 콧물을 닦았다. 대화를 해보려고 했지만 애니타는 언어 이전의 상태로 퇴행한 것처럼 보였다. 형언할 수 없는 공포가 되살아나고, 혼란스러운 세계와 소통할 수 없으며, 언어로는 그 절망에 이름을 붙일 수 없고 절망의 깊이를 다 담을 수도 없는 상태가 되었다.

학부 시절에 나는 강사에게 임상심리학자 수련을 받고 싶다고 말했다. "그래, 고통의 게임을 해보고 싶다는 건가?" 강사가 짐짓 도발하듯이 물었다. "고통 속의 삶은…." 강사가 평생 사방이 가로막힌 공간에서 고통에 시달리는 사람들을 지켜보며 살 수도 있다는 사실을 진지하게 고민해보라고 해준 말이었다. 극적인 슬픔은 싫증날 수도, 떨쳐내기 힘들 수도 있다.

상담하다가 꼭 한 번 울 뻔했던 적이 있다. 소년이 엄마가 죽은 날의 상황을 말할 때였다. 가족이 신나게 시작한 하루가 재앙으로 끝난 날이었다. 가족은 일련의 사건에 휘말렸고, 그 사건의 결과는 전국적으로 알려진 비극이 되었다. 수백 명이 다치고 많은 사람이 죽었다. 소년이 비명소리와 훼손된 시신을 묘사하면서 힘들어하는 모습이 불쌍해서 눈물이 날 뻔한 게 아니었다. 엄마에 관해 정확히 전해주고 싶어서 애써 용기를 끌어내고 평정심을 잃지 않으려고 품위 있게 노력하는 소년의 모습이 내 마음을 울렸다. 소년은 엄마의 성품과 다정한 마음씨에 관해 말해주고, 사람들에게 엄마에 대해 말함으로써 엄마의 짧은 생애에 의미를 부여하고 싶었던 것이다.

애니타는 울음이 진정되자 평온을 되찾았다. 다시 어른이 올라와서 이렇게 말했다. "그레그를 다치게 하려던 건 아니었어요. 정말이에요. 이성을 잃을 만큼 화가 치밀었어요."

우리는 왜 똑같은 실수를 반복할까

왜 사람들은 자기패배적 행동에 빠져들까?

프로이트는 반복강박repetition-compulsion이라는 용어로 생애 초기의 외상을 현재의 관계에서 재현하는 본능적인 성향을 설명했다. 애니타가 가장 피하고 싶었던 결과는 어린 시절처럼 유기된 상태였지만, 끊임없이 그레그가 떠나는 결과가 나올 가능성을 높이는 쪽으로 행동했다. 주로 무의식적 동기에서 나온 행동이지만 어떤 결과에 이를지는 어느 정도 예상할 수 있었다. 무의식과 의식은 완벽히 구분되지 않고, 중간 지대, 경계 영역, 흐릿한 경계선이 있다. 게다가 애니타는 자신의 과거를 완벽히 알았다. 그레그를 만나기 전에 여러 남자와 사귀었고, 그때도 질투에 사로잡혀 비난을 퍼붓다가 결국 일찍 헤어지곤 했다. 왜 매번 똑같은 실수를 반복할까? 왜 그렇게 융통성 없게 행동할까?

프로이트는 반복강박의 원인을 찾으면서 결국 죽음 본능, 곧 모든 형태의 자기파괴적 행동과 궁극적인 자기파멸에 이르게 만드는 욕구를 추론했다. 그리고 이 개념의 정당성을 자연 법칙에서 찾았다. 유기체는 무생물에서 진화해서 필연적으로 다시 무생물로 돌아간다는 법칙이다. 우리의 생각과 성향도 같은 운명에 처한다. 우리가 자기패배적으로 행동할 때는 죽음 본능이 우리를 망각에 조금 더 가까이 데려가도록 허용하는 셈이다.

반복강박을 일종의 나쁜 습관으로 이해하는 것이 더 경제적일 것이다. 우리는 특정 행동양식을 생애 초기에 학습하는데, 이렇게 학습된 행동양식이 기본으로 설정된다. 이런 행동양식은 우리의 자아 감각에 깊이 뿌리를 내려 중심을 이루는 스키마에서 나오는데, 우리는 이런 스키마의 설정에서 조금만 벗어나도 완전히 방향 감각을 잃는다. 급진적인 정신과 의사 로널드 데이비드 랭R. D. Laing 이 존재론적 불안이라고 일컬은 현상을 체험하게 된다. 그러면 세계를 더 이상 그 자체로 타당하고 확고한 공간으로 인식하지 못한다. 자기를 잃어버리는 느낌에 빠지는 것이다.

자기패배적 행동이 고통을 유발하는데도 지속하는 이유는, 대안의 다른 행동이 적어도 처음에는 더 큰 고통을 연상시키기 때문이다. 역기능적 스키마는 낡은 신발과 같다. 더 이상 용도에 맞지 않지만 익숙해서 발이 아프지 않은 것이다.

사랑은 위험을 감수하는 것

관계가 깨진 후에도 부부나 커플이 계속 함께 상담을 받으면서 효과를 볼 수도 있다. 특히 자식이 있는 부부라면 더 그렇다. 마무리하고 청산할 건 청산하고 중요한 문제를 해결해야 (자녀를 포함해서) 모두가 앞으로 나아갈 수 있다. 부부나 커플이 부수적인 피해를 줄이면서 잘 헤어지려면 서로 호의적인 대화를 나누어야 한다. 나는 애니타에게 후속 상담을 받아볼 생각이 있는지 물었다. 애니타는 관심을 보이지 않았고, 그레그도 마찬가지였다.

나는 애니타에게 장기간 개인 심리치료를 해보자고 제안했다. 생각해보겠다고는 했지만 그럴 것 같지는 않았다.

"지금은 기운이 많이 빠질 겁니다."

"그래봐야…."

"당연한 거예요."

"실망한 건 맞아요. 그래도 기운이 빠진 건 아니에요."

우리는 애니타의 우울증을 다루고 신뢰에 관해서도 많이 대화를 나누었다.

"그레그가 믿을 만한 사람이라고 확신할 수 있었다면 그렇게 자꾸 캐묻지는 않았을 거예요."

"그럼 확신할 수는 있습니까? 아무런 보장이 없는데요. 사랑하면 위험을 감수해야 합니다."

"위험을 감수할 수는 없어요."

"남들은 그렇게 합니다."

"전 남들이 아니잖아요."

애니타는 뾰족한 힐을 바라보고 손끝으로 힐 끝을 만졌다.

애니타는 사랑을 원했다. 하지만 애니타에게 사랑은 질투였다. 그것도 사랑이 이루어지지 못하게 만드는 방식의 질투였다. 애니타는 그레그와 헤어진 후 여섯 번 더 상담을 받으러 왔고, 그 뒤로 세 번 약속을 취소했다. 애니타의 마지막 상담 기록에는 'DNA'라고 적혀 있었다.

그 뒤로는 애니타를 보지 못했다. 적어도 직접 만난 적은 없다.

미국정신의학회가 펴내는 《정신장애 진단 및 통계편람 Diagnostic and Statistical Manual of Mental Disorders》(DSM)은 진단과 분류를 위한 종합적인 안내서다. 현재는 DSM 제5판이 사용되고 있다. DSM은 오랫동안 많은 비판을 받았고, 그중에서 가장 큰 비판은 의료 현장의 경험과 동떨어져 있고 제약회사의 입김이 지나치게 작용했다는 점이다. 심리학자와 심리치료자 다수는 정신의학적 진단의 개념 자체가 잘못 잡혀 있고 지나치게 단순화하고 오해의 소지를 남겼으며 환원적이고 편견에 치우쳐 있다고 여긴다. 사람들에게 '꼬리표'를 붙여서는 안 된다는 것이다.

나는 이론적으로는 진단에 반대하지 않는다. 진단은 자주 함께 묶이는 증상을 요약한 용어에 불과하다. 일부 진단은 설득력이 떨어질 수도 있고 정상적인 행동을 병리적인 행동으로 치부할 위험을 안고 있기도 하지만, 나는 대체로 진단이 유용하다고 보고 분류는 종잡을 수 없고 혼란스러운 온갖 증상에 질서를 부여하는 수단이라고 이해하는 편이다. 나는 WHO(세계보건기구)의 국제질병분류International Classification of Diseases: ICD보다는 DSM을 선호한다. 단순히 읽고 이해하기 쉽다는 이유에서다. 하지만 두 체계 사이에는 중첩되는 부분이 많다.

앞서 언급했듯이 애니타는 DSM 제5판의 '망상장애: 질투형'의 진단 기준에 부합한다. 이 진단은 "조현병 및 기타 정신증적 장애"로 심각한 정신질환을 모아놓은 항목에 속한다. 하지만 어떤 의심을 망상이라고 어떻게 확신할 수 있을까? 하루 24시간 내내 감시하지 않는 한 망상이라고 확신하는 것은 불가능하다.

결혼한 이성애자 남자의 약 20~40퍼센트가 적어도 한 번 이상

혼외정사 경험이 있다고 인정하고, 기혼여성의 20~25퍼센트가 혼외정사를 인정했다. 커플의 약 70퍼센트가 상대 몰래 다른 사람을 만난다. 한 인구집단의 절반 이상이 '짝 가로채기'로 기존의 관계를 깨뜨리려 한다. 진화심리학에서 보면 인간의 번식 전략은 짝 유대와 기회주의적 성생활이 적절히 결합된 형태다.

망상장애: 질투형은 사실 추측에 근거한 진단이다. 확실히 알 수 없는 부분을 판단의 근거로 삼는다. 그레그가 진실을 말한 걸까? 그가 항상 애니타에게 충실했을까? 나는 그레그를 정직하고 괜찮은 남자라고 보았다. 하지만 내가 착각한 것일 수도 있다. 그레그가 어떤 알 수 없는 동기로 교묘히 사람들을 조종하는 인물이었을 수도 있다. 그리고 그가 거짓말을 한 거라면 어떤 진단에 해당할까? 성가신 의문이 꼬리에 꼬리를 물었다. 그래서 나는 알지 못하는 것을 고민하기보다는 사실을 알아채고 아는 것을 생각하기로 다짐한다. 애니타에게는 뿌리 깊은 문제와 병리적 질투를 보인 이력이 있었다. 애니타는 불행한 결론을 지지하는 증거를 충분히 가지고 있지 않았다. 따라서 망상이라고 볼 수 있었다. 하지만 내 마음 한 켠에는 성가신 의심이 끈질기게 남았다.

애니타가 마지막으로 상담실을 나서는 모습을 본 지 10년쯤 지난 어느 날, 나는 뉴욕의 한 호텔에서 침대에 누워 리모컨으로 벽걸이 TV의 채널을 돌리고 있었다. 그러다 얼핏 낯익은 얼굴을 보았다. 분명 애니타였다. 예전과 달라진 게 없어 보였다. 그 눈은 헷

갈릴 수 없었다. 애니타는 크고 호화로운 사무실 가운데 서서 색상과 직물에 관해 설명하고 있었다. 인테리어 디자인 프로그램의 예고편이었다. 나는 침대에서 벌떡 일어나서 애니타가 결혼반지를 끼고 있는지 확인하려고 했지만 화면이 바뀌고 미국 동부 해안의 지도와 함께 일기예보가 나왔다.

The Incurable Romantic

4장

매일 밤 사라지는 남자

섹스 중독

모든 중독자는 고유한 개인이다.

심리치료에서 어떤 환자는 마음의 스트립쇼에 비견할 만한 과정을 거친다. 저항을 한 겹 한 겹 벗기고 마지막 한 겹까지 벗기고 나면 고통스럽거나 불쾌하거나 충격적인 진실이 드러난다. 마지막 한 겹까지 벗겨지는 순간에는 극도의 긴장이 흐른다.

30년 전 한 사업가가 스트레스 관리를 위해 나를 찾아왔다. 염소 수염을 기르고 화려한 색상의 조끼를 즐겨 입는 호리호리하고 나이 지긋한 신사였다. 그는 조만간 투자하려는 프로젝트에 관해 설명했지만 나는 그가 무슨 말을 하는지 제대로 이해하지 못했다. 몇 년이 지나서야 그의 말을 해독할 수 있었다. 그것은 사실상 세계를 변형시킬 프로젝트였다. 그는 네 번 나를 찾아왔다.

처음 세 번의 상담은 정해진 절차대로 진행되었다. 평가와 사례 개념화와 예비교육 시간이었다.

그는 노동계급 출신의 서글서글한 남자였고, 사회적 영향력과 힘을 행사하는 지위로 신분상승한 사람들이 흔히 그렇듯이 자신이 얼마나 대단한 성취를 일궜는지에 관한 무용담을 들려주고 싶어

했다. 나는 계속 그에게 우리가 해야 할 일이 있다고 일깨워주어야 했다. 그는 심장질환을 앓고 있었고, 심장전문의로부터 꾸준한 스트레스 관리가 중요하다는 조언을 들었다. 그는 잔잔한 미소를 띠고 느긋한 몸짓을 보였다. '서두를 거 있습니까? 시간은 얼마든지 있는데요'라고 말하듯이.

입가는 웃지만 눈은 웃지 않는 거짓 미소였다. 관자놀이를 지나는 주름의 삼각주는 미동도 하지 않았다.

네 번째 시간에는 그의 태도가 다소 가라앉았다. 내 질문에 짧게 답하고는 결국 티슈를 뽑았다. 눈 밑의 늘어진 부위에 눈물이 몇 방울 맺혔다. 무슨 문제가 있느냐고 물었지만 그는 상담이 거의 끝날 때까지 모호하게 뭉뚱그리며 말했다. 벽시계를 흘끔 보고는 눈썹에 힘을 주고 근육이 가로로 잡히도록 집중하는 눈길로 나를 보았다. 상담 시간은 5분도 채 남지 않았다.

"스트레스 관리라고요?" 그가 힐난하듯이 말했다. "어떤 스트레스는 관리가 되지 않습니다." 구름이 덮인 것처럼 흐린 회색 눈은 깜빡이지도 않았다. 내 눈으로 피가 몰리는 소리가 들리는 것 같았다. 천둥이 치기 전의 긴장이 흘렀다. 그가 말을 이었다. "오래전에 북극해에서 (유빙 가장자리를 따라) 항해하다가 제가 어떤 남자를 배 밖으로 던지라고 명령했습니다."

"그 남자가 누구였습니까?" 내가 물었다.

그는 무겁고 비장하게 대답했다. "아주, 아주 나쁜 사람이요."

"그 사람을 거기다 던졌다고요?"

"네. 말씀드렸다시피 아주 나쁜 사람이었어요. 아시겠어요? 아주 나쁜 사람."

진담으로 하는 말일까? 아니면 일종의 시험일까? 나를 속이는 건가?

"그 얘기를 해봐야 할 것 같은데요…."

그는 소매를 끌어올려 손목시계를 보여주었다. 시간이 다 되었다. "다른 약속이 있어서요." 그는 일어서서 내려간 바지를 추어올리고 롱코트를 걸친 다음 나와 악수했다. "네, 그 얘기를 해보죠." 그가 상담실에서 나간 후 나는 창밖을 내다보았다. 검정색 메르세데스가 문 앞에 노란색 세 줄이 쳐진 절대 주차금지 구역에 서 있었다. 유니폼을 입은 기사가 나와서 뒷문을 열어주었고, 그가 어두운 차 안으로 사라졌다. 그는 다시 오지 않았다.

'입장권' 문제

심리치료자들이 '입장권'이라고 부르는 문제가 있다. 환자가 치료를 받기 위한 구실로 삼는 비교적 가벼운 문제를 일컫는 말이다. 환자는 자신이 편안하고 정서적으로 안전하다고 느끼는 순간이 되어야 실질적이고 중요한 문제를 꺼낸다. 이런 실질적인 문제가 양심에 걸리는 윤리 문제로 밝혀지는 사례가 드물지 않다. 심리치료와 가톨릭의 고백성사 사이에는 확고한 유사성이 있다. 비밀은 마음에 무거운 짐을 지우고 그 짐을 내려놓을 때 위안을 얻을 수 있다는 점이다. 어떤 사람에게 심리치료는 고해성사와 같다.

알리는 30대 후반의 남자였다. 그의 할아버지는 무일푼으로 영국에 들어온 이민자였고, 그의 아버지는 알리가 어릴 때 돌아가셨다. 두 분은 제조업체를 세워서 크게 성공했다. 알리는 가정적이고 선량하고 지역 유지들에게 존경받는 인물이었다. 내가 보기에 그는 친절하긴 해도 어떤 거리감이 느껴졌다. 내게는 익숙한 분위기였다. 세 겹의 두툼한 유리창 너머에 앉은 환자와 같은 분위기 혹은 태도였다. 알리는 다소 멀게 느껴지고 정서적으로 단조로웠다. 그와 내가 온전히 연결된 느낌이 들지 않았다.

치료가 성공하려면 치료자와 환자 사이에 연결된 느낌이 있어야 한다. 두 사람이 같은 목적을 위해 함께 노력할 때 생기는 단순한 유대감일 수 있다. 혹은 생애 초기의 관계에 대한 감정이나 생각이 분석가에게 전이되는 기제를 중시하는 정신분석에서처럼 더 복잡하게 연결된 느낌일 수도 있다.

알리가 풍기는 동떨어진 느낌은 대단한 부자나 유명한 사람들을 접할 때 흔히 느낄 수 있는 감정이었다. 부자들은 항상 남들과는 다른 경험에 노출되다 보니 다소 무감각해진 탓일 테고, 유명한 사람들은 늘 쏟아지는 질문에 답해야 해서 혼란스러운 탓일 것이다.

유명인들 중에는 역할에서 완전히 빠져나오지 못한 채 상담실에서도 계속 코미디언이나 배우나 록스타처럼 구는 사람들이 있다. 그래서 아무리 도와주려고 애써도 상담에 성공하는 경우가 드물다. 살아 있는 인간이 아니라 카드보드에서 오려낸 형상을 치료하려고 매달리는 느낌이 든다.

알리는 무척 편한 차림으로 왔다. 찢어진 청바지와 운동화, 구겨진 리넨 셔츠를 입었고, 벨트에는 히피풍의 싸구려 장신구가 주렁주렁 달려 있었다. 있는 척한다고 비난받을 사람은 아니었다. 대화가 잠시 끊길 때마다 그가 금방 지루해하는 게 보였다.

그는 아내 야스민과 자녀를 네 명 낳고 20년 가까이 결혼생활을 유지해왔다. 중매결혼은 아니어도 양가가 동업자이고 양가 모두 두 사람이 만나기를 고대한 터였다. 둘이 연애를 시작하자 양가 모두 기뻐하고 응원까지 해주었다. 세월이 흘러 아버지의 사업을 맡아온 삼촌들이 은퇴하고 알리가 사장이 되었다. 네 자녀 모두 사립학교에 보냈고, 교외의 부유한 동네에서 널찍한 저택에 살았다. 알리는 모든 걸 가졌다. 유산으로 받은 재산과 스포츠카 두 대와 가정에 헌신적이고 아름다운 아내까지.

그러던 어느 날 그의 집에 변화를 불러온 사건이 터졌다. 야스민이 우연히 (아무런 의심도 못하던 중에) 알리가 매춘부를 찾아간 사실을 알게 된 것이다. 야스민은 알리의 휴대전화 연락처에서 전화번호를 찾아보다가 낯 뜨거운 내용의 문자를 발견하고 소스라치게 놀랐다. 알리가 평소 쓰는 전화기가 아니라, 다른 전화기였다.

알리는 안락의자에 털썩 주저앉아 거의 눕다시피 다리를 쭉 뻗었다. "아내가 불같이 화를 냈어요. 이혼을 요구했어요."

"그러던 부인이 왜 생각을 바꾼 겁니까?"

"제가 그동안 얼마나 스트레스가 심했는지 설명했거든요. 큰 회사를 운영하는 건 쉽지 않다, 지금까지 오래 해왔다, 한동안 우울해서 정신이 어떻게 됐나 보다고 말했어요. 그러자 아내가 '그렇게 힘들면 도움을 받아야 돼. 도움을 받지 않으면 우린 끝이야'라고 하더군요. 그래서 제가 그랬어요. '물론, 물론이야. 뭐든 할게.'"

"왜 그렇게 우울합니까?"

알리는 입을 다물고 잠시 아무 말도 하지 않았다. 한참 고민하기에 두 마디 이상 나올 줄 알았다. "스트레스죠…."

"무엇 때문에 스트레스를 받는데요?"

"일이 많아요. 책임질 것도 많고 경영도 해야 하고. 지난 몇 년 동안 계속 힘들었어요. 사무직 직원들을 많이 해고했어요. 그래서 회계업무를 제가 맡아야 했고요."

"직원을 다시 고용하면 안 되나요?"

"되죠. 진즉에 그랬어야 해요. 그런데 도저히 그럴 시간이 없었어요. 항상 다른 일이 터지고, 당장 처리해야 할 일이 쌓여 있었어요."

"스트레스를 받으면 기분이 어떤가요?"

"기분이 어떠냐고요?" 그가 되물어서 내가 고개를 끄덕였다.

"음… 별로 좋진 않죠."

"증상이 있습니까?"

"네, 그런 거 같아요. 두통이요." 그는 손가락으로 이마를 가로질러 선을 그렸다. "두통이 심해요."

그는 사교적인 편이 아니었다. 다시 그의 우울증에 관해 물었다.

"우울할 때 무슨 생각이 드나요?"

"사업 생각이요. 어떻게 될지…."

"다른 건요?"

"결혼이요. 제가 한 짓에 당당하진 않죠."

그는 계속 정보를 많이 주지 않고 짧게 대답했다. 무기력해서 말이 잘 나오지 않는 듯했다. 두툼한 눈꺼풀이 처져서 만족한 고양이처럼 천천히 끔뻑거렸다. 금방이라도 곯아떨어질 듯 보였다.

예전에 어떤 환자는 내가 한창 말하는 도중에 잠든 적도 있다. 깨우면 민망해할까 봐 그냥 깰 때까지 기다렸다가 다시 눈을 뜨려는 순간에 마저 말을 마쳤다. 그 환자는 15분이나 자다 깬 줄도 까맣게 몰랐다.

알리가 상담을 받으러 오는 게 순전히 아내의 협박 때문이 아닌지 의심이 들었다. 아내에게 불법적 만남을 들키고 이혼소송을 당할까 봐 우울한 척하는 건 아닐까? 나는 조금 에둘러서 그런 의심을 표했고, 그의 반응에 놀랐다.

"아뇨." 그가 똑바로 앉으며 말했다. 그는 내 말에 진심으로 당황한 듯 보였다. "야스민 말이 맞아요. 저한테 문제가 있는 거 같아요."

"마음속에 있는 말을 솔직하게 털어놓으려고 노력해볼 수 있을까요?"

"좋아요." 그는 눌린 신경을 풀어주려는 듯 머리를 옆으로 흔들었다. "좋아요. 제가 이런 거에 익숙하지 않아서요." 그는 손으로 상담실을 빙 둘러서 가리켰다. "제가 말이 많은 편이 아니기도 하고요."

우리의 대화가 공허하게 맴돌았다. 알리는 하품을 하고 팔찌 장식을 만지작거리고 간간이 같은 말을 되풀이했다. "힘들어요. 회사를 운영하는 게. 책임이 막중하거든요. 아내가 이런 걸 아는지 모르겠어요. 아내는 알 필요가 없었어요. 제 행동이 잘한 짓이라는 게 아니에요. 말도 안 되는 짓거리죠. 그래도…."

"가끔 부인이 원망스러울 때도 있습니까?"

"원망이요? 제가요? 아뇨, 야스민은 훌륭한 아내예요. 늘 그랬어요. 아이들한테 좋은 엄마이기도 하고요."

어쩌면 내가 그를 너무 가혹하게 판단한 건지도 몰랐다. 그에게는 정말로 심각한 문제가 있지만 불안이 심해서 말하지 못하는 것일 수도 있었다. 왜 이런 생각이 들었을까? 그가 불안해 보이거나 말투가 달라진 건 아니었다. 그냥 그런 느낌이 들었다. 육감. 앞에서 감정에 따라 추론하는 것은 위험하다고 말했다. 내가 환자들에게 경고한 오류를 나 스스로 저지르는 걸까?

1960년대 후반에 심리학자 폴 에크먼Paul Ekman은 기분이 좋아진 척하는 우울증 환자들을 대상으로 연구를 실시했다. 환자들이 기분이 좋아진 척하는 이유는 엄격한 감시의 눈길을 피해서 자살을 기도하기 위해서였다. 이들의 상담 장면을 느리게 돌려보자 자살 의도와 일치하는 허망하고 부정적인 표정이 확인되었다. 사실 허망한 표정은 1000분의 1초의 짧은 순간에 떠올랐다.

심리치료자는 직업상 날마다 사람들 얼굴을 마주하고 표정을 읽어내는 일을 하므로 이런 미세하게 부정적인 표정을 예리하게 포착할 수 있다. 이런 표정은 잠재의식 차원에서 포착되어 뭔가가 잘못되었다는 모호한 느낌을 유발한다. 실험실 연구에서 이것이 가능하다는 사실이 밝혀졌다.

피험자에게 위협적인 이미지를 잠깐 보여주면 피험자는 이미지를 스치듯 보았을 뿐인데도 공포와 연관된 생리적 변화(예: 땀샘 활동 증가)를 일으킬 수 있다. 흔히 직감 또는 예감이나 육감이라고 부르는 것은 전의식前意識 과정의 부산물에 불과할 수 있다. 이를테면 내성법內省法*으로 성찰할 수 없는 무의식적 정보가 입력되는 것이다.

● 자신의 정신적 · 심리적 상태나 기능을 스스로 관찰하여 보고한 자료를 분석하는 방법.

매일 밤 사라지는 남자

우리는 알리의 결혼생활에 관해 대화를 나누었다.

"성적으로 만족하지 못하는 건가요?"

"아뇨. 야스민하고는 좋아요. 항상 좋았고요."

"그럼 왜 매춘부를 찾아가고 싶은 욕구가 생겼습니까?"

"모르겠어요. 그냥…" 알리는 손을 들었다가 의자 팔걸이에 무겁게 내려놓았다. "저도 잘 모르겠어요." 역시나 몹시 불안한 사람과 마주 앉은 느낌이 들었다. "제가 만족을 모르는 사람이라 그런 것일 수도 있어요. 성적으로 만족하지 못하는 사람이요. 전 매일 해야 돼요. 아내도 그건 괜찮게 생각하지만 사실 제가 성욕이 굉장히 강하거든요."

이렇게 속마음을 조금 드러내자 진실한 고백에 조금 더 가까워졌다. 그는 관점이 달라지자 짐을 내려놓아도 된다는 것을 깨달은 듯했다. "아내하고 잠자리를 가지고 나서도 계속 더 하고 싶어요. 욕구가 강해서 자다 깨서 혼자 욕실에 가서 자위라도 해야 돼요."

"그럴 때가 얼마나 자주 있습니까?"

"많아요. 매일 밤. 어떤 때는 하룻밤에도 여러 번이요. 그보다 더 많을 때도…"

"평균적으로 24시간에 몇 번이나 사정합니까?"

"세 번 정도 하는 거 같아요. 양이 많지는 않지만요."

"항상 그랬습니까?"

"네, 어렸을 때부터요. 사실 어릴 때는 더 심했어요. 훨씬 심했어요."

환자들의 이런 주장을 믿지 못한 때도 있었다. 예전에 나는 사십 줄에 들어선 남자에게는 하루에 오르가슴을 세 번 이상 느낄 정도의 성욕도 성적 능력도 없는 줄 알았다. 하지만 내 생각이 틀렸다.

한동안 문란한 동성애자와 남자 매춘부를 주로 상담하던 때가 있었다. 일부일처제의 이성애자인 나로서는 실로 세상에 겸허해지는 경험이었다. 나이트클럽의 이른바 '섹스룸'에서 한 사람이 열 명이나 스무 명과 섹스를 하고 그만큼의 오르가슴을 느낄 수도 있다. 직장과 전립선의 오르가슴 감각이 골반과 하복부의 신경으로 조절되는 경우도 있다. 배변할 때 오르가슴을 느끼는 남자의 임상 사례도 있다. 간질 환자 중에는 양치질을 하면서 오르가슴 발작을 일으키는 사람도 있다. 내가 상담한 어느 여자 환자는 뽁뽁이 포장지를 터트리면서 오르가슴을 느꼈다. 그 환자는 그 방법으로 무한정 오르가슴을 느낄 수 있다고 주장했다. 물론 어떻게 하는 건지 알려달라고 하지는 않았지만 호기심을 누르는 게 쉽지 않았다. 이렇듯 인간의 성적 행동에 제약이 있다고 생각하는 태도는 현명하지 못하다.

알리의 눈이 동그래졌다. 더 할 말이 있는 눈치였다. 상담 시간이 몇 분밖에 남지 않았다. 알리는 턱을 만지면서 이렇게 말했다. "죄송하지만 제가 솔직히 다 말한 게 아니에요."

"네?"

"매춘부 얘기요." 알리가 팔찌 장식을 돌리면서 말했다. "비밀을 지켜주시는 거 맞죠?"

"네."

"그러니까, 솔직히 말씀드려도 제 아내한테는 알리지 않으시는 거죠?"

"그럼요. 그래도 얘기해볼 수는…."

"뭘요? 제가 아내한테 말할지 말지에 관해서요?"

"네."

"그래도 선생님은 말하지 않으시는 거죠?"

"네."

잠시 침묵. 그가 혀로 딱딱 소리를 냈다. 그리고 더 긴 침묵이 이어졌다.

"어떤 얘기인가요?" 내가 물었다.

그는 팔찌 장식을 돌리다 말고 손을 놓았다. "그, 그 매춘부 말인데요, 그게, 한 사람이 아니에요. 사실 매춘부를 만나러 다닌 지는 한참 됐어요." 임박한 느낌, 뭔가가 곧 나올 것 같은 느낌이 들었다. 그가 계속 말을 이었다. "사실은 3000명쯤 돼요. 그 이상일지도."

"3000명이라." 내가 다시 말했다.

"네." 알리의 표정은 해석하기 어려웠다. 죄책감과 수치심일까,

마초의 자부심일까, 사춘기 소년의 들뜬 표정일까? 온갖 표정이 다양한 정도로 담겨 있었다.

"그게 가능해요?"

"한밤중에 깨서 그냥 자위만 한 게 아니에요. 밖에 나가서 섹스를 하고 돌아올 때도 있어요. 하루에 여러 명의 여자랑 할 때도 있고."

알리의 아내가 한 번의 범죄를 발견한 것이 알리의 입장권이 된 셈이다. 마침내 그는 스스로 진짜 문제를 털어놓았다. 아니, 그런 줄 알았다. 사실은 내가 그냥 결론으로 건너뛴 것이다. 이것은 진짜 문제가 아니었다. 진짜 문제는 훨씬 더 흥미진진했다.

섹스 중독과 그 너머

섹스 중독이라는 용어는 1970년대에 처음 등장했다. 그전에는 이런 과도한 성적 관심을 여자색정증nymphomania과 남자색정증satyriasis으로 구분해서 불렀다. 리하르트 폰 크라프트-에빙 Richard von Krafft-Ebing은 1886년에 악명 높은 사례 연구서인《성적 정신병질Psychopathia Sexualis》을 출간했다. 이 책에는 남녀 모두의 사례가 소개되어 있다. 그중 193번 사례는 "점잖은 사람으로 인정받는" 농부가 "스물네 시간 동안 성행위를 열 번에서 열다섯 번까지 하는" 사례이고, 186

번 사례는 "좋은 집안에서 교양을 쌓고 성정이 온화하고 정숙하며" 나이를 막론하고 남자와 단둘이 있을 때 "금방 얼굴이 빨개지는" 여자가 "남자를 발가벗겨서 자신의 욕정을 채우라고 격렬하게 요구하고 싶어 하는" 사례다.

성욕을 중독으로 논하는 것이 의미가 있을까? 인간이란 동물은 (특히 남자는) 상황만 허락하면 성적 욕구를 채우고 싶어 한다. 황제와 독재자와 할리우드 배우와 수많은 여자의 가슴을 설레게 하는 뮤지션들은 단지 가능하다는 이유만으로도 수많은 상대와 성관계를 갖는 것으로 알려졌다. 쥐는 뇌의 쾌락중추에 전기자극을 줄 수 있으면 레버를 무한정 누를 것이다. 인간도 원 없이 성관계를 맺을 수만 있다면 다를 바 없을 것이다.

일각에서는 섹스 중독이라는 개념 자체가 잘못이라고 주장한다. 중독은 (코카인이나 술이나 설탕 같은) 물질이 몸에 들어와 생기는 의존성을 가리키는 용어라는 것이다. 섹스나 도박이나 쇼핑이나 컴퓨터게임 같은 행동은 우리 몸에 주입되거나 흡수되는 것이 아니므로 중독으로 볼 수 없다는 것이다. 하지만 모든 행동은 생화학적 반응을 유발하고, 섹스는 암페타민과 아편제와 유사한 내생적 화합물의 생성과 연관이 있다. 부신과 뇌하수체에서도 마약만큼 중독적인 '황홀경'과 '흥분'을 일으키는 호르몬이 생성된다. 따라서 행동과 생화학의 상호관계를 고려하지 않은 채 중독을 정의하는 데는 한계가 있다.

내가 보기에 섹스 중독은 개인의 주관적 상태와 주어진 상황을 고려하게 해주는 유용한 개념이 될 수 있다.

예를 들어 알리는 자신의 행동에 혼란스러워했을까? 매춘부를 다시는 찾아가지 않겠다고 다짐하면서도 사실은 계속 찾아가고 싶은 욕구를 느꼈을까? 그런 행동이 알리와 그의 가족에게 심각한 부정적인 결과를 초래했을까? 알리가 죄책감을 느꼈을까? 상담 시간에 그는 이런 질문에 그렇다고 대답했다.

"부인께서 의심한 적이 없나요?"

"없어요. 아내는 그런 사람이 아니에요. 그쪽으로는 아무것도 모르는 사람이에요. 상상도 못해요."

"부인은 잘 믿는 분이군요."

"네. 많이요."

"그래서 기분이 어떤가요?"

"음, 나쁘죠, 물론. 아내한테 상처 주고 싶지 않아요. 왜 그러고 싶겠어요? 그런 건 절대로 하고 싶지 않아요."

"그래도 부인께서 진실을 알면…."

"그럼 아마…." 그는 머릿속에 떠오른 장면이 하도 끔찍해서 말로 표현할 수 없는 듯했다. 그는 자세를 똑바로 고쳐 앉았다. 그것만이 그가 구원받을 수 있는 일말의 희망이라는 듯이. "저도 그러고 싶지 않아요. 10대 때부터 매춘부를 찾아갔어요. 친구들하고 어울려 카지노에 갔다가 일이 그렇게 흘러간 거예요. 갈수록 문제가 커졌어요. 더는 손쓸 수 없는 상태가 되어버렸죠. 제가 처리해야 할 일들이 있어요. 만나야 할 사람들도 있고요. 대신 전 그냥 거기로 가는 거예요." 그는 창문을 바라보았고, 햇빛이 그의 얼굴에 은빛 광택을 뿌렸다.

중독은 내성에 의해 악화된다. 내성이란 행동 조절 장애와 통제력 상실을 설명하는 데 사용되는 의학 개념이다. 우리 몸에는 약물에 익숙해지는 능력이 있어서 용량을 점점 늘려야만 같은 약효를 얻을 수 있다. 마찬가지로 섹스 중독자는 잦은 성적 자극에 익숙해진다. 섹스의 쾌락이 점점 감소하므로 쾌락을 높이기 위해 새로운 노력을 기울여야 한다. 인터넷 포르노에 중독된 사람에게 두드러진 현상이다. 이들은 평범한 성적 이미지로는 더 이상 흥분되지 않아서 몇 시간 또는 며칠 동안 외설의 강도가 점점 세지는 사이트를 찾아 헤맨다. 소설에서 난봉꾼은 대개 냉소적이고 세상사에 시큰둥하고 한없이 권태로운 인물로 그려진다. 무절제하게 쾌락을 좇다 보면 쾌락을 느끼기 어려워진다는 역설을 통찰한 인물 묘사다.

알리는 창문에서 다시 눈을 돌려 마치 그사이 침묵이 흐르지 않았던 양 말을 이었다. "전 지금 곤란한 처지예요. 돈을 많이 썼거든요…."

"빚이 있나요?"

"네, 그렇다고 볼 수 있죠." 알리는 안락의자 팔걸이의 꽃무늬 문양을 바라보며 검지로 튤립의 가장자리를 따라 그렸다. "너무 멀리 와버린 거 같아요. 다시 돌아갈 수 있을지 모르겠어요." 정확히 무슨 말을 하는 건지 이해되지 않았다. 재정 상태를 말하는 걸까, 정신 상태를 말하는 걸까? 내가 당혹해하는 걸 보고 알리가 덧붙였다. "사업이요. 사정이 좋지 않아요."

"무슨 말인지 잘⋯."

"제 습관 때문이에요." 내가 어리둥절해하는 걸 알고 그가 다시 말했다. "그 여자들 중에 비싼 애들이 있거든요. 예쁜 여자들. 진짜로 예쁜 애들이요."

"부인께는 언제 말할 건가요?" 그의 입이 벌어지고 눈썹이 올라갔다. 이번에는 내가 부연할 차례였다. "에스코트 서비스 얘기가 아니라, 사업 말입니다."

"모르겠어요."

"사업이 어려운 건 알았을 거 아닙니까?"

"네. 제가 회계를 맡았으니까요."

"미리 조치를 취할 수는 없었나요?"

"지금은 아무것도 할 수 없어요. 남은 돈이 없어요." 알리는 아랫입술을 오므렸다가 풀고는 아내에게 했던 말을 다시 했다. "정신이 어떻게 됐던 거 같아요."

때로 우리는 불안한 마음에 아무 일도 벌어지지 않은 양 행동한다. 프로이트 이후 밝혀진 여러 가지 방어기제 중에서 부정은 가장

이해하기 쉽고 가장 자주 나타나는 방어기제다. 누구나 이런 경험을 한다. 주로 심각한 병의 첫 신호일 수 있는 증상이 나타날 때 부정의 방어기제가 작동한다. "별거 아니야. 괜찮아질 거야." 어떤 부정은 나쁜 소식에 노출되는 정도를 조절해서 서서히 받아들이게 해준다. 그러면 나쁜 소식에 압도당하지 않을 수 있다. 그러나 극단적 부정은 합리적인 의사결정을 할 수 없게 만든다.

"엄청 힘들어할 거예요." 알리가 말했다. "야스민은 자존심이 세고 지역사회에서도 열심히 활동하는 사람이거든요. 자선활동도 많이 하고요. 행사를 주관하고 모금활동도 벌여요. 집안의 평판이 있으니까요."

"물론 어렵겠죠. 그래도 사업이 무너지면 부인께도 더는 숨기지 못할 텐데요."

알리는 내 말을 듣지 않았다. "저 같은 남자는요." 그가 천천히 고개를 끄덕이며 말했다. "가족을 부양해야 해요. 주위에서도 그런 기대를 하고요."

알리의 회사는 두 세대에 걸쳐 발전해온 제조업체로 수익성이 매우 높았다. 나는 상담 기록부 여백에 대략적인 수치를 적었다. 알리는 3000명 이상의 매춘부 비용을 썼고 그중 상당수를 고가의 에스코트 서비스를 통해 만났다고 해도 사업이 휘청거릴 정도는 아니었다. 게다가 20년에 걸쳐 분산된 지출이었다. 내가 이 부분을 지적하자 그제야 그가 진짜 문제를 털어놓기 시작했다.

"단순한 섹스가 아니에요. 그냥 섹스 문제였다면 어떻게든 해볼 수 있었겠죠. 돈은 대부분 다른 데로 들어갔어요."

"다른 데로요?"

그는 결혼반지를 만지고 팔찌를 만졌다. 그 행동이 미신적 의식 같은 건지 궁금했지만 주의를 분산시키고 싶지 않아서 물어보지는 않았다. "설명할 수 있을지 모르겠네요."

그의 말이 더 이어지기를 기다렸지만 다시 침묵이 흘렀다. "해보세요."

다시 긴 침묵이 흐르고 (자동차 소리와 함께) 바깥 층계참에서 사람들의 말소리가 들렸다. "좋아요, 좋아요." 그는 뒤통수가 쿠션에 닿을 때까지 고개를 젖혔다. "보통은 돈 내고 섹스를 하고 그냥 가면 되는데, 늘 마음이 쓰이는 여자들이 있어요. 왜 그런지 모르게 그런 일이 생겨요." 그는 자기 가슴을 어루만졌다. "그런 여자들을 만나러 다시 찾아가다 보면 단골이 되고요. 그러다가 더 나가는 거예요. 진짜 연인들처럼 데이트도 하고 서로를 알아가는 거죠. 근사한 레스토랑에도 데려가고요. 아주 근사한 데요, 최고급 레스토랑. 그 여자들한테 선물도 사줘요." 그는 얼굴을 찡그렸다가 말을 이었다. "그런 데로 돈이 많이 들어가요." 그는 여전히 고개를 뒤로 젖힌 채 내 뒤편 어딘가를 보고 있었다. 차마 나와 눈을 마주칠 수 없는 것 같았다. 현실의 제지하는 힘을 떨쳐내야 마저 다 털어놓을 수 있었다. "그중에 몇몇하고 아주 가까워졌어요. 함께 미래를 계획할 만큼. 우리 삶이 어떨지, 같이 살면 어떨지 얘기하곤 했어요. 큰 집을 보러 다니기도 했고요. 부동산 중개인하고요. 정말 들떴어요." 그가 눈을 감았다가 다시 떴다.

"그럼 부인을 떠나고 싶어서…."

"아뇨, 전혀."

"그럼 왜 그 여자들을 데리고 집을 보러 다닌 거죠?"

"야스민하고 헤어지고 싶다고 생각한 적은 한 번도 없어요. 그건… 그 에스코트들은…." 그는 말을 끊었고, 나는 그가 '그냥 게임이에요'라고 할 줄 알았다. 하지만 그는 입을 꾹 다물었다.

사랑의 대상이 되는 기분

"그런 일이 얼마나 자주 있었나요?"

"많아요."

"얼마나 많은데요?"

"기억도 안 나요."

나는 점차 재판관처럼 굴었고 빠르게 질문을 던지는 통에 그가 불편해하기 시작했다.

소설을 재미있게 읽으려면 일단 불신을 버리고 허술한 기교의 세계로 들어가야 한다. 그런데 문체가 특이하면 기꺼이 공모하려는 독자의 마음가짐을 방해할 수 있다. 어색한 구문이나 이상한 용어나 돌발적인 빈정거림은 독자를 이야기에서 끌어내어 지금 우주에서 지구를 바라보거나 거대한 흰 고래를 사냥하는 게 아니라 그냥 방에 앉아 책을 읽는 거라고 일깨울 수 있다. 심리치료도 소설처럼 완전한 몰입을 필요로 한다. 알리는 쿠션에 기댔던 고개를 들어 살짝 인상을 찌푸렸다. 내가 그를 '몰입'에서 끌어낸 것이다. 그의 신뢰를 다시 얻는 데 한참 걸렸다.

이어지는 대화는 뚝뚝 끊기고 단편적이었다. 그럼에도 점점 더 선명한 그림이 잡히기 시작했다. "섹스는 목적을 위한 수단, 더 친밀해지기 위한 방법이었어요. 어릴 때는 섹스밖에 몰랐지만 이제는 사정이 달라졌어요. 더 많은 걸 원하게 됐어요. 그 여자들은 정말 아름다운 에스코트들이었어요. 보고 있으면 섹스만으로는 만족이 안 돼요. 더 원하게 돼요."

사실 알리는 섹스에 중독된 게 아니었다. 연애에 중독되었다. 테이블 위에 촛불을 켜고 즐기는 식사, 꽃다발, 사치스러운 선물(목걸이, 진주, 다이아몬드), 눈을 마주 보기, 테이블 위로 손끝을 맞대기, 바이올린 선율, 새하얀 테이블보 위의 장미 한 송이, 그는 이런 섬세한 연애 의식에 중독된 것이다. 하지만 알리의 심리치료에는 아직 한 꺼풀 더, 한 가지 폭로가 더, 최후의 반전이 남아 있었다. "제가 그 여자들을 사랑하는 게 중요한 게 아니에요. 사실은 그 여자들이 절 사랑하는 게 중요해요." 섹스를 하고 근사한 레스토랑에서

식사를 하고 선물을 주고 함께 미래를 꿈꾸고 집을 보러 다니는 그의 노력은 사랑 고백으로 보상받곤 했다. 이것이 그가 가장 갈구하는 순간이었다. 사랑의 대상이 되는 기분. 진지하게 "당신을 사랑해"라는 고백을 들으면 관계의 목적이 달성되는 것이다. 그리고 똑같은 흥분을 맛보기 위해 새로운 여자에게 이 모든 과정을 되풀이했다.

"그 여자들 중에 당신을 찾아온 사람이 있습니까?"

"그건 제가 항상 조심했어요. 흔적을 말끔히 지웠어요."

사랑의 생화학은 복잡하다. 그래도 우리는 두 사람이 만나서 흥분할 때 페닐에틸아민이 분비되고 성욕이 테스토스테론으로 끓어오르며 애착과 더없이 행복한 결합은 옥시토신과 관계가 있다는 사실을 안다. 흥분하면 도파민(쾌락분자라고도 한다)이 뇌간의 꼭대기에서 뇌 전체로 퍼져 내려오면서 여러 영역의 뉴런 반응성을 변형하는데, 그중에서 특히 보상중추에 가장 큰 영향을 미친다. 나는 알리가 이 모든 내인성 '마약'에 중독되었다고 의심했다. 하지만 그에게 가장 큰 쾌감은 사랑의 대상이 되는 느낌의 기저에 있는 생화학적 조합이었다.

중독은 환원주의적으로 분석하는 것이 적절하다. 화학적 의존성과 (내성에 의한) 욕구의 상승과 같은 개념이 적합해 보인다. 그럼에도 모든 중독자는 고유한 개인이다. 학습 이력, 사고방식, 충동성, 기분장애에 대한 취약성과 같은 다양한 심리 요인이 복잡하게 상호작용한다. 생화학과 심리 두 가지 차원을 모두 이해하면 중독 행동과 중독의 지속성에 대한 이해의 폭도 넓어진다. 알리가 마지막에 진짜 문제를 털어놓은 후 내 안에 무수한 질문이 떠올랐다.

"누군가에게 사랑의 대상이 되는" 마약에 중독된 것은 알리가 아직도 감추고 있는 어떤 고통에 대한 일종의 자가치료일까? 아내와, 그를 사랑하는 여자들을 조종하고 속이면서 부수적인 쾌락을 맛보는 걸까? 아내를 진심으로 사랑한다는 사람이 어떻게 그렇게 거창하게 아내를 배신할 수 있을까? 그는 나르시시스트일까, 은폐된 사디스트일까? 그의 문제는 오랜 세월에 걸쳐 어떻게 발전했을까?

세 번째 상담이 끝날 때 알리는 일어나서 곧장 문으로 향했다. 잠시 멈추고 나를 돌아보았다. 나의 추측일 뿐이지만 그가 어떤 평가를 하는 것 같았다. 그렇게 많은 비밀을 털어놓은 게 현명한 처사였을까?

"어디로 가십니까?" 내가 물었다.

"지금요?" 그는 내가 무슨 생각을 하는지 짐작하고 웃었다. "아뇨. 매춘부 만나러 가는 거 아니에요. 그 정도로 미치진 않았어요."

"다음 주에 오실 건가요?"

"네. 다음 주에 올게요." 그는 미소를 짓고 나갔다.

알리는 나와의 관계를 시작하고 내 서비스에 비용을 치르기로 동의했으며, 나를 신뢰하기 시작했다고 생각할 만큼 내밀한 이야기를 털어놓았다. 하지만 내가 그의 안녕에 관심을 보이는 게 명백해지자 그는 사라졌다. 그는 나를 에스코트들 중 하나로 상대한 것이다. 사실은 그보다 더 심한 것이, 그는 개인 부담 환자였는데 진료비도 내지 않았다. 다음 번 상담 시간에 오지 않았고, 내가 남긴 음성 메시지에도 답하지 않았다. 그의 전화기에서는 단조로운 연속음만 흘러나왔다.

그 몇 년 전 나는 외래 병동에서 바쁜 하루를 보내고 나서 창밖으로 지붕과 굴뚝의 암울한 도시를 내다보던 동료 옆에 주저앉았다. 동료도 나만큼 고되고 정서적으로 진 빠지는 하루를 보낸 듯했다.

그가 턱을 들고 말했다. "심리치료자를 만나는 거랑 매춘부를 만나는 거랑 무슨 차이가 있을까요?"

"몰라요, 그냥 말해줘요."

"매춘부를 만날 때는 적어도 한쪽은 기분이 좋아지죠."

헤어지지 못하는 남자

이상화와 죽음 공포

사랑의 장애물에는 아무런 의미가 없고,

사랑을 시험하거나 강화하기 위해 나타나는 것도 아니다.

　나는 열한 살에 사랑에 빠졌다. 처음으로 연애 감정을 느끼기 1년 전쯤 성적 각성이라고밖에 볼 수 없는 몸의 변화를 경험했다. 그때는 물론 성적 각성의 개념으로 이해하지 못했다. 그때 나는 우리 반의 얌전하고 호리호리한 여학생의 알몸 이미지가 자꾸 떠올라 괴로웠다. 뿌연 살색의 이미지가 머릿속에 침투하자 불안할 때만 생기는 줄로 알았던 몸의 감각이 일어났다. 숨이 가빠지고 가슴이 두근거리는 감각. 생리적으로 성적 각성 상태는 공포 감각과 크게 중첩되므로 내게는 모든 것이 무척 혼란스러웠다. 그때의 경험은 내 몸의 뇌하수체에서 사춘기에 대비해 시험적으로 호르몬을 분비해서 생긴 감각이었을 것이다.

　그 후 내가 사랑에 빠진 여학생의 이름은 수전이었다. 수전은 그 전해의 얌전한 소녀와는 전혀 딴판이었다. 금발을 하나로 질끈 묶고 왠지 모르게 날카롭고 냉랭한 구석이 있는 아이였다. 수전과 안지는 한참 되었다. 그전에는 그저 학교의 배경음 같은 존재였다. 그러다 수전에게 처음 관심을 가진 건 영어 수업 때였다. 선생님이 우리에게 사전에서 찾아보고 철자를 틀리지 말라고 야단치자 수전이 이렇게 말대꾸했다. "단어를 제대로 못 쓰는데 어떻게 사전에서 찾아볼 수 있어요?" 이 말이 내게는 아주 재치 있게 들렸다.

열등감에 짓눌려 지내던 나는 갈수록 수전 생각에 빠졌고, 며칠 내내 머릿속이 온통 수전 생각뿐이었다. 금발에 푸른 눈의 환영이 눈앞에 아른거렸고, 조용한 내 방에서 수전의 말소리가 들리는 것 같았다. 가슴이 찢어질 듯 비참한 심정이었다.

학교에서 집으로 돌아올 때 버스를 갈아타야 했는데 갈아탈 버스를 기다리다가 정신이 산만하고 가슴이 벌렁거려서 걸어가야 했다. 명확히 알 수 없는 무수한 비합리적 목표에 모호하게 이끌려가는 기묘한 충동이었다. 좀 걸으면 들뜬 마음이 가라앉으려나? 혹시라도 내 고통의 경계를 넘어갈 수 있으려나? 끊임없이 떠오르는 수전의 얼굴이 흐려지려나? 하지만 다 소용없었다. 집이 몇 킬로미터나 떨어져 있어서 나는 걷고 또 걸었고, 내 발걸음의 리듬에 맞춰 노래를 지었다. 희망 없이 처량한 신세를 한탄하는 애처롭고 허망한 가사까지 붙였다. 50년 가까이 지난 지금도 그때 지은 가사 몇 마디와 단순한 곡조가 생각난다. 나는 수전 같은 소녀에게, 재기발랄하고 그만큼 반짝이는 금발의 소녀에게 영영 다가갈 용기를 내지 못할 것 같았다.

마침내 집에 도착했다. 숙제를 하고 TV를 보고 내 방으로 자러 들어갔다. 이튿날 아침에 눈을 뜨자 기분이 한결 좋아졌다. 교실에 앉아 수전을 쳐다보며 좀 더 객관적으로 생각할 수 있었다. 그래, 수전은 예쁘고 나는 여전히 수전에게 말을 걸고 싶기는 하지만 그 마음에 따라오는 감각과 감정이 덜 강렬했다. 어쩐지 그렇게 사랑에 빠진 것 같지는 않았다. 그 한 주가 끝날 즈음 나는 완전히 회복되었다. 세상은 다시 평온하고 안정되고 정상으로 돌아갔다. 솔직히 왜 그렇게 마음이 어지러웠는지 이해가 가지 않았다.

풋사랑은 많은 문제를 야기할 수 있다. 보통 사춘기 때 첫사랑에 빠지게 되는데, 정자와 난자가 만나 수정된 후 세포가 기하급수적으로 분열하는 시기를 제외하고 인생에서 가장 빠르게 성장하는 시기다. 사춘기에는 몸과 마음의 변화(성숙한 외모, 성적 관심, 뇌 발달)가 항상 조화롭게 일어나는 것이 아니다. 겉으로는 성숙한 남자처럼 보여도 속으로는 아이처럼 생각하고 느낄 수 있다. 전전두엽(문제 해결, 추론, 계획, 사회적 상황에서 감정과 행동 조절을 관장하는 영역)은 뇌에서 가장 늦게 발달하는 영역이다. 사실 전전두엽의 발달은 20대까지도 멈추지 않는다.

이것은 아동과 청소년에 관해 부모가 알아야 할 중요한 정보다. 이 사실이 많은 것을 설명해주기 때문이다. 대다수 젊은 사람들이 할 일도 잊고 충동적으로 행동하고 무모하게 위험을 무릅쓰고 어리석은 결정을 내리는데, 괜히 반항하려고 그러는 게 아니다. 뇌가 아직 다 발달하지 않아서 그러는 것이다. 특히 사춘기에는 뇌가 완전히 발달하지 않아서 정서적으로 변덕스럽고, 호르몬의 변화가 심해서 감정이 극단적으로 흐른다.

'풋사랑'이니 '반했다'느니 하는 말은 사춘기 첫사랑의 정서적 지뢰밭을 지나는 순간의 혼란과 고통과 상처를 가벼워 보이게 한다. 실제로는 심각하게 파괴적인 결과로 이어질 수도 있다. 성적으로 강압적이고 또래 압력에 굴복하고 학대하고 후회하고 죄책감에 사로잡히고 우울해하고, 간혹 거절당하고 괴로워하다가 스스로 목숨을 끊는 경우도 있다.

나의 첫사랑도 내가 평생 경험할 일들의 예고편이었다. 비록 짧고 얕고 이루지 못한 사랑이지만 거창하고 격정적인 사랑의 주요 요소가 거의 다 들어 있었다. 집착과 이상화, 멀리서 동경하기, 감정을 창조적으로 표현하고 싶은 충동까지. 갑자기 걷고 싶어지는 마음도 수많은 연애시와 문학 작품에 나온다. 사랑을 앓는 청년들이 무심한 풍경 속에서 하염없이 걷는 장면은 차고도 넘친다. 나는 왜 열한 살에 연애의 고정관념에 따라 행동했을까? 무슨 행동을 할지 어떻게 알았고, 심지어 자의식에 사로잡힌 행동을 모방하기에 이르렀을까? 일부는 물론 본능에서 나온 행동이지만 나머지는 단지 문화에 노출되어 무의식중에 전형적인 행동을 흡수한 것이다. 낭만적 사랑은 서양의 정신에서 가장 중요한 신념 체계로 간주되었다.

그러면 낭만적 사랑이란 무엇일까? 그리고 '낭만적'이란 어떤 의미일까?

헤어지지 못하는 남자

"이모겐이 왜 끝내자고 하는지 모르겠어요. 우린 잘 지냈거든요. 행복했다고요."

폴은 주위의 높은 기대에 부응하면서 많은 것을 이루고 살아왔다. 명문 사립학교를 거쳐 옥스퍼드대학에서 철학과 정치학과 경제학을 전공하고 사모펀드 투자회사에서 일자리 제안을 받았다.

"아무런 징조가 없었어요. 그러니 충격이죠. 이모겐이 그냥 통보하더군요. '우리 이제 그만 만나는 게 좋겠어.' 그게 다였어요."

그는 단조롭게 (중간에 갈라지는 목소리로) 말했고, 표정이 이상하게 굳어 있었다. 얼굴을 본뜬 석고 마스크를 쓰고 말하는 것 같았다.

"그게 다였어요." 그가 다시 말했다.

이모겐의 아버지는 미술상이고, 이모겐은 런던 시내에 있는 아버지의 갤러리에서 일했다. 폴은 그 갤러리에 전시회를 보러 갔다가 이모겐과 마주쳤다. 사무실에 걸 그림을 보러 간 거였지 새 여자친구를 찾으러 간 건 아니었다.

"이유가 뭐라던가요?" 내가 물었다.

"아무 이유를 대지 않았어요. 뭐가 문제냐고 물어도 속 시원히 설명하지 못해요. 기껏 한다는 소리가 각자 원하는 게 다른 거 같대요."

"당신은 왜 이모겐이 끝내고 싶어 하는 것 같아요?"

"솔직히 잘 모르겠어요. 수수께끼 같아요. 우린 아주 행복했거든요. 제가 여자친구 마음을 잘못 알았을 리가 없어요." 그는 눈치가 빠른 사람이라 다음 질문을 예상하고 이어서 답했다. "다른 사람은 없어요."

"확실해요?"

"이모겐이 그렇게 말했고, 제가 그 말을 믿지 못할 이유가 없어요."

그의 대답에서 짜증이 묻어났다. 내 의심이 신사답지 못해서 자기가 여자친구의 명예를 지켜줘야 한다는 듯이.

나는 고개를 끄덕이며 일단 그의 의견을 받아들였다. "그냥 멀어질 때가 있잖아요…."

"우린 변하지 않았어요."

"게다가 이유를 찾는 게 항상 쉬운 건 아니고요."

"우리에겐 특별한 게 있었어요. 사람들하고 자주 어울리는 편은 아니지만 어쩌다 모임에 나가면 친구들이 항상 우리한테 잘 어울린다고 했어요. 다 보인다면서."

그는 더 이상 내 말을 듣지 않았다. 그는 답을 찾고 싶다고 하면서도 문제 안에서만 맴돌면서 믿기지 않는다는 표정을 지었다. "이해가 안 가요. 어쩌다 이렇게 됐는지 도무지 이해가 안 가요. 우린 아주 행복했거든요. 정말이에요. 각자가 다른 걸 원한 것도 아니에요.

제가 이모겐을 밀어붙인 적도 없고 과도한 걸 요구한 적도 없어요. 그럴 필요가 없었어요. 그런데 어떻게 그런 결론에 이를 수 있나요? 말이 안 되잖아요."

그가 말하게 놔두는 편이 최선이었다. 계속 자기 말만 되풀이하는 것이 사실은 어떤 목적을 달성하려는 것일 수도 있었다. (바라건대) 그의 처지를 수용하는 데 도움이 될 수도 있었다. 결국 그는 추억에 잠겨 이모겐의 미모라는 주제에 머물렀다. 미모에 대한 찬사가 한 편의 시가 되었다. "가끔 같이 방에 앉아서, 일요일 아침일 거예요, 신문을 보다 고개를 들면 그녀가 보여요, 저는 계속 봐요. 눈을 뗄 수가 없거든요. 한참 지나서 그녀가 알아채고는 물어요. '왜 그래?' 그러면 저는 '아, 아무것도'라고 말하고 다시 신문을 보는 척해요. 그녀는 보고 또 봐도 질리지가 않아요." 그는 이모겐이 잠들었을 때도 똑같이 했다.

얼굴의 매력에 관해 일반적으로 합의된 시각이 있고, 이런 시각은 민족과 문화를 넘어 일관된다. 안와전두피질은 뇌에서 매력을 평가하는 영역으로 보이고, 미의 보편적 지표는 대칭이다. 인간의 얼굴은 복잡해서 만들어내기 어렵다. 따라서 우리는 얼굴을 볼 때 유전자 돌연변이가 발현될 가능성이 가장 큰 구체적인 위치를 보게 된다.

얼굴은 면역계의 상태를 드러낸다. 우리 조상들은 외모를 흉측하게 변형시키는 기생 생물이 들끓는 환경에서 살았다. 대칭적인 얼굴과 깨끗한 피부는 감염에 대한 저항력을 드러내는 확실한 지표였다. 원시 조상들에게는 아름다운 짝을 만나는 것이 유전자풀에서 뿌리내리기 위한 좋은 전략이었다. 현재도 마찬가지다. 이목구비가 대칭인 사람은 또한 이성에게 더 좋은 냄새를 풍긴다.

심리학과 성과학에서는 쿨리지 효과Coolidge effect라는 용어가 자주 나온다. 새로운 사람이 욕구를 자극하는 효과를 일컫는 용어인데, 미국의 30대 대통령 캘빈 쿨리지Calvin Coolidge의 냉소적인 농담에서 유래했다. 이야기는 쿨리지 대통령 내외가 농장을 방문해서 따로 농장을 구경한 일화로 거슬러 올라간다. 영부인이 수탉이 짝짓기를 하는 걸 보고 얼마나 자주 짝짓기를 하는지 물었다. 안내하던 사람이 하루에 열두 번 한다고 답했다. 그러자 영부인이 "대통령께 그 얘기 좀 전해줘요"라고 말했다. 영부인의 말은 그대로 대통령에게 전달되었다. 이때 그는 "매번 같은 암탉이랑 합니까?"라고 물었다. 안내하던 사람은 고개를 저었다. "아뇨, 수탉은 여러 암탉과 짝짓기를 합니다." 이 대답에 흡족해진 대통령은 "영부인께 그 얘기 좀 전해주시오"라고 말했다.

폴과 이모젠은 사귄 지 넉 달밖에 안 되었다. 새로움은 강력한 사랑의 묘약이고, 여기에 아름다움이 더해지면 더 강력해진다. 폴은 아직 처음 만날 때의 격렬한 사랑의 고통 속에 머물러 있는데 욕망의 대상이 별안간 떠나려고 하자 극심한 우울에 빠진 것이다. 그는 중독자의 모습, 쇠약한 몰골로 덜덜 떠는 모습을 하고 있었다.

'완벽한' 여자친구

그는 온몸의 근육 하나하나에서 통증을 느끼는 것처럼 천천히 자세를 고치면서 말했다. "이런 여자는 두 번 다시 만날 수 없어요."

이 말에서 고집스러운 확신이 전해졌다.

폴의 지난 연애는 그의 사회적 지위와 나이에 비해 특별할 것이 없었다. 그는 거절당하면 항상 차분하고 철학적으로 대처했다. 그가 속한 사교계에는 지적이고 아름다운 싱글 여성이 많았고, 그런 여자들 다수가 그의 친구들이 여는 디너파티에서 모여드는 듯했다. 한 번은 눈부시게 아름다운 유명 여배우와 데이트한 적도 있다. 그 여자들은 이모젠과 다를 게 없어 보였다. 어느 모로 보나 이모젠은 그가 이전에 만난 여자친구들의 복제판 같았다.

나는 폴에게 다시 생각해보라고 했다. "정말요? 이모젠 같은 여자를 정말로 다시는 만나지 못할까요?" 폴은 내게 이모젠이 얼마나 아름다운 여자인지 재차 일깨워주고는 엄지와 검지로 주판알을 튕기듯 그녀의 여성스러운 덕목을 일일이 꼽았다. 손가락을 다 쓰자 손을 털면서 수학적으로 단순화하는 것이 얼마나 하찮은 짓인지 토로했다. "그런데 그녀에게는 다른 뭔가가 있어요. 뭔가 더, 말로 설명할 수 없는 뭔가가 있다고요."

무신론자는 신을 믿는 사람들에게 '틈새의 신'을 들먹이며 공격한다. 신자들이 과학적 지식의 틈새가 나타날 때마다 그 틈새를 종교의 증거로 삼는다는 것이다. 우주의 기원은 설명할 수 없다. 그러니 신이라는 우주의 창조주가 존재해야 한다는 것이다. 사랑에 빠질 때도 동일한 생각의 오류를 범한다. 다른 누구도 아닌 바로 그 사람과 사랑에 빠지는 이유는 너무나 많고 미묘하고 규정하기 어렵고 복잡해서 말로는 설명할 수 없다는 것이다. 그중 많은 것은 무의식적 과정의 결과다. 사랑에 대한 이해에는 반드시 틈새가 있고 확신에 찬 유신론자처럼 우리도 그 틈새를 초자연적 설명으로 메우려 한다. 기묘한 인연과 신비한 어떤 힘의 작용을 거론한다.

"이모젠은 특별했어요."

"누구나 특별하지 않나요?"

"그녀는 정말 남달랐어요. 정말이에요."

이모젠은 아름다웠다. 그런데 다른 여자들과는 아름다움의 질서와 크기가 달랐다. 이모젠은 동화 속 공주님처럼 아름다웠다. 반짝이를 뿌려놓은 것 같은 아우라 속에서 무지개에 둘러싸여 있는 공주님처럼.

정신분석에서는 이상화를 방어기제로 본다. 일관성 없고 괴로울 정도로 복잡한 상황으로 인한 불안을 잠재우기 위해 세계를 단순화하는 것이다. 이상화가 항상 일정 정도의 부정과 연결되는 이유는, 누군가를 완벽한 존재로 이상화하려면 그 사람의 결점을 모두 부정해야 하기 때문이다. 어느 정도는 그 사람을 둘로 '분열'시켜서 마음에 들지 않는 반쪽을 무시해야 한다. '분열 splitting'이라는 용어는 멜라니 클라인Melanie Klein과 가장 중요하게 연결된다. 클라인은 최초의 아동치료 정신분석가 중 한 명으로, 상담실에 장난감을 들여놓고 놀이를 관찰하고 해석하는 방식으로 아동을 분석했다.

클라인은 분열이 시작되는 시기를 생애 초기의 몇 주로 보았다. 이 시기에 아기의 생활에서 가장 중요한 사건은 먹는 것이고, 엄마는 사람이 아니라 젖가슴으로 지각된다. 젖이 잘 나와서 더없이 만족스러운 상태(사랑받는 황홀한 기분의 전조가 되는 상태)가 될 때도 있지만, 젖이 부족하거나 아예 나오지 않아서 불만스럽고 화가 날 때도 있다. 아기는 젖이 잘 나오는 좋은 가슴과 젖이 잘 나오지 않는 나쁜 가슴이 같은 사람의 자질이라는 점을 이해하지 못한다. 그러다 결국 아기는 진실을 인식하고 수용하는 지적 능력을 기른다. 좋은 가슴과 나쁜 가슴은 모두 엄마의 일부다. 이를테면 좋은 것과 나쁜 것의 어색하고 난해하고 섬뜩한 조합이다.

타인의 복잡성을 온전히 이해하는 능력은 성숙의 척도이자 진실하고 의미 있는 관계를 맺는 데 필요한 조건이다. 사랑에 빠지는 순간에 발달의 초기 단계로 퇴행해서 불안한 마음을 계속 분열로 방어하는 사람이 있다. 좋은 것만 받아들이고 나쁜 것은 거부하는 것이다. 이런 식으로 사랑에 빠진 남자는 현실을 왜곡하고 평범한 여자를 여신으로 만들어버릴 수 있다.

"여자친구와 다툰 적은 있습니까?" 내가 물었다.

폴은 내 질문의 답이 벽 어딘가에 적혀 있기라도 한 것처럼 상담실을 둘러보았다. 그리고 결국 이렇게 대답했다. "아뇨, 딱히 없어요."

"'딱히'라는 건…."

"서로 의견이 다를 때도 있죠. 여러 가지 주제로 자주 대화를 나눴거든요. 정치, 그림, 음악. 이모겐은 현대 미술에 대한 의견이 확고해요. 그중에 제 생각에는 다소 극단적이다 싶은 얘기도 있었어요. 하지만 전 그런 열정을 사랑했어요."

"사귀는 동안 여자친구가 한 말에 화가 난 적이 있습니까?"

그는 잠시 고민했다. "그건…."

그는 말을 맺지 못했다. 이모겐에게 불리한 말을 할 수 없었던 것이다. 이모겐을 비판한다고 생각하기만 해도 마음이 불편해지기 때문이다. 그는 주먹에 대고 기침을 했고, 당황한 듯 갑자기 경계하는 모습을 보였다.

이상화라는 개념은 정신분석이 출현하기 오래전부터 존재했다. 11세기 페르시아의 의사 이븐 시나Ibn Sina는 이상화를 상사병의 주요 증상으로 보았다. 이븐 시나는 상사병 환자의 신념에 반박해서 욕망의 대상을 좀 더 현실적으로 보게 해주었다. 놀랍게도 현대 인지치료에서 흔히 시도하는 방법이다. 이븐 시나는 상사병에 걸린 남자를 상대 여자의 생리혈이 묻은 옷가지에 노출시키는 방법을 소개했다. 목적은 환자가 상대 여자의 육체적 현실을 인식하고 그가 머릿속으로 이상화한 이미지의 가치를 떨어뜨리는 데 있었다.

환자가 과대평가하고 부정한 부분을 치료적으로 융합시키려 한 것이다.

나는 계속해서 조심스럽게 폴의 이상화의 강도를 시험했지만 이모겐은 이미 아주 높은 기단에 올라가 있었다. 내 시도는 폴의 방어에 간단히 튕겨 나왔다.

"이모겐을 정말 사랑해요." 폴은 팔꿈치를 의자 팔걸이에 올리고 손으로 얼굴을 받쳤다. 어쩐지 꾸며진 자세로 보였다. 햄릿이나 바이런을 흉내 내는 것 같았다. "이모겐은 **분명** 저한테 뭔가를 느꼈어요…."

"왜 그런 말을 하죠?"

"분명 그래요."

"당신이 그녀를 사랑하니까…."

"우린 서로를 이해해요."

"당신이 얼마나 힘든 상황인지는 알지만 때로 사랑은 (아무리 깊은 사랑이라도) 보상받지 못합니다."

그는 손에 받친 얼굴을 들고 내가 마치 신성모독이라도 한 것처럼 쳐다보았다. 내가 방금 신성한 원칙, 곧 누군가를 충분히 사랑하면 그 사랑이 보상받는다는 신성한 원칙에 반박한 것이다. 더 일반적인 상황으로 말하자면 사회심리학의 공정한 세상 가설, 곧 우리가 가진 것을 가질 자격이 있고 자격이 있는 것을 갖는다는 가설에 반박한 것이다. 그런데 세상은 공정하지 않다. 도덕적 공평성을 회복하기 위해 보이지 않는 힘이 작용하는 것도 아니고, 아무리 진실한 사랑 고백이라도 상대에게 받아들여진다는 보장은 없다.

나는 그의 비난의 눈초리를 마주 보았다. "무슨 생각 해요?" 내가 물었다.

그의 표정이 풀리고 눈빛이 흐려졌다. "이모겐하고는 아주 가까운 느낌이 들었어요. 이전의 누구보다도 더 가깝게 느껴졌어요. 처음 같이 잔 날 이모겐을 안고 우린 참 잘 맞는구나, 생각한 기억이 나요. 몸이 서로 꼭 맞는 느낌이었어요."

플라톤이 전술하는 그리스 창조신화에 따르면 인간은 한때 머리가 둘이고 다리가 여덟이었으며 남성, 여성, 자웅동체라는 세 개의 성을 가진 존재였다. 제우스가 인간의 자만을 벌하기 위해 둘로 쪼개어 오늘날 우리에게 익숙한 다리 둘 달린 인간 형상을 만들었다. 이 때문에 우리는 불완전한 느낌에 시달리며 살게 되었고, 잃어버린 반쪽을 찾아 결합함으로써 불안을 해소하고자 한다는 것이다. 우리의 가장 내밀한 낭만적 갈망을 설명해주면서도 동성애와 이성애까지 명쾌하게 설명해주는 그럴듯한 서사다. 플라톤의 신화는 폴이 말하는 심오한 만족감, 곧 성관계와 포옹으로 다시 온전한 하나가 되는 감각을 통해 현대 문명과 고대 문명이 연결되는 것을 보여준다. 이렇게 온전한 하나가 되고 싶은 욕구는 신화에서든 진화적 목적에서든 자식을 낳는 순간에 비로소 가라앉을 것이다. 그러면 제우스가 준 상처가 치유되고 갈망이 청산되며 집안일을 하고 자녀를 학교에 데려다주고 밤에 숙면을 취하려고 노력하는 등의 현실적인 욕구로 대체된다.

폴이 말을 이었다. "이모겐이 아직 절 사랑하는 건 확실해요. 지금은 그냥 혼란스러워서 그러는 거예요. 분명 마음 깊은 곳에, 그녀의 마음 깊은 곳 어딘가에 아직 뭔가가… 연결된 감정 같은 게 있어요. 어쩌면 너무 강렬했을지도 몰라요. 지나치게 벅차고 너무 빨랐을 수 있어요. 그래서 압도당한 거예요. 왜 그런 거 있잖아요?"

"이모겐이 아직 당신을 사랑한다고 확신하는군요. 그런데 그걸 어떻게 압니까?" 그가 몇 가지 그릇된 결론을 내놓았지만 나는 다시 집요하게 물었다. "이모겐이 무슨 생각을 하는지 당신이 어떻게 알죠?"

"그건… 우린 마음이 잘 맞으니까요. 그냥 그런 느낌이 들어요."

나는 이 부분에 관해 더 밀어붙였다. 클레랑보 증후군 환자는 사랑하는 사람의 생각을 확실히 안다고 자신한다. 다행히 폴은 그런 망상을 키우지는 않는 듯했다. "확실히 안다고는 못하죠. 물론 그럴 순 없겠죠. 그래도 누군가를 잘 알면 경험을 토대로 추정할 수는 있잖아요." 그는 검지를 세워 내 쪽으로 흔들었다. "그래도 하나는 확실해요. 제가 이모겐을 행복하게 해줄 수 있다는 거요. 저한테 조금만 시간을 주면, 한 번 더 기회를 주면…."

"이모겐이 확실히 말하지 않았나요? 당신과 계속 만나고 싶지 않다고."

나는 지나치게 직접적으로, 지나치게 무심하게 지적했고, 나의 이런 부적절한 발언에 그는 지푸라기라도 잡으려는 듯 안간힘을 썼다. 폭넓고 철학적인 관점에서 새로운 희망을 찾은 듯 이렇게 말했다. "어쩌면 이런 일이 일어난 데는 어떤 이유가 있을지도 몰라요. 나쁜 일을 겪고 나면 사람이 더 강해진다고 하잖아요."

"니체." 나는 이 말을 하고는 곧 후회했다. 그건 지적 허영을 채워주는 것 말고는 아무 의미가 없었다.

언젠가 병원 구내식당에서 노년의 유명한 정신과 의사와 점심을 먹고 있었다. 나이가 지긋한 그 의사의 이름을 딴 정신건강센터까지 있었고, 그가 상을 받는 영상을 본 적도 있었다. 그는 항상 나서지 않고 세심하게 배려하고 한없이 겸손했다. 그는 어느 입원 환자와 환자의 남편을 상담하고 온 길이었다. "거참, 상담이 내가 생각한 대로 흘러가지 않았어요. 오늘 환자가 몹시 우울한 상태라서 기운을 북돋아줄 만한 비유를 들어서 상담하려고 했지요. 그런데 영국 항공전과 처칠 얘기를 꺼냈다가 연합군의 시칠리아 침공으로 넘어간 바람에 내가 완전히 흥분해버린 겁니다. 환자는 아마 내가 미친 줄 알았을 겁니다. 그 남편도 할 말을 잃었고요." 나는 이런 식으로 선을 넘을 때마다 그날 그 의사의 일화를 떠올리며 위안을 삼는다.

"네?" 폴이 머리를 앞으로 내밀었다.

"니체요." 내가 다시 말했다. "철학자…."

"아." 폴이 짜증스럽게 대꾸했다. "니체가 누군지는 저도 압니다."

"우리를 죽이는 것이 아니라면 우리를 더 강하게 만들어준다."

"예, 예…." 내가 인용한 말이 그의 정신에 다시 활력을 불어넣어준 듯 그가 똑바로 일어나 앉았다. "이모겐과 다시 만나면 난 더 강한 사람, 더 나은 사람이 될 거예요. 지금 이 모든 시련에는 이유가, 어떤 목적이 있을 거예요."

폴은 이모겐과의 이별에 다른 의미를 부여했다. 끝이 아니라 시작이었다. 숭고한 사랑을 얻기 위해 치러야 할 시험이었다. 그는 궁정연애의 전통에 따라 사고했다. 추방당한 아서왕의 기사처럼 그는 유혹과 위험에 직면해서 시험을 통과하고 당당히 돌아가 자신의 미덕을 증명하려 했다. "다시 만나면 서로 더 많이 이해하게 될 거예요." 그는 자신의 사랑이 얼마나 견고한지 증명하고 여왕의 호의를 얻어내려 했다. "더 나아질 거예요. 2회전에서는."

나는 가슴이 덜컥 내려앉는 느낌을 받았다. "심장이 철렁한다"는 은유가 얼마나 정확한 표현인지 깨달았다. '불치의 incurable'와 '낭만적 사랑'이 그렇게 자주 연결되어 쓰이는 건 우연이 아니다. 하나를 말하면 거의 동시에 다른 하나가 따라 나온다. 진부한 표현에는 많은 정보가 담겨 있을 수 있다. 그래서 (폴이 아직 치료 초기인데도) 결과를 낙관할 수 없었다.

죽음 공포와 사랑의 불멸성

다음 상담 시간에 폴은 부쩍 거칠해 보였다. 얼굴이 창백하고 면도도 하지 않았다.

"힘드네요. 그녀가 없으니까."

"어떤 게 가장 그리운가요?" 내가 물었다.

폴은 깍지를 끼었다. 어색하게 손가락을 끼어서 기형처럼 보였다. "오해하지 않으시면 좋겠는데, 실은 섹스 얘기를 하려고요. 이모젠과의 섹스는 그냥 섹스가 아니고 항상 뭔가 더 있는 것처럼 느껴졌어요. 그건 마치…." 그는 미간을 찡그리며 언어의 한계를 넘어선 표현을 찾으려는 듯 보였다. "황당한 소리로 들릴지 모르지만 마치… 이승의 것이 아니고, 시간을 초월한 어떤 것 같았어요. 우리는 주말 내내 침대에서 나오지 않았어요. 세상에 다른 건 아무것도 존재하지 않는 것 같았어요."

"죽음도 많이 생각하십니까?" 내가 물었다.

폴은 내 질문에 놀랐지만 이내 적절한 질문으로 받아들였다. 그는 미소를 띠고 나직이 툴툴대는 소리를 냈다. "솔직히 그래요." 그는 거칠게 갈라지는 소리로 웃었다. "어릴 때도 많이 우울했어요. 어머니는 자주 이렇게 말해줬어요. '아주 먼 일이야. 네 나이에는 걱정할 게 없어.' 이런 말은 위로가 되지 않았어요. 그때도 이미 진부한 말이라고 생각했어요."

"가족이 믿는 종교가 있습니까?"

"아뇨. 부모님 모두 무신론자예요."

"그럼 당신도 종교의 가르침에서 위로를 받은 적이 없습니까?"

"네. 도통 믿기지가 않아서요. 종교에서 답을 구한 적은 없어요. 창피하지만 사실 저도 뭔가를 믿고 싶었거든요…."

사실 그는 뭔가를 믿기는 믿었다. 사랑을 믿었다.

그리스 철학자 에피쿠로스Epicouros는 우리의 모든 불안과 슬픔은 근원적인 죽음의 공포에서 시작된다고 말했다. 이 관점에 특히 영향을 받은 치료자들은 1940년대와 1950년대에 영향력을 키우던 프로이트 이후 학파인 실존주의 심리치료자들이었다. 실존주의 심리치료는 의미 추구에 관심이 많다. 의미는 개인적이어야 한다. 우주는 본래 무의미하기 때문이다. 의미 있는 것이 무엇인지 개인이 스스로 결정해야 한다.

사랑은 우리에게 목적을 부여한다. 그리고 섹스는 출산을 통해 영생을 약속하므로 두 가지 거대한 실존적 공포인 고독과 죽음의 힘을 (잠시나마) 줄여준다. 성적 합일은 고독의 고통을 마비시키고, 오르가슴에 이를 때 혈액으로 분비되는 정신 활성 물질이 우리를 시간 밖으로 데려가 무한하고 영원하다고 느끼게 해준다. 황홀한 오르가슴에 이를 때 우리는 죽음의 손아귀에서 벗어난다. 폴은 완벽해지기 위해 이모겐을 필요로 했다. 그녀의 완벽함이 그를 보호해준다고 믿었다. 사랑은 그를 불멸의 존재로 만들어주었다.

나는 열여섯 살 생일이 지나고 얼마 안 된 어느 날 전문대학에서 강사가 낭송하는 딜런 토머스Dylan Thomas의 〈시월의 시 Poem in October〉를 들었다. "천국으로 가는 길의 서른 번째 해였다"로 시작하는 시였다. 강사는 낭송을 마치고 내게 물었다. "왜 서른 번째일까? 그게 왜 중요할까?" 나는 답을 몰랐다. 사실 그 시를 제대로 이해하지 못했다. 강사는 이렇게 말했다. "서른은 받아들여야 하는 나이이거든. (의심할 여지없이) 우리가 한 발을 무덤에 딛고 서 있다는 사실을 말이야. 죽음이란 협상이 불가능하다는 사실을 깨닫는 시점이지."

폴은 서른한 살이었다.

"제가 한 짓이 소용이 없었어요."

"뭘 했는데요?"

"이모겐한테 전화했어요." 폴이 입술을 깨물자 입술에 핏기가 사라졌다. 몇 초가 지나고 그가 다시 말을 이었다. "이모겐이 어떻게 생각하는지 궁금해서요. 몇 주가 지났으니 생각이 조금 달라졌을 줄 알았어요. 그러니까 어떻게 된 건지 나한테 말해줄 줄 알았어요." 그는 고개를 저었다. 미세하게 흔들리는 정도로. "그런데 관심이 없더라고요. 내가 괴로워하는 걸 보니 자기도 마음이 좋지 않다고는 했지만 그 이상은 아무 말도 없었어요. 저는 계속 대화를 이어가려고 애쓰면서 내가 뭘 잘못했는지 말해달라고 했어요. 뭘 어떻게 해야 상황을 바로잡을 수 있는지…." 폴은 손가락에서 거스러미를 뜯었다. "전화를 끊고 나니 나 자신에게 화가 났어요."

"왜요?"

"내가 어떤 기분인지 이모겐한테 제대로 전하지 못한 거 같아서요. 차분하고 이성적으로 말하고 싶었어요. 그냥 다 연기하는 거 같고, 진정성이 없었어요. 그래서 다시 전화했어요."

"얼마나 있다가요?"

"얼마 안 돼요. 10분? 15분쯤?"

"그렇군요."

"제 마음을 다 털어놨어요. 그녀를 사랑하고 무슨 짓을 해서라도 그녀를 되찾고 싶다고 말했어요. 한 번만 더 기회를 달라고 매달렸어요." 폴은 침을 삼켰고, 목울대가 눈에 띄게 올라갔다가 내려갔다. 차마 다음 말을 꺼내기 힘들어했다.

"이모겐이 뭐라던가요?"

"전화하는 거 싫다고. 다시는 전화하지 말라고요."

"그 말을 듣고 많이 힘들었겠군요."

폴은 숨을 깊이 들이마시고 다시 입을 열었다. 목소리가 살짝 갈라졌다. "이모겐이랑 통화하고, 그녀가 거기, 전화선 너머에 있는 걸 아는데, 다시는… 이모겐을 많이 사랑해요." 폴이 고개를 숙이고 손으로 머리를 감쌌다. 숨 죽여 괴로워했고, 점점 감정을 추스르기 힘들어 보였다. 울먹울먹 말을 잇다가 큰 소리로 흐느껴 울었다.

"젠장, 죄송해요."

"미안할 거 없어요."

폴이 고개를 들었다. 눈가가 부어 있었다.

"자주 그러십니까?"

"네." 나는 그에게 티슈를 건넸다.

"고맙습니다." 그가 눈물을 닦고 코를 풀었다.

"괜찮아요. 다음에 얘기해도 괜찮은⋯."

폴이 손을 들어 내 말을 막았다. "아뇨, 아뇨⋯ 더 있어요."

"좋아요⋯."

"이모겐하고 주고받은 말을 한 마디도 빠뜨리지 않고 곱씹었어요. 그러다 전화로 얘기하는 건 좋은 방법이 아니라는 생각이 들었어요. 직접 만나서 얘기하면 조금이나마 진전이 있을 거라는 확신이 들었어요. 그래서 다음 날 토요일에 차를 몰고 이모겐이 사는 아파트로 갔어요."

"먼저 연락하지 않고요?"

"네." 폴은 티슈로 다시 눈가를 눌렀다. "그 아파트에는 입구에 인터폰하고 보안카메라가 있어요. 이모겐이 버럭 화를 내면서 꺼지라고 하더군요. 그래도 다시 벨을 눌렀더니 문을 열어주었어요. 올라가 보니 엘리베이터 앞에서 날 기다리고 있었어요. 나 때문에 무섭다고 하기에 내가 '말도 안 되는 소리 하지 마'라고 했어요. 어떻게 내가 무서울 수가 있어요?" 사실 이모겐이 얼마나 무서웠을지 상상이 갔다. 폴이 절박한 마음에 불안정한 인상을 주었을 것이다. "이모겐이 '다시는 이러지 마. 경찰을 부를 거야'라고 하더군요. 그리고 집에 들어가려고 해서 문 앞까지 쫓아갔어요. 그런데 내 면전에 대고 문을 쾅 닫아버리더군요." 그는 움찔했다. 그 순간으로 되돌아간 것처럼. "제 행동이 좋지 않아 보이는 건 인정해요. 그녀를 괴롭히고 귀찮게 구는 것처럼 보이는 건 알지만 전 그냥 얘기 좀 하려던 거였어요. 그뿐이에요."

"이모겐은 자기 의사를 **명확히** 밝혔어요. 당신을 보고 싶지 않다고."

폴은 티슈를 보고 팔걸이 너머로 몸을 내밀어 티슈 뭉치를 휴지통에 떨어뜨렸다. "그래도 그냥 보내주는 건 아닌 거 같아요. 그런 노래나 영화도 많잖아요. 다 똑같은 얘기예요. 사랑은 길을 찾고, 사랑은 모든 걸 정복한다고."

"그건 그냥 팝송이에요." 나는 팝이라는 단어의 파열음을 이용해서 강조하듯 말했다. "할리우드 영화나…."

"알아요, 알아요. 그래도 다들 그걸 믿잖아요. 그래서 인기 있는 거고. 그런 게 심금을 울리잖아요." 폴이 갑자기 수줍은 표정을 지었다. "어젯밤에 시를 하나 지었는데요. 학교 졸업하고 시 같은 건 써본 적이 없어요."

"도움이 되던가요?"

"네. 그런 거 같아요. 감정을 글로 적어보니…."

"제가 그걸 읽어보길 바라나요?"

그는 미소를 지었다. "절대 아니죠."

진화심리학자들은 예술적 표현이 남성의 건강지표라고 말한다. 노래를 부르거나 동굴벽화를 그리거나 좋은 이야기를 말하는 정교한 행동은 좋은 유전자를 표시해준다. 게다가 사랑의 롤러코스터를 타고 감정 기복을 경험하는 과정은 예술적 재능의 요동치는 감정 기복을 모방한다. 사랑에 빠지면 상대에게 가장 빛나는 재능을 보여주기 위해 창조성을 최대로 발휘하는 것 같다.

나는 부부치료에서 많은 부부를 만났다. 아내들의 가장 흔한 불만은, 남편이 어떤 기분인지 말해주지 않는다는 것이다. 남자들은 말수가 적고 정서 지능이 떨어지기로 유명하다. 그런데 아내들에게 남편이 처음 사귈 때는 어땠는지 물어보면 전혀 다른 얘기를 들려준다. 연애편지를 쓰고 전화하고 잠자리에서도 대화를 많이 하고 이따금 시를 읊거나 노래를 불러주기도 했다는 것이다. 남자는 사랑에 빠지면 혀가 풀린다. 하지만 남자가 감정을 풍성하게 표현할 때 여자들은 남자의 그런 서정적 표현의 수명은 유전자의 생존이 보장받는 순간까지라는 사실을 기억해야 한다.

창조적 표현이 남성의 구애 행위를 돋보이게 하기 위해 진화적으로 선택된 것이라고 해도 여자가 지적으로 열등하다는 뜻은 아니다. 구애 행위가 경쟁력을 가지려면 상대에게 이해받고 평가되어야 한다. 어떤 공연이든 관객의 안목이 없으면 무의미하다. 나아가 여자가 남자보다 재능이 떨어진다는 뜻도 아니다. 여자에게는 창조적 작업을 과시하려는 성향이 적을 수는 있지만 말이다.

"이제 다시는 이모겐을 만나려고 하지 않겠군요. 그런가요?"

"네."

"전화도?"

"안 해요."

"다시 하면….."

"네, 네, 알아요. 안 해요."

우리는 그의 미래에 관해, 앞으로 새로운 사람을 만나는 문제에 관해 이야기했다. 하지만 그는 그런 가능성을 떠올리려 하지 않았다. 그래도 나는 이런 주제를 꺼내놓고 이후 상담의 토대를 다지는 것이 좋겠다고 판단했다. 언젠가 그도 이모겐을 보내주고 다른 누군가를 사랑하는 문제를 고민해야 할 테니까.

실제로 이상형과 결혼하는 사람은 흔치 않다. 사랑은 타협의 과정이다. 그렇다고 나쁜 건 아니다. 이상형 배우자는 명목상 존재하는 인간일 뿐이다.

나는 폴에게 이렇게 말했다. "어떻게 보면 당신이 대화를 나누고 싶어 하는 그 여자는 더 이상 존재하지 않아요. 그런 여자는 애초에 존재하지 않았을 수도 있어요."

그는 내 말을 잠자코 생각해보고는 어깨를 으쓱했다. "솔직히 그런 말을 들어도 위로가 되지 않네요."

'우연한' 스토킹

일주일 후 상담실 문이 열리고 폴이 잔뜩 흥분한 채 들어왔다. 그는 인사도 건너뛰고 다짜고짜 말했다. "끔찍한 일이 터졌어요."

"일단…." 나는 의자를 가리켰다.

그는 의자에 앉았고, 흥분해서 손가락을 비틀었다. "전화하지 않았어요. 선생님하고 얘기한 대로." 그는 내가 약속을 깼다고 비난하기라도 한 것처럼 말했다. "그런데 만났어요, 우연히." 그가 입술을 일그러뜨리며 단서를 달았다. "음, 엄밀히 말하면 우연은 아니에요." 그는 숨을 들이마셨다가 천천히 내뱉으면서 마음을 진정시키려 했다. "그게, 제가 차를 타고 가다가 이모젠이 택시를 잡는 걸 봤거든요? 차를 세우지 않고 그냥 지나쳤는데 그 택시가 뒤따라오더군요. 백미러에 보였거든요. 아무튼 택시가 신호등에 걸렸을 때 뒷자리에 탄 이모젠이 보였어요. 그때 그런 생각이 들었어요. 이거참 이상하네."

"뭐가 이상해요?"

"어, 그런 일이 일어날 가능성이 얼마나 되겠어요? 런던 같은 대도시에서?"

"생각보다 많아요." 나는 그에게 확률을 오해하는 경우가 많다는 점을 일깨워주었다.

"저도 계산기 꺼내서 그런 확률을 확인해볼 생각은 없었지만…."

"그래요. 어쨌든 그런 우연한 사건에서 특별한 의미를 찾았군요."

"네. 그런 거 같아요."

"두 사람이 마주친 데는 어떤 이유가 있어서라고."

폴은 그가 잘못된 이유를 찾는 문제에 관해 더 말하고 싶어 하지 않았고 그 이상 털어놓는 걸 불안해했다. "신호등이 초록불로 바뀔 때 택시를 먼저 보내고 그냥 따라가 봤어요. 택시가 이모겐의 집 앞에서 멈출 때까지."

"잠깐만요, 그런데 왜 그 동네에 있었죠?"

"아, 아니에요. 처음에는 거기 없었어요."

"그럼 택시를 얼마나 따라간 건가요?"

"그렇게 한참은 아니고, 한 20분쯤? 아무튼 내가 차를 세웠고, 내가 차에서 내리는 걸 이모겐이 봤어요. 내가 다가가자 불같이 화를 내더군요. 자길 좀 내버려두라고 하면서 욕을 했어요. 자초지종을 설명하려고 했는데 도망쳐버렸어요."

내가 질문하려고 하자 폴은 (이전 시간에서처럼) 손을 들어 말을 막았다. "아뇨, 아뇨, 아직 할 말이 남았어요."

"좋아요."

"이모겐이 경찰에 신고했어요."

"그렇군요."

"경찰이 저희 집에 찾아와 주의를 줬어요. 그런데 전 스토킹을 한 게 아니었어요. 전… 전 안 그래요."

"이모겐을 괴롭히는 걸 그만두지 않으면…."

"네, 네. 끝이 좋진 않겠죠."

"이런 일이 또 생기면요? 상점이나 술집에서 또 이모겐을 마주치면요? 그럼 어떻게 할 건가요?"

"그냥 돌아서 다른 길로 갈게요."

"그럴 거예요? 아니면 참 이상하다면서, 이렇게 두 사람이 다시 만나게 된 건 운명이라고 생각할 건가요?"

그는 고개를 끄덕였다. 웬일인지 잠자코 수긍했다. 그럼에도 아직 더 많이 통찰해야 했다. 아니면 결국 그는 펜트하우스에서 교도소로 직행할 수도 있었다.

'낭만적 사랑'이라는 위험한 이념

'낭만적'이라는 단어에는 풍성하고 복잡한 의미가 담겨 있다. 수천 년에 걸쳐 축적되고 혼합된 사랑에 관한 다채로운 믿음과 생각이 이 단어에 담겨 있기 때문이다. 낭만romance이라는 개념은 서양 문화유산의 일부이기에 현대의 우리는 이 개념에 내포된 가정에 아무런 의문을 갖지 않고 수용한다. 연극이나 오페라, 영화나 소설에서는 (사랑을 위해 하는 일이라면) 무엇이든 허용된다.

오늘날 이슬람은 세계에서 증오를 전파하는 문화권으로 인식된다. 하지만 사실 이슬람이 세계에 가장 성공적으로 전파한 것은 바로 사랑이다. 낭만의 개념은 원래 중동에서 유래했다. 아랍의 베두인족은 오늘날 전 세계의 독자들에게 익숙한 주제인 이상화된 연인과 좌절된 정념과 음울한 갈망을 노래하는 시를 지었다. 이런 전통 위에 11세기 이슬람 작가들은 대서사시로 로맨스romance를 썼다. 이슬람의 사랑 이야기가 유럽에 전파된 것은 무어인이 이베리아반도를 정복하면서부터였다. 이야기는 다시 피레네산맥을 넘는 여행자들에 의해 구술되어 마침내 중세 프랑스의 떠돌이 음유시인들에게 흡수되었다. 이후 음유시인들의 시와 산문은 눈부시게 빛나는 여왕과 "무자비하면서도 아름다운 귀부인"의 범접할 수 없는 신분이 기사들의 열정에 불을 지르는 유럽 궁정 모험담의 토대가 되었다. 르네상스 시대에 페트라르카와 단테 같은 시인들은 이상화라는 주제를 새롭고 황홀한 수준으로 끌어올렸다. '로맨스'라는 말은 18세기 후반에 새로운 의미를 더했다. 차가운 이성보다 뜨거운 열정에 가치를 두는 낭만주의romanticism가 괴테의 《젊은 베르테르의 슬픔》의 비극적인 사랑 이야기에서 첫 동력을 얻은 때였다. 주인공의 자살로 끝나는 이 얇은 소설은 지대한 영향을 미쳤고, 대중의 상상에서 사랑과 죽음을 강력하게 연결시켰다. 이후 수많은 시인이 사랑을 거절당한 사람들의 비통한 심경을 미화하고 죽음을 꿈꾸며 겨울 풍경 속으로 떠나는 젊은이들을 노래하는 시를 지었다.

낭만적 사랑이라는 개념의 근원적인 문제는 애초에 착오에서 시작된 개념이라는 데 있다. 초기 이슬람의 로맨스는 우화적이고 신을 갈망하는 인간의 마음을 극화한 작품이었다. 따라서 이슬람에서는 문자 그대로 이해하지 않았다. 그런데 서양의 작가들이 영적인 목표와 세속적인 목표를 혼동해서 구애와 결혼에 비현실적 기대를 끌어들인 것이다. 어떻게 인간인 여자가 영원한 아름다움이라는 낭만적 이상에 맞게 살 수 있겠는가? 어떻게 완벽하지 않은 인간이 완벽한 사랑을 베풀 수 있겠는가? 오직 한 사람과 (오직 한 분의 신처럼) 진정한 사랑을 나누는 것이 애초에 말이 될까? 섹스의 쾌락이 아무리 강렬하다고 해도 천상의 합일은 아니다. 운명(혹은 하느님의 손)이 두 사람을 만나게 해주는 게 아니라 우연한 사건일 뿐이다. 사랑의 장애물에는 아무런 의미가 없고, 사랑을 시험하거나 강화하기 위해 나타나는 것도 아니다.

낭만적 사랑은 불가능한 것을 요구하고 금방 깨진다. 그리고 깨진 사랑으로 인해 비참하고 절망에 빠진 사람에게는 동토의 풍경과 권총의 잔혹한 위안이 주어진다. 낭만적 세계관은 사랑, 특히 젊은 날의 사랑을 비극의 씨앗으로 해석하는 문학에서 유래했다. 그만큼 위험한 이념 체계일 수 있다. 낭만적 경험은 주로 불행하고 환각에 빠지는 경험이다. 낭만적 사랑은 이것을 약속해놓고 다른 것을 내준다.

낭만적 사랑의 장식물과 부속품은 오늘날에도 성공적으로 통용

된다. 밸런타인데이에 연인들은 카드와 꽃다발과 촛불을 켠 정찬, 빨간 리본과 하트무늬 포장지로 예쁘게 포장한 초콜릿과 란제리로 사랑을 축복한다. 그런데 뭘 축복하는 것일까? 정확히?

드 클레랑보의 제자이자 지적인 플레이보이인 프랑스의 정신분석가 자크 라캉Jacques Lacan은 인간의 심리 발달에서 가장 중요한 단계 중 하나로 아기가 처음 거울로 자기를 보는 시기를 꼽았다. 자기를 인식하게 되면 남이 보는 나의 겉모습이 더 중요하고 유동적이고 진실한 나의 내면세계와 일치하지 않는다는 사실을 알고 어리둥절해한다. 모든 성숙한 성인은 자기가 사실상 불가지不可知의 존재이고 사랑하는 사람이라도 결코 다 알지 못한다는 사실을 받아들인다. 입을 맞출 때도 거리가 있다. 이 거리는 낭만적 사랑으로도 좁혀지지 않고, 연인 사이에서도 이 거리를 존중해야 한다. 사랑의 진정성을 가늠하는 척도는 서로 얼마나 가까워지고 싶은지, 서로 얼마나 결합하고 싶은지가 아니라 서로 얼마나 떨어져 있으면서도 계속 함께 할 수 있는지에 있다.

불안을 내려놓기

"어릴 때 죽음을 생각하게 된 특별한 계기가 있었나요?"

폴은 무덤덤한 표정이었다. "아뇨. 없었어요."

"가족 중에 돌아가신 분은요?" 그는 고개를 저었다. "학교에서는 요?"

"전혀 없었어요."

"애완동물은…?"

"키우지 않았어요." 그는 두 손을 들었다가 내렸다. "전 그냥 이렇게 생겨먹은 거예요. 이유 같은 건 없어요. 어릴 때는 죽는 생각을 하면 무서웠어요. 무서운 느낌이 들었어요. 겁이 났어요. 지금은 그냥 무의미하게 느껴져요. 누구나 죽는다면 다 무슨 의미가 있겠어요?"

"반대로 생각하는 사람도 있죠. 모든 게 찰나이므로 더 큰 가치가 있다고."

"그런가요? 전 아니에요."

우리는 그가 어떻게 완벽한 사랑을 추구하면서 인생의 목적을 발견하고 실존적 불안에서 잠시나마 놓여날 수 있을지에 관해 이야기했다. 그는 이런 관점에 관심을 보이며 경청했다. 나는 그가 죽음을 좀 더 덤덤하게 받아들일 수 있다면 낭만적 이상주의에서 위안을 찾으려고 발버둥 치지 않아도 될 거라고 말했다.

죽음을 두려워하는 것은 자연스러운 감정이다. 하지만 두려움이 강렬하고 고통스러워서 현재의 삶을 즐기지 못하는 사람도 있다. 학술 용어로 '죽음 불안death anxiety'과 '죽음 공포증thanatophobia'에 사로잡힌 상태가 되는 것이다. 죽음 불안을 덜어줄 방법이 있다는 주장은 많다. 이런 방법이 항상 효과적인 것은 아니지만 실제로 효과를 볼 수만 있다면 환자의 관점이 바뀌어서 죽음이 덜 낯설고 이상해 보일 것이다.

우리는 생각보다 쉽게 망각하는 존재다. 매일 밤 꿈도 꾸지 않고 잠자는 동안 우리의 존재는 일시적으로 단절된다. 게다가 날마다 이런저런 일들을 망각하므로 어떤 의미에서 우리는 끊임없이 해체되어 무無로 돌아가는 셈이다. 우리가 태어나기 전 영겁의 시간에 망각이 존재한 사실을 알면 누군가에게는 "위대한 미지의 세계"가 "그냥 똑같은 세계"가 될 수 있다. 우리 몸을 구성하는 화학 성분은 까마득히 먼 과거의 어느 순간에 별들이 폭발하면서 조합되었고, 우리가 죽은 뒤에도 어떤 모양이나 형태로든 계속 남아 있을 것이다. 우리가 직조되어 우주의 직물을 이루었고, 언제까지나 그럴 것이다. 생식의 과정에도 일종의 사후세계가 존재한다. 우리가 문화에 기여하거나 유산을 남기거나 남아 있는 사람들에게 기억되는 방식으로 살아가는 것이다. 우리는 세상에 존재하는 것만으로도 무한히 영속되는 광대한 인과관계의 그물망에 영향을 미친다.

프로이트는 누구도 진실로 자신의 죽음을 믿지 않는다고 말했다. 젊을 때는 맞는 말처럼 들리지만 나이가 들면 이 말은 진실에서 멀게 느껴진다. 폴은 삶에서 더 이상 자신의 죽음을 부정하지 못하는 시기에 이르렀다. 이모겐이 나타나지 않았더라도 다른 매력적인 여자가 같은 배역을 맡았을 것이다. 폴은 상대의 진정한 모습보다는 그가 상대에게 원하는 역할과 사랑에 빠진 것이다.

"이모겐 없이 사는 게 무슨 의미가 있는지 모르겠어요."

나는 폴에게 자살을 생각해본 적이 있는지 직접적으로 물었다.

"다 끝내버릴까도 생각해봤지만 그냥 막연한 생각일 뿐이에요. 어떻게 할지 구체적으로 생각해본 적은 없어요."

"이모겐 없는 삶이 무슨 의미가 있는지 모르겠다고 했는데…."

"네. 그런 느낌이 드네요." 폴은 울먹거렸다. 나는 이상하게도 그 모습에 마음이 놓였다. 자살 위험은 정서적으로 무감각할 때 더 높기 때문이다. 자살 위험 환자는 슬픔이 지나쳐 눈물조차 나지 않는 상태가 되는 듯하다. 폴이 말했다. "죽고 싶진 않아요. 살고 싶어요. 다만 이모겐하고 같이 살고 싶어요."

폴은 낭만주의의 영적 토대까지 파고들어가 낭만주의를 발굴하고 있었다. 이모겐은 그의 전부가 되었고, 이모겐의 눈 속의 빛은 중동의 낙원의 향기로운 정원과 분수가 있는 뜰에서 나오는 빛이었다.

이후 몇 주 동안 폴은 상담실에 와서 자신의 갈망을 드러냈다. 나는 듣기만 할 때도 있고, (특히 그의 상태가 좋아 보이는 날에는) 그의 불행이 모순과 역기능적 가정으로 가득한 신념 체계에 의해 유지된다는 점을 일깨워줄 때도 있었다. 이모겐의 이상화된 이미지에 머리카락만큼 가느다란 금이 가기 시작했다. 폴은 이모겐이 항상 믿을 만한 사람은 아니었다고 인정할 준비가 되었다.

"사람이 매번 늦는다면 그게 무슨 뜻일까요?"

"바빠서겠죠."

"바쁜 사람은 매번 늦나요?"

"아뇨."

"그럼 또 무슨 뜻일까요?"

"체계적이지 않은 사람일 수 있겠죠."

가끔은 소크라테스식 문답법을 포기해야 했다. "아니면 자기 시간이 당신 시간보다 소중하다고 생각하는 것일 수도 있지 않을까요?"

"그녀가 이기적이었다고 보시는군요…."

나는 이기적이라는 말이 울림을 주도록 기다린 다음에 다시 입을 열었다.

다시 사랑할 준비

상담실로 가는 길에 형형색색의 꽃이 가득 핀 공원을 가로질렀다. 계절이 바뀌었다.

폴은 좋아 보였다.

"다시 연애할 준비가 됐나요?"

"아직은 아니에요. 그래도 조만간….."

"그럼 다른 사람을, 다시 사랑할 수 있는 누군가를 만날 가능성은요?"

그는 깍지를 끼고 고개를 숙였다. 기도하는 자세로. "솔직히 잘 모르겠어요. 만날 수도 있겠죠."

적어도 그는 이모겐과 헤어지고도 계속 살아갈 수 있다는 것을 인정했다.

그는 목덜미를 긁적였다. "외국에 나가서 일하기로 했어요. 기회가 생겼어요. 미국이요."

"조금 갑작스럽네요."

"사실 갑작스러운 건 아니에요. 한동안 미국에 가볼까 생각했거든요."

그의 갑작스러운 선언에 나는 마음이 불편해졌다. "정말 이모겐 때문에 떠나는 건 아닌가요?"

"이러는 게 맞겠다고 생각했어요…. 새롭게 출발하는 거요."

"실은 스스로를 믿지 못하는 건 아닌가 하는 생각이 들었어요."

"앞으로는 불쑥 찾아가고 그러지는 않을 거예요."

"미국에 가면 그러지 못하겠죠."

내 말이 다소 뾰족하게 나갔을지도 모르겠다.

폴은 두 번 더 찾아왔다. 우리는 그간의 중요한 통찰을 돌아보고 시카고에 가서도 다른 치료자와 상담을 이어갈지 의논했다. 폴이 말했다. "제 기분이 어떤지 보고요. 거기서부터 시작하려고요." 그는 악수를 하고 그동안 도와줘서 고맙다고 하면서 이렇게 말했다. "이상하네요. 이거. 선생님한테 너무 많은 걸 털어놨어요. 선생님은 저에 관해 너무 많이 아는데, 저는 선생님에 대해 아는 게 하나도 없네요."

"뭘 알고 싶어요?"

"아마… 선생님도 사랑한 적 있습니까?"

"네."

"잘됐군요."

우리는 웃었다. 그리고 그는 떠났다.

환자를 떠나보내는 건 특별한 경험이다. 나는 그런 마지막 순간에 늘 특별한 슬픔에 빠진다.

마지막 상담이 끝나고 1년쯤 지나서 폴에게서 편지가 왔다. 유쾌하고 유머 섞인 내용이지만 다소 피상적이었다. 그는 우연히 내 소설을 발견하고 재미있게 읽었다고 적었다. 일이 잘 풀리고 있고, 벤처투자가에게는 미국의 비즈니스 환경이 더 유리하다고도 적었다. 나는 편지를 읽으면서 서서히 나 자신의 기대를 깨달았다. 그가 행복하고 새로운 사람을 만난다고 알리는 대목을 기대하면서 편지를 빨리 훑었다. 하지만 그런 말은 없었다. 어리석게도 편지를 뒤집어 양쪽 면을 다시 꼼꼼히 살폈다. 내 실망감을 날려줄 구절은 끝내 발견하지 못했다.

행복한 결말을 원하는 내 마음이 얼마나 아이러니인지. 서서히 고조되는 천 개의 바이올린 선율을 배경으로 석양을 향해 걸어가는 연인들을 기대하다니. 폴의 인생이 낭만적 소설의 공식대로 흘러가주기를 바라는 마음이 얼마나 모순인가. 나는 편지를 다시 봉투에 집어넣고 책상에 놓았다. 낭만적 사랑의 힘을 결코 과소평가해서는 안 된다.

The Incurable Romantic

6장

천국으로 가기

성적 좌절과 신경쇠약

사랑은 예기치 못한 파국을 부를 수 있다.

우리는 이 점을 항상 진지하게 생각해야 한다.

20대 중반에 나는 아내와 6개월 된 아들을 데리고 런던을 떠나 잉글랜드 북부의 외딴 마을로 들어갔다. 아내와 나는 열여섯 살과 열일곱 살에 전문대학에서 만났다. 둘 다 노동계급 출신으로 집안의 지원을 넉넉히 받지 못했다. 나는 전문대학에서 몇 가지 자격증을 받았지만 정규대학에 진학하지 않았다. 우리 집안에는 대학 나온 사람이 없었다. 어머니와 아버지는 열네 살에 의무교육을 마치자마자 학업을 중단했다. 대학은 남들이나 다니는 곳이었다. 나는 운 좋게 친척에게 피아노를 배워서 아이들에게 피아노 레슨을 해주었고, 수입이 괜찮았다.

새로 이사한 마을에서는 아무도 피아노에 관심이 없어서 아이들을 가르칠 수 없었다. 작가가 될까 꿈꿔보기는 했지만 당시로서는 막연하고 비현실적인 꿈이었다. 아내는 인근의 시장이 있는 소도시의 바Bar로 가끔 일하러 나가기는 했지만 따로 계획을 세우지 않았다. 우리는 실업수당으로 연명하면서 사실상 낙오했다. 왜 이런 삶을 택했을까? 동정을 살 만한 몇 가지 이유를 댈 수는 있지만 솔직히 말하면 우리는 미숙하고 무책임하고 어리석었다.

하루하루가 크게 다르지 않았다. 해가 뜨고 해가 졌다. 책을 살 형편이 되지 않았지만 가끔 마을에 이동도서관이 왔다. 나는 책을 읽거나 라디오를 들었고, 유모차에 아들을 태워 산책을 했다.

무일푼 처지에도 우리는 행복했다. 런던을 떠나기로 한 건 둘이 함께 내린 결정이었다. 당시 유행하던 현실도피주의에 휩쓸린 것이다. 우리는 물론 변명의 여지없이 순진했다.

우리 마을의 가장 큰 매력은 낭만적이고 소박한 위치였다. 주방 창밖으로 원형극장처럼 높은 지대에 둘러싸인 돌집들이 보였다. 마을 밖에는 사방에 바위 언덕과 들판과 강과 폐허가 된 성채와 황무지가 펼쳐졌다. 상념을 자아내는 풍광이자 아서왕의 전설이 깃든 곳이었다. 그중에 한 폐허는 돌로러스타워Dolorous Tower(비통한 탑)라고 불렸다.

집 뒤편으로 언덕이 있고 언덕 꼭대기에는 11세기 교회가 서 있었다. 인상적인 건물이었다. 종탑을 둘러싼 난간에 독특한 첨탑이 있었다. 여러 세대를 거쳐 음산하고도 매혹적인 전설이 얽힌 교회였다. 원래는 언덕 아래에 교회를 지으려 했는데 일꾼들이 집으로 돌아가면 밤사이에 돌과 목재가 불가사의하게 언덕 꼭대기로 옮겨져 있었다고 한다. 마을 사람들은 악마의 소행이라고 입을 모았다. 악마가 마을 사람들이 오가기 힘든 위치에 교회를 짓게 하려고 그런 짓을 벌인다는 것이다. 악마는 끊임없이 도발했고, 결국 마을 사람들은 패배를 인정했다. 전설로서는 특이한 결론이다. 전설은 본래 교훈적이다. 악마는 제 꾀에 넘어가고 악행을 물리치고 선이 이겨야 한다. 그런데 이 마을의 전설에는 위안을 주는 도덕적 교훈이 없었다. 악마가 이겼다.

교회 내부는 축축하고 썰렁했으며, 썩어가는 기도서에서 흰곰팡이 냄새가 풍겼다. 나는 언덕 위의 교회에 들어가 쌕쌕 소리가 나는 낡은 풍금을 쳤다. 음산한 분위기의 교회에 홀로 앉아 있으면 이성은 달아나고 자꾸만 어깨 너머를 돌아보게 되었다. 헛것을 보고 흠칫흠칫 놀라기도 했다. 그러다 나는 이 마을에서 에드워드 시대의 역사를 발견하고 11세기보다 한참 전부터 그 언덕 위에 사람이 살았다는 이야기를 읽었다. 그 교회는 기독교가 들어오기 전에는 이교도들이 희생을 바치던 장소였다.

나는 늘 그렇듯 불길한 것, 이를테면 전설, 기괴함에 매료되었다. 하지만 그때까지 나는 내가 처한 상황이 공포소설 작가들이 좋아하는 진부한 설정에 딱 맞는다는 걸 알아채지 못했다. 젊은 부부가 외딴 마을에 들어와 살고 있고, 그들은 어리석게도 가족이나 친구들과 연락을 끊었다. 부부에게는 어린 자식이 있는데, 이것 역시 공포소설에서 인간의 나약함을 부각시키고 위험을 과장하기 위한 주요 설정이다. 나는 초자연적 존재도, 불길한 예감도 믿지 않는 사람이다. 하지만 인생이 예술을 모방한다면 모든 조짐은 불길한 사건을 예고했다. 나는 각 장의 제목을 훑어봤어야 했다. 줄거리가 어떻게 되는지 짐작했어야 했다.

두 자매

레이철은 혼자서 다섯 살 된 새비나와 8개월 된 숀을 키우는 엄마였다. 오스트리아인 남편과 헤어지고 친정 근처에서 살려고 영국으로 돌아왔다. 레이철의 부모인 빌과 어설라는 은퇴하고 2년 전부터 시골로 내려와 살고 있었다. 레이철은 여동생 소냐와 같이 살았다. 늦둥이로 태어난 남동생 워런은 열여덟 살이고 부모 집에 살았다.

우리 부부는 레이철, 소냐 자매와 자주 어울렸다. 시간이 남아돌아서 늘 서로의 집에 놀러갔다. 담소를 나누고 거실에서 아이들이 노는 걸 바라보면서 담배를 피우고 차를 마셨다.

그런데 얼마 안 가 레이철과 소냐가 부쩍 불만에 차 보였다. 레이철은 오스트리아에서의 생활을 그리워했다. 스키와 페이스트리와 커피하우스가 있는 그곳의 일상을 좋아했는데 이제는 갇혀 있는 느낌이라며 지루해했다. 그녀가 영국으로(우중충한 하늘과 가사노동과 육아로) 돌아온 것은 이혼 후 어쩔 수 없는 선택이었다.

소냐는 언니와 처지는 다르지만 역시 불행했다. 소냐는 몇 년째 헨리라는 유부남을 만나고 있었다. 헨리는 아이들이 다 크면 아내와 헤어지겠다고 약속했다. 하지만 그게 정확히 언제가 될지 확답을 주지 않았다. 그는 100킬로미터쯤 떨어진 해안도시에서 꽤 잘 나가는 운송회사를 운영하고 있었다. 가끔 날렵한 컨버터블을 몰고 나타나 소냐를 태우고 가서 하루를 보냈다. 빌과 어설라는 독실한 기독교 신자였기에 그런 만남을 용납하지 않았지만 소냐는 개의하지 않았다. 사랑에 빠진 것이다.

레이철과 소냐는 아내와 내가 런던 생활을 버리고 시골에 들어와 사는 이유를 납득하지 못했다.

"이런 우울한 촌구석에는 왜 들어온 거예요?" 주방에서 레이철이 담배에 불을 붙이고 식탁 너머로 연기를 내뿜으며 물었다.

"도시를 떠나고 싶었어요." 내가 대답했다.

"그래도 여기선 아무 일도 일어나지 않잖아요." 레이철이 말했다.

"그래서 끌린 거예요."

레이철은 고개를 저으며 아들을 들어 안았다. "난 미쳐버릴 거 같은데…."

"아름답지 않아요?"

"아뇨."

"런던에서 살 때는 주방에서 창밖을 내다보면 벽돌벽만 보였어요. 바로 몇 미터 앞에. 폐소공포증이 생길 것만 같았어요. 지금은 창밖을 보면 저런 게 보이잖아요." 나는 마을을 굽어보는 거대한 산등성이를 가리켰다. 산꼭대기에 얼음이 덮여 있었고, 산비탈로 얼음이 길게 뻗어 내려와 자갈 비탈에서 구불구불 흐르는 강까지 내려왔다.

레이철은 창밖을 내다보고 다시 담배를 한 모금 빨았다. "암울하네요." 입에서 푸르스름한 회색 연기가 휘감아 나왔다.

"흠… 오늘은 그런 것 같네요." 내가 말했다. 레이철은 머그컵을 들고 차를 마셨다. 나는 계속 말을 이어야 할 것 같았다. "항상 계절의 변화를 느낄 수 있는 곳에서 살고 싶었어요. 뭔가… 진짜인 뭔가와 접촉하고 싶어서요."

"런던은 진짜가 아니었나요?"

"내가 바라는 그런 식은 아니었어요." 나는 잠시 말을 끊었다가 마지막에 긍정적인 말을 덧붙였다. "여기가 좋아요."

"1년만 살아보면…."

며칠 후 나는 소냐와 함께 우유를 사러 나가면서 비슷한 대화를 나누었다. 거름 냄새와 장작 타는 냄새가 났다. 비가 쏟아져서 길이 진창으로 변했다. 농부가 (알아듣기 힘든 사투리로) 날마다 마을을 휘저으며 소 떼를 모으러 다니는 통에 포장된 길이 항상 흙덩이로 덮여 있었다. 걸음을 옮길 때마다 내 부츠에서 절벅거리는 소리가 났다.

"저걸 봐요." 소냐가 말했다. "저런 건 좋게 보이지 않을 거예요. 분명히."

"날씨는 좋아질 수 있어요."

"문명세계가 그립지 않아요?"

나는 다시 언덕을 가리켰다. "저기 봐요…."

소녀는 나를 곁눈질하면서 자기가 내 말을 제대로 들은 건지 확인했다. 그러고는 눈을 들어 흐릿하게 보이는 둥그스름한 언덕을 보았다. 눈을 깜빡거리고 눈에서 빗물을 닦았다. "저게 왜요?"

"수백만 년 동안 저 자리에 있었어요."

"당연하죠. 또 어딜 가겠어요?"

"저걸 보면… 뭐랄까, 시야가 새롭게 트이는 것 같아요. 뭐가 느껴지지 않아요? 저걸 보면?"

"아뇨." 소녀는 고집스러운 태도에서 모종의 즐거움을 느끼는 양 말했다. "저건 그냥 산이에요."

밤이 되면 온 세상에 정적이 감돌았다. 조명에 오염되지 않은 하늘에는 별똥별이 잘 보였다. 집 뒤편의 언덕에 오르면 하늘에서 흩어지는 빛이 보였다. 보름달이 뜨는 날이면 대지가 꿈속의 전경으로 변했다. 멀리 계곡 위에 걸친 빅토리아식 구름다리는 은과 유리로 만든 정교한 장식처럼 보였다. 별자리가 강렬하고 선명하게 타올랐다. 흥미로웠다. '진짜'인 뭔가를 찾아서 런던을 떠나 여기로 왔는데 갈수록 삶이 '비현실적'이 되어갔으니 말이다. 아내도 나와 비슷하게 느끼는 것 같았다. 그래도 내게는 말하지 않았다. 우리는 몇 시간이고 같이 앉아서 석탄을 태우며 명멸하는 불꽃을 바라보며 한 마디도 하지 않았다. 어느 한쪽도 자명한 질문을 던질 용기가 없었다. 우리 이렇게 어디로 가는 걸까?

　계절이 바뀌었다. 양 떼가 나타나 겁먹은 듯 볼멘소리로 대기를 메웠다. "저거 봐!" 내가 유모차에서 아들을 들어 올리며 손으로 가리켰다. 아들은 날뛰는 양들을 시큰둥하게 바라보았다.

　나는 전설에 관한 책에 푹 빠졌고 그 지역의 신화와 전설에 매료되었다. 비극적인 사랑 이야기도 많았지만 주로 초자연적인 사건에 관한 내용이었다. 비명을 지르는 해골과 돌로 변한 마녀와 천벌에 관한 전설이 많았다. 나는 이런 주제로 짧은 이야기를 써서 BBC 라디오에 보냈고, 몇 주 후 문 앞에 20파운드짜리 수표가 든 우편물이 놓여 있었다. 글을 써서 돈을 받은 게 처음이라 띌 듯이 기뻤다.

　어느 날 소냐가 뜬금없이 말했다. "언니가 어떤 작자를 만났어요."

　"그 사람 이름이 뭔데요?"

　"루크. 미국에서 왔대요."

　그런 시골에서 일어나지 않을 법한 일이었다.

　"미국인이요? 여기서? 어디서 만났대요?"

　"킹스암스 앞에서요."

　킹스암스는 마을에서 서쪽으로 20킬로미터쯤 떨어진 소도시에 있는 호텔이었다. 레이철이 시내에서 장을 보는데 어떤 남자가 다가왔다고 했다. 그는 레이철에게 말을 걸었고, 둘이 30분쯤 대화를 나누었다. 대화가 끝날 즈음 레이철이 그를 저녁식사에 초대했다.

한동안 레이철을 만나지 못했지만 소냐를 통해 자주 소식을 듣고 있었다.

"무슨 전도사인가 봐요." 소냐가 조카 숀을 무릎에 앉힌 채 말했다. 숀이 침을 흘려서 소냐가 손수건으로 입과 턱을 닦아주었다. "그 남자가 사람들을, 같은 모임 사람들을 데리고 와서 모임 같은 걸 만들었어요. 엄마랑 아빠는 물론 관심이 있죠. 다 같이 모여서 기도를 해요."

"레이철이 그렇게 신앙심이 깊은 사람인 줄 몰랐는데요."

소냐는 눈썹을 치떴다. "신앙심은 별로 없어요. 그러니까 신앙심이 그만큼 깊은 건 아니에요."

"워런은 뭐래요?"

"걔야 관심도 없죠. 그냥 자기 친구들하고 나가요."

"당신은 어떻게 생각하는데요?"

소냐의 눈에 불안이 스쳐 지나갔다. 말하지 않아도 알 것 같았다. 그 눈이 '꼭 말로 해야 알아요?'라고 말하고 있었다. 소냐는 한숨을 내쉬고 다시 조카의 입을 닦아주었다.

그다음 주에 나는 창밖을 내다보다가 레이철이 키 큰 남자와 팔짱을 끼고 부모 집으로 가는 걸 몇 번 보았다. 어떤 날은 편한 복장의 사람들, 연갈색 긴 머리의 마른 여자와 남자 두 명과 함께 오기도 했다. 그 사람들은 루크와 레이철보다 몇 발짝 뒤에 떨어져서 잔잔한 미소를 띤 채로 따라왔다.

헨리가 컨버터블을 몰고 와서 소냐를 데리고 며칠간 떠났다. 소
냐는 조카들을 돌보는 일에 지쳐서 휴식을 원했다.

아내는 결국 소도시의 바에서 정식 일자리를 잡았다. 나는 바가
문을 여는 시간보다 일찍 아내를 데려다주고 매일 저녁 거의 혼자
서 난롯불만 바라보며 지냈다.

'은혜 받은' 남자

주방에서 아내와 함께 식탁 앞에 앉아 있을 때 누가 문을 두드렸
다. 레이철이었다. 루크와 함께였다.

"들어와요." 내가 말했다.

루크는 들어오면서 머리를 찧지 않도록 고개를 숙여야 했다. 30
대 초반의 그는 푸른색 체크무늬 셔츠와 청바지 차림에 운동화를
신고 있었다. 면도는 깔끔하게 했지만 머리가 길어 귀를 덮고 옷깃
까지 내려왔다.

레이철과 루크는 소파에 앉았고, 우리는 차를 권했다. 그들은 차
를 마시겠다고 했고, 우리는 잠시 담소를 나눴다. 루크는 미국 조
지아주 출신이지만 남부 특유의 늘어지는 말투가 아니었다. 사실
(다소 지나칠 정도로) 활기찬 말투로 과장된 몸짓까지 동원해서 말

했다. 레이철은 말을 많이 하지 않았고 루크가 대화를 주도하는 게 꽤 흐뭇해 보였다. 평소답지 않게 말수가 적어서 수줍은 사춘기 소녀 같았다. 레이철은 키득거리고 루크의 허벅지를 만지고 가끔씩 루크의 어깨에 머리를 기댔다(노골적으로 욕정을 드러내며 한숨을 쉬었다). 나는 루크의 손을, 굵은 손마디를 보았다. 그는 어떤 지점들을 강조하기 위해 주먹을 쥐었다.

"어쩌다 여기까지 들어왔습니까?" 내가 물었다.

"주께서 시키신 일이지요." 루크가 대답했다.

"네, 그런데 왜 여기인가요?"

루크는 몸을 앞으로 내밀며 확신에 찬 어조로 말했다.

"제가 예수님께 마음을 여니까 하나님께서 자애로운 은총을 베풀어주신 겁니다. 제게 방향을 일러주셨습니다. 주님은 항상 그러십니다."

무슨 소리지? 자기가 하나님한테 직접 지시를 받았다는 뜻인가? 그리고 하나님이 그에게 볼 게 아무것도 없고 특색도 없는 영국의 소도시로 가서 선교하라고 지시했다는 건가?

레이철은 내가 불편해하는 걸 알아챘다. 똑바로 일어나 앉아 미소를 띠며 말했다. "저기, 아주 흥미로운 소식을 가져왔어요."

"네?"

루크와 레이철은 서로 눈을 마주치고는 웃음을 터뜨렸다. 방금 전의 긴장이 흩어졌다. "우리 결혼해요. 내 이혼 절차가 끝나면 결혼할 거예요."

"축하해요." 나는 놀란 마음을 감추려 애쓰면서 말했다.

레이철은 루크의 손을 잡고 꼭 쥐었다. 두 사람의 얼굴에 달뜬 미소가 번졌다.

"둘이 행복하게 잘 살 거예요." 아내가 말했다. 아내도 나처럼 미심쩍은 눈치였다. 목소리에 긴장이 묻어났다.

레이철이 말했다. "루크가 여기서 선교활동을 마치면 우린 미국에 가서 살 거예요. 루크네 부모님이 목장을 하세요. 아이들한테도 얼마나 좋을지 상상이 가요?"

"제가 은혜를 받았습니다." 루크가 말했다. "정말로 은혜를 받았어요." 그가 두 손을 맞댔고, 본능적으로 추수감사절 기도를 시작하고 싶어 하는 눈치였다. 그러다 정신을 차리고 간단히 말했다. "전 정말 은혜를 받은 남자입니다."

소냐는 다음 날 돌아왔고, 그 이튿날 저녁에 나를 찾아왔다.

문을 열자마자 소냐가 말했다. "들었어요?"

"네." 내가 말했다.

"미친 짓 아니에요?"

"부모님께는 말씀드렸나요?"

"걱정하시죠. 그래도 두 분 다 신자이고… 주께서 하시는 일은 아무도 모르는 법이라니까, 그렇죠? 세상에, 지루해 죽는 줄 알았다니까요." 소냐는 언니가 갑자기 복음주의로 개종한 것을 반신반의했다.

"레이철이 그 사람한테 뭔가를 느꼈나 보던데…."

"첫눈에 반했대요. 다시 태어난 것 같대요. 그런데 언니는 전에도 이런 적이 있어요. 사랑에 빠졌다고 호들갑떨다가 또 시들해져요." 소냐는 마치 우리 사이에서 비행기가 올라가는 양 눈으로 쫓는 시늉을 했다. "다 아주 편리하죠."

"레이철한테 그런 말 해봤어요?"

"네."

"뭐래요?"

"너랑 헨리는 뭔데?, 라고 했어요." 소냐는 쓸쓸한 미소를 짜냈다. "내가 헨리를 만난 건 3년 전이에요. 언니가 루크를 만난 건 5주 전이고요. 내가 바보짓 하는 거라고 하면, 솔직히 인정할 수 있어요. 그래도 적어도 난 아는 남자하고 바보짓 하는 거잖아요." 소냐는 재떨이에 담뱃재를 털고 한 모금 빨았다. 담배 끝이 주황색으로 빛났고, 화가 나서 뿌루퉁하게 내민 입술 사이로 가느다란 연기를 뿜었다.

"루크하고 같이 있어봤어요?" 내가 물었다.

"잠깐이요. 그 사람이 가까이 오면 내가 슬쩍 피해요. 조카들을 데리고 나가거나 이층으로 올라가서 담배를 피워요."

"그 사람이 좀…."

소냐의 눈썹이 살짝 올라갔다. "이상하죠?"

나는 루크를 함부로 판단하고 싶지는 않았다. "그 사람도 자기 신앙을 가질 권리가 있죠."

"그래도 왜 이런 데로 선교하라고 보내겠어요? 아프리카 같은 데가 아니고?"

"주께서 하시는 일은 아무도 모르니까 그렇겠죠."

소냐는 언니의 결혼에 대해 걱정을 더 늘어놓은 후 헨리와 함께 주말을 보낸 얘기를 했다. 헨리가 (예전에 대저택이었던) 정원과 온천이 딸린 호텔에 데려갔다고 했다. 좋은 시간을 보냈지만 다시 이 시골마을에 버려지니 왠지 이용당하는 것 같고 기분이 쓸쓸하다고 했다. 나는 소냐가 눈물을 흘리기도 전에 두루마리 휴지를 한 장 뜯어서 건넸다.

"고마워요." 소냐가 눈물을 찍었다. "당신은 심리치료자가 되었어야 해요."

소냐는 돌아가다가 현관에서 잠시 멈춰 내 아내의 안부를 물었다.

"일은 잘 돼간대요?"

"그 일을 좋아해요. 내 생각엔."

소냐는 고개를 끄덕였다. "얘기 들어줘서 고마워요." 그리고 자기네 집의 불 꺼진 검은 창문을 보고 한숨을 쉬고는 어두운 밤 속으로 성큼성큼 걸어갔다.

여름이 왔다. 마을에서 산길을 따라 숨은 계곡까지 걸어갔다. 몇 킬로미터를 걸어도 사람 하나 마주치지 않았다. (언덕 위의 오래된 성채를 지나고 부싯돌과 뼈가 널려 있는 산비탈을 넘어서) 검정색과 붉은색 돌다리까지 가보았다. 아주 오래된 다리라서 거의 다 아래 강으로 떨어진 터였다.

런던을 떠난 뒤로 싹튼 단절감이 나날이 심해졌고, 이제는 불쑥불쑥 불안한 기운이 엄습했다. 얼마나 오래 이렇게 살 수 있을까? 분명 무슨 일이 생길 테고, 분명 현실이 쫓아와 세상 속으로 나를 끌어내겠지?

소도시로 나가서 아내와 함께 아들을 유모차에 태워 밀고 가다가 우연히 루크와 마주쳤다. 그는 복음주의 신자 세 명과 함께 있었다. 루크는 전에 마을에서도 본 적 있는 연갈색 머리칼의 여자를 앰버라고 소개했다. 나머지 두 청년도 어렴풋이 기억났다. "조슈아와 네이트예요." 모두 미국인이었다. 소개를 마치자 앰버와 조슈아와 네이트는 한 발 뒤로 물러섰고, 아내와 나는 루크와 예의 바르고 피상적인 대화를 나누었다. 나머지 세 명은 뒤로 물러나 똑같이 경직된 미소를 짓고 굳은 얼굴로 말없이 서 있었다.

우리는 평계를 대고 가던 길을 계속 갔다. 우리의 말소리가 들리지 않을 만큼 멀리 떨어지자 아내가 말했다. "저 사람들, 예수의 제자들 같아."

"응. 그러네."

나는 아들을 아기침대에 눕히고 어두운 방에서 아들의 숨소리가 고르게 바뀌어 곤히 잠들기를 기다렸다. 아들이 잠들자 아래층으로 내려와 거실에 앉았다. 아내는 책을 읽고 있었다. 적막한 가운데 바스락거리며 책장을 넘기는 소리만 들렸다. 나는 라디오를 켰다. 막연히 복잡한 생각을 떨쳐내고 싶어서였을 것이다. 라디오 수신 상태가 좋지 않아서 피아노곡이 (아마 쇼팽의 녹턴이었던 것 같다) 간섭전파와 유령 같은 외국어 말소리와 경쟁했다. 다이얼을 돌려서 신호를 잡아보려 했지만 소용이 없었다.

한밤중의 흐느낌

난데없이 요란하게 현관문을 두드리는 소리가 들렸다. 아내와 내가 화들짝 놀랄 정도로 컸다. 문 두드리는 소리가 계속 들렸다. 짧게 불규칙적으로 쾅쾅 치는 소리였다. 그렇게 늦은 시각에 손님이 찾아온 적은 없었다.

아내가 말했다. "누구지?"

나는 천장을 보고 혀를 찼다. "애 다 깨겠네."

나는 벌떡 일어나 현관으로 갔다. "알았어요." 나는 열쇠를 돌리며 말했다. 걸쇠가 딸각 했고, 손잡이를 당겼다.

문 앞에 소녀가 서 있었다. 겁에 질린 눈이 번쩍거리고 숨도 제대로 쉬지 못했다. "도와주세요." 소녀는 화장이 뭉개진 얼굴로 입술을 파르르 떨었다. "도와주세요." 겁에 질려서 말도 제대로 하지 못했다.

"무슨 일이에요?" 내가 물었다.

"루크요." 소녀가 울음을 터뜨리려는 아이처럼 흐느끼며 말했다. "우릴 죽이려고 해요. 우릴 하나님께 희생으로 바치려고 해요. 제발 도와줘요."

나는 아내를 돌아보았다. "문 잠가놓고 있어." 아내가 고개를 끄덕였고, 나는 현관문을 나가서 안에서 걸쇠가 걸리는 소리가 나기를 기다렸다. 그리고 문이 확실히 잠겼는지 확인했다. "됐어."

소녀는 걸으면서 고개를 수그리고 불안한 듯 어깨 너머를 흘끔거렸다. 나는 몇 걸음 뒤에서 따라갔다. "그 사람은 지금 어디 있는데요?"

"몰라요. 우리 집 문을 부수려고 했어요. 정신이 완전히 나갔어요."

우리는 도로 옆으로 난 길로 갔다. 그래야 조금이라도 덜 눈에 띌 것 같아서였다. 입에서 공포의 맛이, 침에서 쇠 맛이 났다. 이런 생각이 들었다. '말도 안 돼. 현실에서는 이런 일이 일어나지 않아.' 세상은 여전히 고집스럽게 단단했다. 나는 계속 걸음을 옮기기는 했지만 용기가 아니라 사회적 불안에 이끌린 것이다. 그냥 돌아갔다가 내 비겁함으로 인해 두 여자와 아이들이 죽으면 나는 낯을 들고 다닐 수가 없게 될 터였다.

한편으로는 집에 아내와 아들만 두고 온 것이 불안했다. 루크가 변덕을 부려서 갑자기 우리 가족을 희생으로 바치기로 하면 어쩌지? 그냥 집으로 돌아간다 해도 변명의 여지가 전혀 없는 건 아니라는 생각이 스쳤다. 하지만 루크가 레이첼의 집으로 돌아갈 가능성이 크므로 내키지 않는 마음으로 계속 한 발 한 발 걸음을 옮겼다.

도로변에 늘어선 집들은 모두 불이 꺼져 있었다. 거의 은퇴한 노부부와 농사짓는 사람들이 살고 있어서 초저녁에 일찍 잠자리에 들었다. 그래도 커튼 사이로 불빛이 보이기를 기대했지만 마치 버려진 마을 같았다.

우리는 그 길 끝에 이르렀고, 소녀가 잠시 머뭇거리다가 공터로 나갔다. 모퉁이 너머로 고개를 내밀었다가 얼른 뺐다. "저기 있어요." 소녀가 속삭였다. "맙소사, 저기 그 사람이 있어요." 울음이 터져 입을 틀어막았다. 우리는 자리를 바꾸었다. 나는 모퉁이 너머로 고개를 내밀었다. 눈에 보이는 광경이 도저히 믿기지 않았다. 나는 원래 공포영화를 좋아하고, 그때도 그랬다. 그것은 잘 짜인 공포영화의 한 장면이었다. 진부하고 흔한 장면. 다시 이런 생각이 들었다. '말도 안 돼.' 일종의 패러디에 가까웠다.

산에서 안개가 스멀스멀 기어 내려와 계곡으로 퍼졌다. 그 길 끝두 개의 기둥 사이에 전등이 하나 매달려 있었다. 흐린 전등 불빛 아래 키가 큰 형체가 있었다. 루크가 머리를 뒤로 젖혀 하늘을 향해 말하는 것 같았다. 팔을 옆으로 뻗고 있어서 십자가에 매달린 그리스도처럼 보였다. 그러다 팔을 서서히 위로 뻗었고, 손가락을 발톱처럼 오그렸다. 그러고는 B급 영화의 괴물처럼 어기적어기적 앞으로 나왔다.

"어서 가야 돼요." 나는 소냐의 손을 잡고 말했다. "여기 있으면 안 돼요."

도로가 트여 있었지만 다행히 사위가 칠흑같이 어두웠다. 우리가 몰래 도망치는 걸 루크가 알아챈 것 같지는 않았다. 획 뒤돌아보니 그가 어기적어기적 걸어오고 있었다. 팔은 여전히 위로 들었고, 희뿌연 안개의 장막을 젖히고 걸어 나오는 모습이 엽기적으로 보였다.

레이철의 집에 도착하자마자 소냐가 초인종을 눌렀다. 현관문 유리창은 다 깨졌다. 유리 파편 몇 조각이 (가장자리와 끝이 빨갛게 물든 채로) 나무 창틀에 끼어 있었다. 뾰족한 파편 끝에는 살점이 매달려 있었다. 현관 앞 계단에는 피가 흥건하고 문틀에는 녹슨 것 같은 얼룩이 덮여 있었다.

소냐가 서서히 옅어지는 어둠을 보았다. 가로등이 더 이상 보이지 않았지만 희뿌옇게 동이 터오고 있었다. 소냐가 다시 초인종을 눌렀다. "어서, 어서." 그리고 깨진 유리창 안으로 외쳤다. "언니, 나야. 문 열어."

레이철이 복도로 튀어나와 우리 쪽으로 달려왔다. 열쇠를 꺼내서 문을 열어주고 우리가 안으로 들어가자 다시 문을 잠갔다.

거실에 새비나가 있었다. 아이는 꼼짝 않고 서 있었다. 동공이 커져서 반짝이는 두 개의 검은 동그라미가 되었다. 내가 말을 붙여봐도 아이는 반응이 없었다. 션은 쿠션 더미에 손을 집어넣은 채로 칭얼거리고 있었다.

레이철이 새비나를 팔로 감싸 끌어당기며 내게 말했다. "고마워요. 진짜 미안하고요. 어떻게 해야 할지 모르겠어요." 레이철은 숨을 깊이 들이마시고 설명하려 했다. "너무 무서웠어요. 내 평생 그렇게 무서운 적이 없었어요."

"저건 그 사람 피예요? 문에 있는 거?"

레이철이 고개를 끄덕였다. "두 시간 동안 여기 있었어요. 평소처럼 얘기를 나눴는데, 그 사람이 이상했어요. 이해할 수 없는 말을 하고는 중간에 계속 말을 끊고 기도를 했어요. 그러고는 꼭 기다려야 하는 건 아니라고, 결혼해서 같이 살기 위해 기다리지 않아도 된다고, 다른 방법이 있다고…, 새비나와 션도 우리랑 같이 갈 수 있다고… 천국에서요." 레이철은 새비나의 머리를 어루만지며 눈물을 흘렸다. "너무 무서워서 당장 나가달라고 했는데 나가지 않았어요. 막 화를 내더니 나더러 의심해서는 안 된다고, 의심하는 건 잘못이라고, 내가 강해져야 하고 자기를 믿어야 한다고 하더군요. 그래서 내가 생각을 정리할 시간이 좀 필요할 것 같다면서 일단 나가달라고 했어요. 그러다 내가 문을 잠그는 소리를 듣고는 미쳐버린 거예요. 무서웠어요. 문을 부수려고 했어요. 그냥 주먹으로 쳐서 뚫으려고 했어요."

루크는 결국 포기하고 그 자리를 떠났다. 하나님과 교감하고 하나님께 지시를 받기 위해서였으리라.

"워런은 어디 갔어요?"

"아버지하고 저녁에 외출했어요."

그들은 옆 마을에서 열리는 대규모 사교행사에 참석했다. 그래서 그 많은 집들에 다 불이 꺼져 있었던 것이다.

뭘 해야 할지 떠오르지 않았다. 루크가 다시 와서 문을 부수면 내가 나서서 레이철과 소냐에게 시간을 조금 벌어줄 수는 있었다. 하지만 고작 몇 초 정도일 것이다. 하나님이 루크에게 도끼를 구하라고 일러주었다면 시간은 더 짧아질 것이다.

"오 주여." 레이철이 말했다. "제가 무슨 짓을 한 겁니까?" 그러고는 죄책감 어린 눈으로 아이의 얼굴을 보았다.

입이 바싹바싹 마르고 다리가 후들거렸다. 나 자신이 대책 없이 부족한 사람인 것 같았고, 불안해서 머리가 텅 비고 멍하니 현실에서 동떨어진 느낌이 들었다. 생각이 멈춰버린 것 같았다.

그러다 갑자기 모두가 비명을 질렀다. 아기 숀까지 울음을 터뜨렸다.

레이철과 소냐와 새비나가 일제히 한 방향을 바라보았다. 희멀건 달걀형 형체가 창밖의 어둠 속에서 서성였다. 입에서 다시 공포의 맛이 났다. 목구멍에서 독성 광물질의 맛이 올라왔다. 유리창에 얼굴이 닿자 생김새가 선명히 드러났다. 레이철의 말소리가 들렸다.

"아니에요. 괜찮아요. 괜찮아요. 워런이에요."

소녀가 가슴에 손을 댔다. "더는 못해먹겠어."

레이철이 남동생에게 손짓을 하고 문을 열어주러 나갔다. 레이철의 아버지 빌의 목소리가 들렸다. "맙소사. 이게 다 무슨 일이냐?"

"루크 봤어요?" 레이철이 물었다.

"아까 차 타고 오다가 지나쳤는데…."

빌과 워런이 들어오자 나는 크게 안도했다. 모두가 말하고 있었지만 아무 소리도 들리지 않았다. 이제 더 이상 내 책임이 아니었다. 어서 집으로 돌아가고 싶었다.

집 앞 길가에 차가 서 있고, 청년들 몇이 피와 유리 파편을 살피고 있었다. 워런의 친구들 같았다. 나는 몇 걸음 옮기다가 우뚝 멈춰 섰다. 루크가 정원 문 앞에 서 있었다. 루크가 다가오자 모두가 물러서는 기운이 느껴졌다. 우리는 정원의 작은 길 중간쯤에서 만났다.

"안녕하세요, 루크."

루크가 나를 내려다보았다. 뭔가를 알아챈 표정이지만 정신이 딴데 가 있었다. 그는 고개를 젖히고 하늘 높이 뜬 별에 시선을 고정했다. 그러고는 아주 빠르게 속삭이기 시작했다. 처음에는 그냥 쉬쉬 소리로만 들렸지만 가만히 들어보니 말소리가 점점 빨라지며 알아들을 수 있는 말이 되었다. "아버지, 아버지, 아버지, 아버지의 집에는 방이 많사옵니다. 아버지의 방에는 집이 많사옵니다. 저희에게 그렇게 말씀하시지 않으셨나이까? 아버지, 저희를 당신의 사랑으로 거두어주소서. 그날이 오고 있으니, 저희에게 그날을 주소서… 여러 날 중에 그날을… 나라와 권능과 영광이 주님의 것입니다. 저희를 악에서 구하소서. 예수께서 저희의 고통을 대신 받고. 저희의 슬픔을 대신 겪으셨나이다."

루크의 셔츠 소매가 너덜너덜하고 피로 시커멓게 물들었으며, 팔뚝에는 깊이 벤 상처가 잔뜩 나 있었다. 뭔가가, 정확히 알 수 없는 뭔가가 (근육 조각이나 동맥 같은 것이) 길게 벌어진 상처에서 삐져나와 있었다.

"저희에게서 모든 불의를 말끔히 씻어주소서. 제가 주님의 충실한 증인이 되어드리겠나이다. 영원히. 아멘. 감사합니다, 아버지. 감사합니다, 감사합니다."

내가 말했다. "루크, 좀 앉아야 해요. 피를 많이 흘렸어요."

그는 현관에서 새어나오는 불빛을 향해 팔을 들어 살펴보았다. 두 손이 시뻘겋게 물들었다. 그가 근엄하고 당당하게 말했다. "이런 표식으로 저를 알아보시는 거예요."

"그래도, 진짜로 앉아야 해요."

그리고 그의 행동에 놀랐다. 그는 무릎으로 푹 주저앉았다.

"팔은 계속 높이 들고 있어야 할 것 같아요." 내가 말했다. "아직 피가 나요." 그가 다시 내 말대로 했다. "기분이 어때요, 루크?"

"좋아요. 좋아요. 주님 안에서 기쁨을 찾아라. 주께서 네 마음의 소망을 들어주실 것이다."

잠시 루크의 이가 딱딱 부딪혔다.

"추워요?"

"아뇨… 춥지 않아요."

나는 누군가 경찰에 신고해주기를 바라면서 루크에게 계속 말을 걸었다.

루크는 연신 성경 구절과 기도문을 중얼거렸다. 그러다 간간이 입을 다물고 호기심 어린 눈으로 나를 빤히 쳐다보았다. 불편했다. 내가 걱정스럽게 물어보면 내 말은 곧 흩어지고 루크는 다시 하늘을 향해 중얼거리기 시작했다. 한 차례 혼란스러운 기도가 잦아들자 그가 고개를 옆으로 기울이며 호기심 어린 눈으로 보았다. 내가 말을 건네기도 전에 그가 먼저 말했다. "그럼, 뭐 좀 물어볼게요." 평소의 목소리로 돌아와서 대화를 나누려는 것처럼 들렸다. "궁금해서 그러는데… 댁의 부인은 순종적인 여자입니까?"

"순종이 중요한 게 아니잖아요."

"아니에요?"

"네. 그런 건 기대하지 않아요."

"왜요?"

나는 어깨를 으쓱했다.

"정말이에요?" 그의 목소리가 (다시 설교자의 목소리가 되어) 진실하고 호의적으로 들렸다. "솔직하게요? 정말 상관없습니까? 당신이 당신 집에서 주인이 되지 못하는데도 괜찮다고요? 그런 게! 그런 게 중요하지 않다는 겁니까?"

"그런 거 같아요."

그는 내 대답을 잠자코 생각해보고는 고개를 끄덕였다. 잠시 후 들릴 듯 말 듯 말했다. "당신이 누군지 알아."

나는 그의 말을 들으려고 몸을 숙였다. "뭐라고요?"

우리의 얼굴이 가까이 붙었다. 그가 웃는 게 보였다. 입꼬리가 위로 올라갔지만 눈은 의심스러운 듯 게슴츠레하게 떴다. 그가 내게 덤벼들며 소리쳤다. "꺼져, 이 사탄아!"

나는 흠칫 놀라 급히 뒤로 물러섰다. 그의 손이 허공에서 허우적댔다. 나를 잡으려고 몇 번 더 허우적대다가 전의를 상실한 듯했다. 그 자리에 다시 주저앉아 고개를 푹 수그렸다. 그리고 중얼거렸다. "하나님 아버지. 감사합니다."

안개가 푸른 경광등 불빛에 고동치듯 흔들렸다. 경찰차가 도착하고 경찰 둘이 차에서 뛰어내렸다. 잠시 무전기 지글거리는 소리가 들렸다. "전 그냥 이웃 사람입니다." 내가 그 집을 가리키며 말했다. "이 집 식구들은 안에 있어요." 나는 루크를 멀찍이 돌아서 서둘러 도로로 내려갔다.

집에 도착한 후 잠시 서서 주변을 살폈다. 기둥 사이에 매달린 전등이 깜빡거렸다. 내 뒤의 언덕이, 보이지 않는 시커먼 덩어리가, (희생양의 피로 흠뻑 젖은 고대의) 땅이 떠올랐다.

아내의 목소리가 들렸다. "누구세요?"

"나야."

아내가 문을 열었고, 나는 주방으로 가서 의자에 주저앉았다. 몸과 마음이 지쳤다.

"어떻게 됐어?" 아내가 물었다.

"차 좀 줄래?" 나는 차를 부탁하면서 그때만큼은 순종을 기대했다.

성적 좌절과 신경쇠약

심각한 신경쇠약은 스트레스가 심한 사건과 개인의 취약성이 어우러져서 나타난다. 취약성은 사람마다 다르고, 심리적이거나 생물학적이거나 또는 두 가지 모두일 수 있다. 루크는 정신질환에 걸릴 가능성이 높은 기질로 보인다. 루크가 제자들을 이끌고 영국의 외딴 소도시로 들어온 것만 봐도 이전의 정신건강 상태에 대해 심각한 의문이 든다. 나른하고 조용한 벽지는 타락의 도시 고모라가 아니다. 이런 곳에서 평범하게 살아가는 사람들을 영적으로 구원할 필요가 없다.

루크의 선교활동은 불필요하고 기괴하게 변칙적이었다. 그의 구세주연하는 태도는 과장되었고, 비록 자기는 주님의 명에 따라 그

곳에 왔을 뿐이라고 했지만 그가 하는 말을 들어보면 미국을 떠나기 오래전부터 그런 대화를 나누기 시작한 것으로 보였다. 환청을 듣는다고 해서 꼭 심각한 정신질환에 걸렸다고 볼 수는 없다. 환청을 내면의 현상으로 정확히 인식하고 정상적으로 살아가는 사람도 있다. 하지만 환청으로 들리는 목소리가 하나님의 음성이라고 믿는다면 망상이라고 볼 수 있다.

종교 체험과 정신질환은 중첩되는 부분이 많다. 당신이 독실한 기독교인인데 어느 날 다른 나라로 가서 명령을 행하라는 예수님의 말씀을 듣는다면 어떻게 하겠는가? 또 예수님이 자신의 이름으로 사람을 죽이라고 명한다면 따르겠는가? 성서에는 신성한 폭력이 넘쳐난다. 하나님의 음성과 환청을 어떻게 구분할 수 있을까? 당신이 신자라면 구분하지 못할 것이다. 반면에 (프로이트의 말대로) 모든 종교를 인간 존재의 험난한 현실에 대한 유아기적 방어로 이해한다면 딜레마에 빠지지 않을 것이다. 하나님이 당신에게 말씀하신다면 어차피 하나님은 존재하지 않으므로 그 말씀은 분명 환청이다.

나는 신앙심 깊은 환자를 상담할 때는 항상 신중을 기한다. 다른 문화권의 환자라면 더더욱 조심한다. 한 문화에서는 평범하게 넘기는 일을 다른 문화에서는 비정상으로 볼 수도 있다. 전에 정신건강 상담센터에서 일할 때였다. 나는 영어가 서툰 인도계 중년 여성의 심리평가를 담당했다. 그 환자는 힌두교 신들의 음성이 들린다고 말하는 것 같았다. 시바신과 하누만이라는 원숭이 신의 목소리가 들린다고 했다. 나는 몇 시간에 걸쳐 유도신문이 될 만한 질문을 피하면서 환자의 경험의 성격을 파악하려고 최선을 다했다. 나는 서양의 세속적 편견을 경계했다. 하지만 면담이 끝나고도 판단할 수 없었다. 그래서 인도인이자 힌두교도인 환자의 남편을 불렀다. 나는 문화 차이로 인한 실수를 범하고 싶지 않은 내 마음을 전했다. 그러자 그가 성급히 대꾸했다. "척 보면 몰라요? 아내는 미쳤어요."

사랑에 빠지면 정신질환의 소인이 없는 사람도 불안정해질 수 있다. 현실 감각이 누구보다 뛰어나고 균형 잡히고 이성적인 사람조차 사랑의 열병을 앓는다. 루크는 애초에 망상 사고와 환각에 빠질 소지가 다분한 사람이었다. 그래서 사랑의 강렬한 열기를 감당하지 못했다. 사랑에 빠지는 경험이 그의 취약성과 상호작용해 신경쇠약을 일으킨 것이다.

복음주의 기독교 신자인 루크는 혼전순결을 지켜야 해서 성관계를 무한정 미루어야 했다. 레이철이 이혼 수속을 밟기 시작했지만 오스트리아인 남편이 순순히 협조해주지 않고 있어 이혼이 미뤄질 가능성이 컸다. 루크는 사랑에 빠져본 경험이 많지 않았을 것이다. 급작스러운 변화와 그리움과 갈망으로 잠 못 이루는 밤을 견딜 준비가 되어 있지 않은 것이다. 무엇보다도 욕망, 들뜬 충동, 정욕의 시작에 대비하지 못한 상태였다.

빌헬름 라이히 Wilhelm Reich 는 정신의학의 역사에서 가장 흥미로운 인물일 것이다. 그는 정신질환이 다양한 형태의 성적 좌절에 의해 발병한다고 보았다. 성적 에너지는 차단될 수도, 충분히 분출되지 못할 수도 있다. 오르가슴을 제대로 느끼지 못할 수 있다. 이 관점 은 몸에 리비도(성적 충동)가 쌓이면 불안해진다고 한 프로이트의 주장과 일맥상통한다. 프로이트는 포도주를 식초로 만드는 작용과 유사한 기본적인 생물학적 기제를 전제했다. 하지만 이후 수십 년 에 걸쳐 정신질환에 관한 이론을 정립해나가면서 초기의 입장을 폐기했다. 반면에 라이히는 프로이트 초기 가설을 고수하면서 성 적으로 차단되면 몸에 병이 날 수 있다고 믿었다. 횡격막성 경련을 일으키는 중년의 여자 환자에게 자위를 해보라고 지시하자, 결과 적으로 경련이 사라졌다.

라이히는 전체론적 의학에서 접근한 현대적인 학자였다. 이를테 면 그는 심리적 방어가 몸으로 표출되기도 한다는 점을 인식했다. 억압되면 긴장한다. 근육이 단단해져서 갑옷처럼 된다. 라이히는 이런 관점에서 마사지를 비롯한 혁신적인 치료법을 개발했다. 몸 을 만져서 억제와 차단을 풀어줄 수 있다고 믿은 것이다. 이런 새 로운 접근은 환자와의 신체 접촉을 금기로 여기던 정신분석가들에 게 환영받지 못했다. 유대인인 라이히는 1939년에 나치의 박해를 피해 미국으로 건너갔다.

'생장치료 vegetotherapy '라는 매력 없는 명칭이 붙은 라이히의 치료법은 널리 받아들여지지 않았다. 이론이 점점 이상한 쪽으로 흐르고 과학적 신뢰성을 확보하지 못했기 때문이다. 그는 리비도 개념을 우주의 생명력으로 새롭게 정의하고, 리비도를 '축적기accumulator'에 쌓아서 암을 치료할 수 있다고 주장했다. 그는 비가 내리게 하려고 하늘에 쏘아 올릴 거대한 에너지 대포를 구상하기도 했다. 또에너지 대포를 이용해서 UFO를 격파하고 외계인의 침공으로부터지구를 구하려 했다. 말년에 그는 미국 당국의 관심을 끌었다. 축적기는 폐기되었고, 그의 저서와 학술지 논문은 불태워졌다. 그는1957년에 교도소에서 사망했다.

나는 (라이히와 달리) 루크의 신경쇠약이 성적 좌절만으로 설명된다고 보지 않는다. 다만 성적 좌절이 중요한 역할을 했을 거라고 짐작한다. 루크는 자기와의 전쟁을 치르는 중이었다. 혼전순결을 지켜야 한다는 경직된 신념 때문에 본능적 욕구를 충족시키지못했다. 더는 성적 좌절을 견디기 힘들었지만, 그렇다고 다른 대안을 용인할 수도 없었다. 그것은 죄였다. 두 가지 극단 중 하나를 선택해야 하는 딜레마를 '이중구속double bind'이라고 한다. 1960년대와1970년대에 다수의 정신과 의사와 심리치료자들은 이중구속(주로가족의 역기능적 소통 방식에 의해 생기는 현상)을 조현병의 원인으로보았다. 루크는 뭘 하려고 했을까? 그가 자신이 처한 곤경에서 벗어날 방법은 초월이었다. 그는 천국에서 레이철과 하나가 되려고했다. 머릿속의 음성(하나님의 음성)이 허락했을 것이다. 성관계는 위대한 낭만적 이상(영혼의 합일), 오로지 육체의 제약을 넘어서야만 도달할 수 있는 상태를 어설프게 모방한 행위다.

레이철이 루크를 집에서 내보내지 못했다면 전혀 다른 양상이 벌어졌을 수도 있다. 집 안에서 문을 다 걸어 잠그고 주방 서랍에서 부엌칼을 꺼내서 레이철과 새비나와 손을 죽였을지 모른다. 소냐도 죽였을지도 모른다. 모두를 천국으로 보낸 후 물론 자기도 뒤따라갔을 것이다. 사랑은 예기치 못한 파국을 부를 수 있다. 우리는 이 점을 항상 진지하게 생각해야 한다.

루크는 입원 조치를 받았고, 나는 다시 그를 만나지 못했다. 그의 부모에게 연락이 갔고, 루크가 어느 정도 건강을 회복하자 부모가 와서 그를 미국으로 데려갔다. 그의 제자들도 (목적과 방향을 잃은 채) 미국으로 돌아갔다.

위기는 촉매다

나는 그 마을로 들어간 뒤로 줄곧 신경을 긁는 불안에 시달렸다. 그 지역 전설에 심취한 탓인 줄 알았다. 귀신 들린 폐허와 악령에 사로잡힌 여행자들의 전설을 너무 많이 읽은 탓인 줄 알았다. 그리고 혼자서 오래 지낸 탓도 있었다. 이제 안도감이 들었다. 종기가 터지고 독이 빠져나왔다. 나쁜 일이 터졌다.

그런데 내가 틀렸다. 나쁜 일은 아직 터지지 않은 거였다.

며칠 후 아내가 이혼하고 싶다고 말했다.

프로이트의 유명한 질문이 있다. "여자는 무엇을 원하는가?" 프로이트는 여자의 심리를 만족스럽게 이해하지 못했다. 30년에 걸쳐 '여성의 정신'을 연구하고도 좌절했다. 이 질문은 책에 자주 나오는 말이다. 주로 남자 저자들 책에 많이 나온다. 나는 우리가 이 질문에서 위안을 얻는다고 생각한다. 프로이트조차 여자가 무엇을 원하는지 알지 못했는데, 하물며 우리가 어떻게 알겠는가? 물론 프로이트도 몰랐다고 해서 우리가 면죄부를 받는 것은 아니다.

삶은 순탄하게 흘러가지 않는다. 평온한 시기에 간혹 변화를 촉발하는 결정적 사건들이 끼어든다. 비교신화학에 관한 글을 많이 쓴 조지프 캠벨Joseph Campbell은 대부분의 이야기에서는 위기나 실수로 인해 주인공의 삶이 바뀌게 된다고 강조했다. 주요 사건, 곧 전환점이 되는 사건에서 주인공은 대개 어두운 숲 속으로 들어가 어떤 인물과 마주친다. 그 인물은 때로는 마술적으로, 때로는 불길하고 위험하게 나타나서 변화를 예고한다. "익숙한 삶의 지평이 지나치게 넓어졌다. 낡은 개념과 이상과 감정의 양식이 더 이상 들어맞지 않는다. 임계점을 넘어가는 순간이 다가온다." 캠벨에 따르면 위기는 또한 "모험으로의 초대"다.

전설과 신화의 상징에서 무수한 지혜를 발견할 수 있다. 실제로 심리치료의 다양한 발견은 결코 새로운 발견이 아니라 이야기 속에 암호처럼 숨겨져 있는 상징들을 차용한 것이다. 이를테면 나는 실패한 결혼이라는 음침한 숲에 들어가 (길을 잃고 헤매다가) 정신 질환에 걸린 미국인 복음주의자라는 형태로 변화의 전조를 마주했다. 그때는 내 삶이 다 끝난 듯 보였다. 나는 불행하고 불안한 상태였기에 내 앞에 놓인 정서적 요구와 법적 공방에 맞설 준비가 되지 않았다. 그리 좋은 상태가 아니었다. 루크는 여전히 내 꿈에서 피칠 갑을 하고 자욱한 안개 속에서 어기적어기적 걸어 나와서 쉭쉭거리며 증오를 뿜어냈다.

하지만 위기는 촉매다. 우리를 앞으로 나아가게 해서 (우리를 해체해서) 새로운 형태로 다시 구성해준다. 변화의 전조는 이야기에서 아무 때나 나타나지 않는다. 기존 '감정의 양식이 더 이상 들어맞지 않을' 때 나타난다. 그때 내가 조지프 캠벨을 제대로 이해했더라면 내가 읽었던 그 모든 전설에서 (초자연적인 두려움보다는) 위로를 얻었을지도 모른다.

두 달 후 나는 계단식 강당에서 무릎에 노트를 올려놓고 펜을 든 채 인간의 마음과 관계에 관해 배우려는 자세로 앉아 있었다.

스타킹 게임

환자와 치료자의 관계

상담실에는 한계가 있고 경계와 존중이 있다.

상담실에서 환자는 자기 자신으로부터도 보호받는다.

커샌드라는 항상 옷을 같은 조합으로 입었다. 티셔츠와 검정 스키니진과 운동화. 화장도 거의 하지 않고 가끔 하더라도 보일 듯 말 듯 연하게 했다. 눈에 파스텔톤 섀도를 칠하고 얇은 입술에 옅은 색 립글로스를 바르는 정도였다. 커샌드라는 유연하고 우아하게 움직이고 의자에 앉을 때는 한 다리를 의자 끄트머리에 올려서 무릎을 끌어안곤 했다. 연갈색 긴 생머리가 항상 눈앞에서 찰랑거렸다. 커샌드라는 항상 말처럼 머리를 흔들어 앞머리를 양쪽으로 갈랐다. 상담실에 들어오면 어깨를 오므려 연한 황갈색 레인코트를 바닥에 떨어뜨렸다. 주머니에 말아서 꽂아둔 묵직한 페이퍼백 덕에 레인코트가 잘 떨어졌다.

커샌드라는 열여섯 살에 섭식장애를 앓았다. 1년 후 나아지긴 했지만 그 뒤로 가끔 경미한 우울증에 시달렸다. 나는 커샌드라가 20대일 때 단기간 심리치료를 위해 만났다. 2주에 한 번씩 기분과 생각 일기를 검토하고 활동 일정을 확인하고 새로운 목표를 설정해주었다. 커샌드라는 이렇게 다소 경직되지만 체계적인 형태의 상담을 마음에 들어 했다. 학교에 다니면서 탐색적이고 비지시적인 상담을 받아보긴 했지만 그런 상담은 뭘 하는지도 모르겠고 도움도 되지 않았다고 했다.

더운 여름이라 상담실 창문을 열어놓은 상태였다. 창문으로 바람이 들어와 푹푹 찌는 더위를 조금 식혀주었지만 도로의 차 소리가 몹시 시끄러웠다. 차가 움직이지 않아서 짜증이 난 운전자들이 엔진의 회전속도를 올리며 경적을 울려댔다.

"이런 기분이 든 지는 좀 됐어요." 커샌드라가 이 말을 하고는 바람에 부풀어 오르는 레이스 커튼을 바라보았다. "일기에는 이런 얘기를 적지 않았어요." 나는 커샌드라가 기분과 생각을 기록한 일기를 보고 있었다. 나는 눈을 들었고, 커샌드라가 말을 이었다. "적절한 것 같지, 아니, 관련이 있는 것 같지 않아서요. 그래도 이게 문제가 되고 있어요. 이 얘기를 해야겠어요." 커샌드라는 한쪽 다리를 의자에 올리고 무릎을 끌어안았다. "누굴 만나고 있었어요. 조금 됐어요. 두 달쯤. 적어도."

"어디서 만났는데요?"

"공원이요…. 조깅하다가 잠깐 멈춰서 숨을 고르는데 그 사람이 나무 아래 앉아서 기타를 치고 있었어요. 그 사람이 안녕, 하고 인사를 건네서 얘기를 좀 나눴어요. 호주에서 온 사람이고 여행을 많이 다녔더라고요. 남미, 중국, 부탄. 저도 여행을 떠날 생각이었거든요. 오래전부터 떠나고 싶었지만 항상 돈이 모자랐어요." 자동차 경적 소리가 몇 초 동안 길게 이어지고 다른 차 두 대가 더 경적을 울려댔다. 커샌드라는 굴하지 않고 말을 이었다. "흥미로운 사람이었어요. 재미도 있고요. 그 사람이 노래를 부르기 시작했어요. 자기 노래를 불렀는데, 정말 잘 불렀어요." 커샌드라는 이 부분에서 이상하게 집요했다. "진짜 잘 불렀어요. 시드니에서 공연도 했대요." 그리고 침을 삼키고 말을 이었다. "그 사람의 이름은 댄이에요."

댄이 즉흥적인 공연을 마친 후 둘은 같이 커피를 마시러 갔다. 댄은 커샌드라를 자기 집에 데려갔고 그날 둘은 사랑을 나눴다.

"같이 있으면 엄청 편한 사람이에요. 오랫동안 그런 사람을 만나지 못했어요. 대학 때 이후로는 못 만났어요. 밤늦게까지 음악과 철학과 미술에 관해 이야기를 나눴어요." 커샌드라는 익살스럽게 묵직한 목소리로 말했다. "삶의 의미라던가… 가끔 지나치게 심각해지기는 해도 전 그런 게 좋아요. 제가 원래 그런 대화를 얼마나 좋아했는지 댄이 새삼 일깨워줬어요. 친구들은 이제 그런 데 관심이 없거든요. 쇼핑이랑 돈이랑 진로 얘기밖에 안 해요." 커샌드라는 무릎을 내리고 평범하게 앉았다. "댄이 에밀리라는 친구를 소개해줬어요. 좋은 사람이에요. 그 여자도 호주에서 왔어요. 어쨌든 댄이 이런 말을 했어요. 모두가 따분하고 틀에 박힌 인생을 살면서 세뇌당하는 게 너무나 슬프다고, 좀 더 마음을 열어 경험을 받아들이고 다양한 삶의 방식을 기꺼이 체험한다면 다들 얼마나 더 행복해질까 싶다고. 그러더니 제게 어떻게 생각하느냐고 물었어요." 커샌드라는 티셔츠 자락을 펴면서 말을 이었다. "그… 에밀리랑 같이 스리섬을 해보는 거요. 뭐 안 될 거 없지? 하는 생각이 들었어요. 사실 댄의 말이 맞거든요. 다들 새로운 경험을 차단하고 틀에 박혀 살잖아요. 그래서… 댄이 에밀리한테 말해서 자리를 마련했어요. 에밀리가 오고 댄이 마리화나를 몇 개 말았어요. 저는 피우지 않았어요. 마리화나를 피우면 머리가 어지럽거든요. 그리고 셋이 같이 침대에 들어갔어요. 지난주에도 또 했어요." 커샌드라는 손끝을 맞댔다. "전 바보가 아니에요. 어떻게 하는 건지 알았어요. 그런데 에밀리가 성욕이 아주 강해요. 양쪽 모두에게. 댄은 그냥 물러나서 구경했어요. 사실 전 양성애자가 아니거든요. 같이 하겠다고는 했지만 딱히 제 취향은 아니에요."

"그 사람한테 그 얘기를 했나요?"

"네. 알겠다고 했어요. 괜찮다면서. 그런데 댄은 계속 셋이 같이 하는 걸 원하는 거 같아요."

"에밀리랑 얘기해봐야 될 것 같은데요."

커샌드라는 내 말을 알아듣지 못한 듯했다. 혼자 생각에 빠져 있었다. 그리고 속으로 삼단논법을 끝낸 듯 다시 입을 열었다. "진심으로 댄을 좋아해요." 그런데 말투에는 다른 속내가 드러났다. 내면의 요동치는 감정이 고스란히 전해졌다. 뒤집히고 허우적대고 혼란스러워 보였다.

"그 사람이 이젠 당신을 다르게 볼까 봐 걱정되나요?" 내가 물었다. "그 사람이 관심을 안 가질까 봐, 관계가 끝날까 봐?"

커샌드라가 미세하게 떨리는 소리로 수긍했다. 몸에서 긴장이 빠져나가 의자에 푹 파묻혔다. 팔을 옆으로 축 늘어뜨리고 손바닥을 밖으로 펼쳤다. 버림받은 기분이 들면 성교 후 상태처럼 되는 것 같았다. 커샌드라는 긴 코 끝으로 도발하듯 거만하게 나를 보았다. "댄의 태도가, 댄이 움직이는 모습이 다 좋아요. 절대 서두르지 않거든요." 커샌드라는 눈을 감았다 떴다. "절대로 서두르지 않아요." 이렇게 반복하는 표현은 종교적이었다. 주문 같았다. 자동차 경적 소리가 귀에 거슬리는 불협화음을 만들었다. "끝내고 싶지 않아요. 지금은. 아직은."

스리섬 파트너

30대 초반의 실비는 몇 년 동안 전반적인 불만족에 시달렸다. 인생에서 더 뭘 원하는지 알 수 없었다. 삶의 방향을 잃고 의욕도 잃었다. 불만이 쌓여서 서서히 우울증으로 발전했다. "갇힌 느낌이에요." 실비는 손가락으로 새장 모양을 만들어 보여주며 그 안에 갇힌 새를 떠올리게 했다. "어쩌다 이렇게 됐는지 모르겠어요. 어렸을 때는 이러지 않았거든요." 실비는 자주 비관적으로 현재의 자기와 과거의 자기를 비교했다. "예전엔 훨씬 생기가 넘쳤어요."

실비는 열여덟 살에 피터와 에이미라는 돈 많은 부부의 집에 입주 보모로 들어갔다. 부부에게는 어린 두 자녀가 있었다. 실비의 고용조건에는 그리스 가족여행에 동행하는 조건이 들어 있었다. 부부는 그리스 섬에 별장을 갖고 있었다. 여름마다 그곳에서 휴가를 보냈는데, 실비는 그런 여행에 따라갈 수 있어서 좋았다.

"정말 근사했어요. 아주 좋았어요. 피터가 날마다 저를 요트에 태워줬어요. 작은 만에 요트를 정박시키고 바다에 뛰어들어 헤엄쳤어요. 둘만 꽤 긴 시간을 보냈는데… 피터가 절 유혹한 거 같아요. 저도 강하게 저항하지는 않았어요. 솔직히 저도 그 사람을 원했거든요. 그런 게 하루의 일과가 됐고, 슬슬 죄책감이 들었어요. 에이미를 속이는 것 같아서 싫었어요. 저한테 잘해줬거든요. 에이미하고도 잘 지냈어요. 피터한테 이런 상황이 불편하다고 말하니까 피터는 걱정하지 말라면서, 에이미는 신경 쓰지 않을 거라고 했어요. 자기네 부부는 서로 다 이해한다면서. 며칠 후 에이미가 저를 불러서 무슨 일이 있는지 다 안다면서, 자기가 아는 그런 거라면 문제될 거 없다고 했어요. 그런 말이 조금 이상하게 들리기는 했지만 솔직히 말하면 전부 다 이상했어요. 평범한 일상을 떠나서 꿈속을 사는 기분이었어요."

작열하는 태양, 에게해의 반짝이는 푸른 바다, 환각을 일으킬 것만 같은 자줏빛 하늘. 정박된 요트, 뜨거운 백사장, 어린 여자와 나이 많은 남자.

"피터가 제 방에 들어오기 시작했어요. 노크하면 제가 문을 열어 줬어요. 피터가 아침까지 머물다가 간 적은 없어요. 늘 에이미한테 돌아갔죠. 그런 날이 일주일쯤 이어졌어요. 그러던 어느 날 밤 에이미도 우리한테 왔어요. 저한테는 그런 걸 어떻게 생각하는지 묻지도 않았거든요. 저랑은 상의한 적이 없었어요. 둘이 계획한 거예요. 에이미가 제 방에 들어오는데도 피터가 하나도 놀라지 않았거든요. 조종당하고 이용당한 느낌이 들어야 맞아요. 그런데 그러지 않았어요. 근사했어요. 엄청 근사했어요. 생생히 살아 있는 느낌이랄까." 실비는 자기 쇄골을 매만지며 부끄러운 듯 웃었다. "아주 많았어요⋯. 접촉이." 실비는 다리를 꼬았고 신발 뒤꿈치가 벗겨지게 놔둔 채 내 반응을 기다렸다.

스타킹 게임

프로이트는 심리치료자들에게 외과의처럼 집중력을 흐트러뜨리거나 치료를 방해할 만한 감정은 모두 차단하라고 조언했다. 그런데 말이 쉽지 실천하기란 무척 어렵다. 커샌드라와 실비의 이야기를 들으면서 내가 그들의 솔직한 고백에 전혀 영향을 받지 않았다고 말하기는 어렵다. 그들의 이야기를 들으면서 머릿속에 그림이 그려졌다. 나는 정서적으로 동요했다.

교류분석이론transactional analysis을 개발한 정신과 의사 에릭 번Eric Berne은 사람들이 사회적 상황에서 하는 여러 가지 '심리 게임'을 찾아냈다. 이런 게임(혹은 견고한 행동양식)은 겉으로는 순수해 보이지만 대개는 숨은 동기에서 시작된 것이다. 스타킹 게임The Stocking Game에서는 여자가 사람들이 있는 곳에서 다리를 들고 "어머, 스타킹올이 나갔네"라고 말한다. 관심을 끌고 성적 흥분을 유발하기 위해 계산된 행동이다. 번의 책은 (적어도 이런 맥락에서는) 다소 구시대적이고 남자들이 여자의 성생활을 불편해하고 의구심을 보이던 시대로 후퇴한 것처럼 느껴진다. 하지만 인간은 (여자든 남자든) 자주 (의식적으로든 무의식적으로든) 이런 전술을 쓰면서 자존감을 높이거나 힘을 과시하거나 타인을 통제하려 한다.

내 동료 중에 한 여성 치료자는 탄탄한 근육질 몸매의 남자가 아내에게 더 이상 매력을 느끼지 못해서 치료받으러 온 사례를 내게 들려주었다. 그 환자는 자신의 성기 크기를 자주 언급했다. 심지어 그게 허풍이 아니라는 걸 증명하기 위해 몸에 딱 달라붙는 운동복을 입고 상담실에 오기 시작했다. 그는 다리를 쩍 벌리고 의자에 걸터앉는 자세를 좋아했다.

정신분석 장면을 묘사한 만화에서 분석가는 보이지 않는 곳에 앉아서 소파에 누운 환자의 말을 듣는다. 이런 모습은 19세기 후반의 스타킹 게임에서 유래한 것이다. 프로이트는 의자에 앉아 다양한 자세를 취해본 후 결국 소파에서 환자의 머리가 놓이는 자리 옆이 가장 안전한 자리라고 판단했다. 여자 환자들 몇이 도발적으로 굴어서 안전한 거리를 확보하기 위해서였다. 프로이트의 친구이자 스승인 요제프 브로이어 Josef Breuer 박사는 환자의 성적 관심의 위력과 의미를 과소평가했다가 개인적으로 크게 혼쭐이 났다. 프로이트는 같은 실수를 되풀이하고 싶지 않았다.

히스테리 연구

정신분석은 프로이트가 아니라 브로이어에서 출발했다. 사실 이 진술은 논쟁을 야기할 수도 있다. 우선 브로이어는 정식 정신분석가로서 환자를 치료한 적이 없으며, 브로이어 이전에도 많은 정신과 의사와 신경학자가 비슷한 치료를 시도했기 때문이다. 하지만 브로이어가 '안나 O'라는 젊은 여성을 치료한 과정이 프로이트에게 지대한 영향을 미쳤고, 브로이어가 여러 해 지나서 안나 O의 치료를 기록한 사례 연구가 형식 면에서 정신분석 치료의 선례가 되었다.

브로이어는 잘나가는 의사이자 의학 연구자였다. 그는 유명한 생리학자 에른스트 브뤼케 Ernst Brücke의 실험실에서 연구하던 중 (열세 살 아래인) 프로이트를 처음 만났다. 1882년 11월 18일에 그는 프로이트에게 베르타 파펜하임 Bertha Pappenheim(프로이트의 약혼녀의 친구이자 안나 O라는 불멸의 이름으로 남은 인물)이라는 여자 환자에 관한 이야기를 들려주었다.

베르타는 약 18개월 동안 충격적일 정도로 다채로운 히스테리 증상과 행동을 보였다. 두통, 청력 상실, 기침, 사시, 시력 손상, 마비, 경련, 청소 의식儀式, 결핵성 수척증(거식증), 광견병, 관절 경직, 실어증, 심각한 감정 기복, 흥분, 폭력성, 혼란, 마비, 외국어로만 말하기, 자살 시도 등이 있었다. 가끔은 의식을 잃고 뒤로 쓰러지며 가구에 부딪히기도 했다. 그리고 꿈꾸는 상태로 빠져들어 심각한 환각을 경험하기도 했다. 이런 증상의 신체적 원인은 발견되지 않았다.

베르타는 매일 저녁 혼수상태와 유사한 상태로 빠져들어 알아들을 수 없는 말을 중얼거렸다. 브로이어가 특정 구문을 제시하면, 가령 베르타가 낮에 한 말이나 특별한 의미가 있는 말을 해주면, 베르타는 점차 말의 일관성을 찾아가고 자신의 이야기를 들려줄 만큼 똑똑히 말하게 되었다. 베르타의 이야기는 안데르센의 동화를 연상시켰다. 베르타는 이야기를 마치면 차분하고 활기차고 명료해졌다. 베르타는 이런 작업을 '대화치료'라고 불렀다. 현재 모든 형태의 심리치료를 기술하는 용어이기도 하다. 하지만 치료의 효과는 단기적이었다. 베르타는 며칠 사이 다시 악화되어 환각을 경험하고 혼수상태와 유사한 상태에서 중얼거렸다.

브로이어의 혁신적인 치료법으로는 최면과 기억의 복원이 있었다. 베르타의 히스테리 증상 하나하나는 죽어가는 아버지를 간병하는 동안 일어났지만 망각된 외상 사건과 관련된 것으로 보였다. 예를 들어 시력 악화와 사시는 심하게 울었던 기억 때문일 수 있었다. 베르타는 실제로 외상 경험을 재현하면서 카타르시스를 주는 한 편의 연극처럼 감정을 펼쳐놓았다.

브로이어로부터 베르타의 치료에 관한 이야기를 들은 몇 년 후, 프로이트는 직접 치료를 실험해볼 수 있는 위치에 올랐다. 두 사람은 《히스테리 연구 Studien über den Hystrie》라는 책을 공저하여 1895년에 출간했다. 이 책에서 가장 중요한 사례가 안나 O(베르타의 정체를 숨기기 위해 사용한 가명)의 사례였다. 페미니스트 작가들은 이 이름을 중요하게 받아들였다. '안나'는 분열된 여성의 정신을 의미하고, 'O'는 오필리아 Ophelia의 광기를 의미하거나 여성의 성기를 뜻하는 고대의 상징을 의미한다고 해석했다. 사실은 그렇게 흥미로운 의미가 담겨 있지 않다. A와 O는 알파벳에서 베르타 파펜하임의 이니셜인 B와 P의 앞 철자일 뿐이다. 그런데 베르타의 가명 말고도 해독할 부분이 더 있다. 사례 연구의 거의 마지막 부분에 브로이어가 모호하게 추가한 내용이다. 그는 거의 모든 과정에서 "꽤 흥미로운 세세한 부분을 상당히 억눌렀다"라고 적었다.

세세한 부분이란 무엇을 의미할까?

베르타는 스물한 살의 예쁘고 아담하고(키가 150센티미터였다) 짙은 색 머리에 푸른 눈이 절묘하게 어우러진 여자였다. 그리고 매우 똑똑했다. 다섯 개 언어를 구사하고 그림도 잘 그리고 글도 잘 쓰고 피아노도 잘 치고 셰익스피어에 열광했다. 브로이어로서는 가정으로, 부인에게로 돌아가는 것이 갈수록 따분해졌을 것이다. 특히나 베르타의 이야기를 들으면서 연극 같은 몸짓을 보고 난 후라면 더더욱 그랬을 것이다. 그는 베르타의 집에서 멀지 않은 곳에 살면서도 자주 왕진을 갔다. 18개월 동안 매일 만났고, 자연히 두 사람은 무척 가까워졌다. 둘만 오래 영어로 대화를 나누면서 다른 사람들을 소외시키기도 했다. 베르타는 자기가 그를 만질 수 있어야 한다고 주장했고, 그는 허락했다. 베르타의 아버지가 세상을 떠났을 때 그녀를 위로하면서 말없이 재워준 사람도 브로이어였다.

베르타의 치료는 1882년 6월에 공식적으로 종결되었다. 그 직후 브로이어가 억누르기로 한 "꽤 흥미로운 세세한 부분들" 중 하나가 발생했다고 많은 사람이 증언했다. 출처의 신뢰성에 관해서는 정신치료 역사가들 사이에 거듭 의문이 제기되긴 했지만, 출처로는 프로이트의 회상(프로이트의 전기작가 어니스트 존스Ernest Jones의 기록)과 프로이트의 사적인 서신이 포함된다. (이런 기록에 따르면) 브로이어가 베르타 파펜하임의 집으로 왕진을 가보니 베르타가 히스테리 발작을 일으키며 끔찍한 출산의 고통에 시달리고 있었다. 프로이트가 작가 슈테판 츠바이크Stefan Zweig에게 보낸 편지에는 베르타가 이렇게 비명을 질렀다고 적혀 있다. "지금 B박사님 아이가 나오고 있어요." 브로이어처럼 평판을 중시하는 명망 있는 의사로서는 감당하기 힘든 상황이었을 것이다. 그는 베르타에게 최면을 걸어 간신히 진정시킨 후, 존스의 기록에 따르면 "식은땀을 흘리며" 도망쳤다고 한다. 그리고 아내와 함께 베네치아로 두 번째 신혼여행을 떠났다. 그의 아내가 베르타를 질투하면서 남편의 관심을 끌고 싶어 하던 차였다. 베르타의 상태가 호전되지 않자 브로이어는 그녀를 동료 의사에게 의뢰했다. 그리고 "제게 항상 큰 의미이던 환자가 조만간 선생께 안전하게 치료받기를 바랍니다"라고 부탁했다.

프로이트는 히스테리 증상이 발전하는 데는 성적 감정이 결정적인 역할을 한다고 확신했다. 브로이어는 그런 일을 겪으면서도 그쪽으로 깊이 파고들지 않았다. 프로이트는 그런 브로이어에게 실망했다. 둘의 우정에 금이 갔고, 공동 연구도 끝났다. 여러 해가 지난 후 프로이트는 브로이어가 베르타 파펜하임을 포기한 일을 과학적 비겁함으로 규정했다. 치료자로서 더 밀어붙였어야 하는 상황에서 포기했다는 것이다. 프로이트는 훗날 정신분석으로 발전하는 이론 체계를 서서히 정립하면서 환자가 치료자에게 느낄 법한 성적 감정에 주목했다. 이런 감정은 사실 어린 시절 이성 부모에게 느끼던 감정이 옮겨온 것이므로 중요하게 논의하고 해석해야 한다고 보았다. 그리고 이런 현상에 '전이 transference'라는 이름을 붙이고 치료의 핵심 요소로 간주했다. 전이가 반대 방향으로도 향할 수 있다. 치료자가 환자에게 성적 감정을 느끼는 경우를 '역전이 countertransference '라고 한다. 이것은 문제가 되는 상황이고 치료에 아무런 도움이 되지 않는다.

전이 개념은 프로이트 시대 이후로 의미가 확장되었다. 치료에서는 어떤 관계든 이전의 관계에서 옮겨간 모든 감정(격분, 화, 의심)을 유용하게 논의할 수 있다. 전이 효과 분석은 과거의 문제를 현재로(지금 여기로) 가져와서 좀 더 수월하게 다루는 기법이다.

브로이어는 두 번째 신혼여행에서 돌아와서 다시는 환자와 그렇게 깊은 관계로 들어가지 않기로 다짐했다. 그는 야망이 크지 않은 사람이라 프로이트와 달리 후세에 이름을 남기는 데 관심이 없었다. 그래서 젊은 제자가 자신이 착안한 개념을 발전시키도록 허락해주었는지도 모르겠다. 브로이어의 너그러운 지원을 받은 프로이트는 위대한 인물이 되기 위한 여정에 올랐다.

베르타는 계속 히스테리 발작을 일으켰지만 이후 행적을 추적해보면 결국에는 건강을 되찾은 듯하다. 동화책을 내고 희곡을 한 편 쓰고 사회사업가이자 사회개혁가이자 지금으로 말하면 '페미니스트 활동가'가 되었다. 메리 울스턴크래프트Mary Wollstonecraft의 〈여성의 권리 옹호Vindication of the Rights of Woman〉를 번역하고 독일유대인여성연맹의 발기인이 되었다. 러시아, 폴란드, 루마니아를 돌아다니면서 반유대주의 집단학살로 부모를 잃은 아이들을 구조했다.

19세기 후반 빈에서 중산층 유대인 집안의 스물한 살 여자는 사회로부터 아무런 기대를 받지 못했다. 바느질, 진주구슬 꿰기, 자

수, 소소한 악기 연주 정도가 전부였다. 대다수는 이런 단조로운 일상을 누리다가 중매로 결혼해서 남편 집을 꾸미면서 살아갔다. 베르타처럼 지적인 여자에게는 견딜 수 없이 무료하고 (미래를 생각하면) 변화의 가능성이 거의 없는 삶이었을 것이다.

1920년대에 루이 아라곤Louis Aragon과 앙드레 브르통André Breton 같은 초현실주의자들이 보여준 히스테리에 대한 이해 수준은 당대 의학계를 한참 앞서 있었다. 이들은 히스테리를 질병이 아니라 반항이자 자기표현 수단으로 보았다. 어쩌면 베르타는 (그 많은 증상에도 불구하고) 사실 아픈 적이 없었을 것이다. 일반적인 의학적 의미에서는 아프지 않았다. 어쩌면 단지 권태롭고 화가 나고 성적으로 좌절된 상태였을지 모른다.

베르타가 사랑한 남자는 대체 불가능한 사람이었다. 그녀의 인생에서 두 번 다시 누구에게도 그만큼 친밀감을 느끼지 못할 터였다. 베르타는 그에게 자신의 존재를, 자신의 기억과 꿈과 환상을 한 꺼풀씩 벗겨서 존재의 본질을 드러내도록 허락했다. 한 마디로 브로이어 앞에서 벌거벗은 것이다. 다른 어떤 여자도 그만큼 벗은 적이 없을 정도로. 베르타는 브로이어가 자기를 '알도록' 허락했다. 어쩌면 당연하게도 베르타는 평생 독신으로 살았다. 종래의 부르주아 결혼에서 그녀는 어떤 친밀감의 엉성한 모조품을 기대할 수 있었을까?

치료자의 윤리

성적인 문제를 밝히는 과정은 자극적이고 흥분될 수 있다. 이런 장면에서 치료자와 환자가 서로에게 매력을 주는 사람들이라면 연인이 되고 싶은 유혹을 느끼는 것도 당연하다. 이런 관계가 허용될까? 직관적으로 대다수 사람들이 "안 된다"라고 답한다. 하지만 합리적인 대답일까? 당사자와 처한 상황에 따라 달라지지 않을까? 물론 예외는 있다.

환자가 거미를 무서워하는 공포증처럼 사소한 문제로 치료를 받으러 왔다면 어떨까? 이럴 때는 행동치료를 적용한다. 거미와 연관된 자극에 대한 노출의 강도를 서서히 높이는 식의 비교적 단순한 치료적 개입이다. 어느 쪽도 자기를 노출할 필요가 거의 없다. 치료가 끝난 후 치료자와 환자가 사귀기 시작한다고 해보자. 둘 다 성인으로서 합의했다. 둘이 서로 잘 어울리고 (공통의 이해가 있고) 같이 있으면 행복하다. 이런 관계가 문제가 될까?

사실 아무 문제가 없다. 하지만 이것은 완전히 가설적 상황이다. 이런 식으로 전개될 수도 있지만 이렇게 되지 않을 수도 있다. 한쪽이 의도적으로 행위를 정당화해서 자기에게 유리한 결과를 끌어내는 사고실험을 유도할 수 있기 때문이다. 안타깝게도 현실 세계는 무질서하고 복잡하고 예측 불가능하다. 환자들은 대개 단순하고 간단한 문제로 치료자를 찾아오지 않는다. 얼핏 단순한 문제로 보여도 사실은 그리 단순하지 않을 가능성이 있다. 결국 때가 되면 더 크고 심각한 문제의 일부로 밝혀질 수도 있다. 환자들은 치료 중에 자신의 가장 내밀한 생각을 밝히고 약점을 드러내고 취약한 부분을 보여주고 (시인하고 고백하면서) 다른 상황에서는 하지 않을 말을 꺼낸다. 환자들은 자신의 마음을 발가벗긴다. 상담실을 안전한 공간이라고 느끼기 때문이다. 환자는 자기가 부적절한 행동을 하더라도 치료자가 덩달아 부적절한 행동을 하진 않을 거라고 기대한다. 상담실에는 한계가 있고 경계와 (억제와) 존중이 있다. 상담실에서 환자는 자기 자신으로부터도 보호받는다.

치료자-환자 관계를 합리적이고 편견 없이 보려고 시도할수록 추상적인 사고실험과 자유방임의 주장이 설득력을 잃는다. 현실 세계의 치료자로서 환자와 성관계를 갖는 것은 명백한 잘못이다. 이런 행위는 환자에 대한 명백한 배신이고 궁극적으로 학대다. 정서적으로 무자비한 학살이 될 여지가 크므로 그런 위험을 초래할 수 있는 행위는 결코 정당화될 수 없다.

하지만 실제로 이런 일들이 벌어진다. 가질 수 없는 대상을 원하는 것이 인간의 본능이기 때문일 것이다. 금지된 것에 가장 강하게 끌리기 때문이다.

칼 구스타프 융은 (지혜로운 인물이자 초월적이고 신비한 통찰을 내놓은 인물로 존경받지만) 그에게 정신분석을 받은 첫 환자와 성관계를 가졌을 가능성이 크다. 빌헬름 라이히는 정신분석 초기 시대에 관한 인터뷰에서 이렇게 말했다. "정신분석가들이 성기 검사를 구실로… 환자의 질에 손가락을 넣는 일이 있었습니다. 꽤 자주 있었어요."

학생 시절 어느 초빙 임상가의 강의를 듣고 큰 깨달음을 얻은 기억이 난다. 그런데 놀랍게도 그 자신이 몇 가지 복잡한 정신장애의 심리를 보여주는 사례로서 발가벗겨졌다. 몇 년 후 그는 심리치료 분야에서 퇴출되었다. 알고 보니 그는 환자와 성관계를 가졌고, 이후 모든 상황이 매우 심각하게 잘못된 방향으로 흘러갔다.

심리치료자도 인간이다. 결함이 있고 불완전한 사람이다. 심리치료자도 감정을 느끼고 자극에 반응한다. 30대 초반의 매력적인 여자 환자가 자꾸만 스타킹 윗부분과 속옷이 보이게 앉아서 나도 주의가 흐트러진 적이 있다. 환자의 눈을 똑바로 쳐다보는 게 쉽지 않았다. 대담한 치료자라면 그런 장면을 보고 전이를 다루기 위한 기회로 삼았을 것이다. 하지만 내 환자는 공포증을 앓는 사람이었고 치료가 꽤 진척을 보이고 있었다. 나는 그 상담을 무사히 마무리하고 싶었다. 내 주의를 빼앗는 란제리를 무시했고(항상 쉽지는 않았다), 환자는 점점 더 다리를 모으고 앉았다. 나는 환자의 증상을 치료했고, 우리는 좋은 모습으로 헤어졌다. 어쩌면 전생에 우리는 깊은 인연을 맺었을 수도 있다. 모를 일이다.

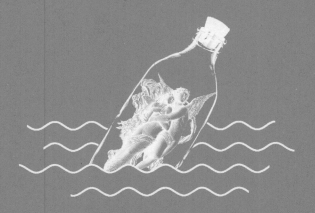

자기와 사랑에 빠진 남자

페티시

성적 발달은 우연에 의해 진행된다.

모두가 저마다 다른 궤도를 따라서

저마다 다른 목적지에 이른다.

　회전문으로 들어가자 곧장 유리 엘리베이터와 높은 통로가 있는 새하얗고 거대한 공간이 나왔다. 어릴 때 즐겨 읽던 과학소설을 연상시키는 초현대적인 인테리어였다. 윙윙 칙칙 소리를 내면서 로봇이 다가왔다면 완벽한 환상이 되었을 테지만 들리는 소리라고는 전기 드릴과 규칙적인 망치질 소리뿐이었다. 신축 병원 건물 안에서는 새로 칠한 페인트 냄새가 났다. 일부 부서에만 직원이 차 있고, 건물이 거의 텅 비어 있었다.

　나는 건물을 둘러보기로 했다. 장식 없는 현대적인 예배당을 발견했고, 문구류 카탈로그에 나올 법한 사무실에도 들어가 보았다. 아직 셀로판지도 뜯지 않은 의자들도 있었다. 나는 엘리베이터에 타서 버튼을 누르고 발밑에서 바닥이 꺼지는 아찔한 스릴을 맛보았다. 차임벨 멜로디가 흘러나오며 제일 높은 층에 도착했다고 알려주었다. 엘리베이터 문이 열리고 높은 통로를 따라 걸으며 천장에서 내려온 알록달록한 배너를 구경했다.

　정신건강센터에 이르자 기분이 달라졌다. 흥분된 마음이 다소 가라앉았다. 나는 오래된 정신병원에서 배회하는 데 익숙한 사람이라 과거의 망령들이 그리웠다. 새 병원 건물의 방에는 상상 속의 빅토리아 시대 사람들을 채워 넣을 수 없었다. 유리창에 비밀스러운 메시지 같은 것이 새겨져 있을 턱이 없고, 버려진 책상에서 진기한 물건이 발견될 리도 없었다.

병원이 꼭 인간미를 풍겨야 하는 건 아니지만 어느 병원이나 나름의 독특한 정취가 있다. 방치된 정신병원은 (가물거리는 모닥불처럼) 기묘한 이야기를 꺼내게 하는 데 반해, (근사한 호텔 같은) 사설 정신병원에는 타블로이드판 소문만 무성하다. 허름한 휴게실이나 텅 빈 구내식당에 앉아 있다 보면 나도 모르게 섬뜩한 이야기 속의 우연한 인물을 연기하게 된다.

예전에 내 상사이던 치료자는 온화하고 다정하기로 소문한 사람이었다. 의학사를 공부한 후 의사가 된 그는 감미롭고 교양 있는 바리톤 음성으로 말했다. 재미있고 배려가 넘치는 그의 임상 개인 지도 수업은 유쾌한 시간이었다. 그런데 한 동료가 내게 귀띔해주었다. 그 치료자가 책임자로 있는 다른 병원의 정신병동에서는 환자들에게 구속복을 입히고 가학적인 간호사들이 환자들에게 강제로 음식을 먹이고 학대한다는 것이었다. 그 동료는 담뱃불을 붙이고 연기를 내뱉으며 이렇게 말했다.

"고문실 같대요. 저 양반이 거기서는 끔찍한 짓을 한다고요." 내가 진심으로 존경하던 그 자상한 치료자는 정말로 지킬과 하이드였을까? 훗날 내가 다른 병원에서 기묘한 인물들과 상황을 직접 겪어보지 않았다면 그 치료자에 관한 소문도 잊어버렸을 것이다(여전히 내게는 도시 괴담처럼 들리지만).

대학교 2학년 때 한 정신과 의사가 내게 자기는 임상적 판단을 내릴 때 중국인 영적 지도자에게 조언을 구한다고 말했다. 그 지도자는 공자 시대에 태어난 치료자라고 했다. 그 의사는 분명 온전한 정신이 아닌데 아무도 알아채지 못하는 것 같아서 놀랐다.

또 한 번은 심리치료자와 병동에서 회진을 돌던 중 윌리엄이라는 30대 환자를 소개받았다. 정신병이 발병하기 전에는 그 치료자의 수석 접수원이었다고 했다. 윌리엄은 카프카적 악몽에 사로잡혀 한때 자기가 관리하던 병원의 폐쇄병동에 갇혀 있었다. 그 환자가 옛 상사에게 자기는 정신이 멀쩡하니 풀어달라고 애원하면서 짜증스럽게 투덜대던 말투가 생각난다. 그때의 기억을 떠올리면 여전히 영화의 한 장면처럼 생생하게 오싹하다.

신축 병원에서는 그런 기묘한 사람들과 마주칠 일이 없을 것 같았다. 지나치게 현대적이고 지나치게 환했다. 그런데 이처럼 청결하고 소독약 냄새가 날 것 같은 공간에서 그 환자를 만났다. 그의 욕망으로 상담이 변칙적으로 흘러갔고, 나는 또다시 경계가 모호한 영역으로 건너갔다.

오염 공포

마크는 40대 초반의 까다로운 동성애자였다. 그는 경미한 강박증 증상을 보였다. 항상 어떤 행동을 했는지(가령 주방 전자제품을 껐는지) 의심하면서 확인하고 또 확인하는 의식을 수행하고 대칭과 질서에 과도하게 집착했다. 그의 인지행동치료는 성공적으로 끝났고, 문제 행동은 거의 사라졌다. 그런데 그가 내게 다른 문제로 상담하고 싶은데 계속 찾아와도 되느냐고 물었다.

"무슨 얘기를 하고 싶은데요?"

마크는 크롬 프레임 의자에 앉아 몸을 흔들었다. "동성애 문제요…."

"무슨 말인지 모르겠는데요."

"사실 저도 잘 모르겠어요."

"혼란스러운가요?"

"아뇨, 혼란스러운 건 아니고, 그냥… 저 스스로를 좀 더 이해하고 싶어서요."

마크는 학자였다. 베를린에서 온 클라우스라는 젊은 가수와 진지한 관계를 유지하고 있었다. 그들은 마크가 삼촌에게 물려받은 널찍한 집에서 동거했다.

마크가 말했다. "클라우스를 사랑해요. 그런데 어째선지 성생활이 잘 맞는다고 느껴본 적이 없어요."

그들은 주로 서로에게 자위를 해주는 방식으로 성관계를 맺었다. 클라우스는 삽입 성교를 원했지만 마크는 그런 쪽에 거의 관심이 없었다.

"그냥 남들만큼 그런 게 좋지가 않아요."

"남들만큼이라는 게 무슨 뜻이죠?"

"남들이 좋다고 느끼는 만큼이요."

"그런 사람도 있고, 아닌 사람도 있잖아요."

마크는 넥타이 매듭을 느슨하게 풀고 셔츠 옷깃을 목에서 떼었다. "저한테는 그게 의무로 느껴져서요." 그가 의자의 크롬 프레임을 툭툭 치자 희미하게 울리는 소리가 났다. "그렇게 생각하면 안 되잖아요. 클라우스를 위해 기꺼이 해주고 싶어야 하는 거잖아요. 그를 사랑하니까. 기꺼이 노력하고 싶어져야 하잖아요."

오염 공포는 강박장애의 일반적인 특징이다. 마크가 앞서 이런 공포를 언급하지는 않았지만 나는 청결에 대한 집착이 성교를 피하는 이유가 될 수 있겠다고 생각했다. 환자들이 마지막에 가서야 가장 부끄럽게 생각하는 증상을 밝히는 경우가 있긴 하지만, 마크는 세균이나 대변이나 HIV(마크와 클라우스 둘 다 검사를 받았다)를 걱정하지는 않는 것으로 드러났다. 그날 상담이 끝나갈 때 마크는 항문성교가 항상 일정 정도의 '도덕적 불편'을 떠올리게 한다는 데 수긍했다.

"그게 잘못인 거 같아요?"

"음, 남들이 그러는 건 아무 문제가 없어요. 그런데 제가 하는 건….."

"어떤 감정이 드는데요?"

"혐오감 같아요."

"그런 행위가 혐오스러운 건가요? 아니면 자신이 혐오스러운 건가요?"

"둘 다요."

혐오감은 인류의 먼 조상 때부터 질병과 감염으로부터 자신을 보호하기 위해 진화시켜온 지극히 원시적인 감정이다. 따라서 상한 음식, 체액과 몸의 분비물, 부패나 질병의 신호, 체내에 침입하는 유기체는 거의 모두 혐오감을 일으킨다. 혐오감은 성性과 관련성이 높은 감정이다. 성관계 중에 서로의 체액이 섞이고 배설을 위한 인체의 구멍과 접촉하기 때문이다. 혐오감이 쉽게 일어나고 금방 욕구가 식는다. 따라서 서로 혐오감을 참는 정도가 친밀감을 나타내는 좋은 지표가 될 수 있다. 둘이서는 다른 사람과는 상상도 못할 행위를 할 수 있다는 뜻이다.

"클라우스는 그런 친밀감이 아쉽다고 해요…."

상대의 침을 삼킨다고 생각하면 누구나 혐오감이 들겠지만 키스할 때는 침을 먹게 된다. 그런데 이처럼 신체의 경계를 비교적 가볍게 침입하는 정도도 원래 성관계의 보편적인 특징은 아니다. 168개 문화에 대한 연구에 따르면 46퍼센트의 문화에 속한 사람들만 사랑하는 사람과 키스하는 것으로 나타났다. 절반 이상은 첫 키스에서 더 이상 진전하지 않는다. 키스하고 사귀는 커플보다 키스하고 헤어지는 커플이 더 많다. 친밀감은 혐오감과 욕망 사이에 섬세하게 균형 잡힌 감정, 곧 두 가지 강력한 진화적 명령 사이의 정교한 타협점이다.

"클라우스가 왜 그런 말을 하는지 알아요. 제가 안 해주면 누가 해주겠어요? 그래도 그가 원하는 식으로 사랑을 나누려고 하면 욕구가 식어버려요."

우리가 본능적인 혐오감을 느낄 때 활성화되는 뇌 영역은 진화의 역사에서 늦게 발달한 더 크고 복잡한 체계에 통합되었다. 이 체계의 새로운 영역, 곧 진화에서 최근에 새로 연결된 회로에 의해 인간의 사고가 가능해졌다. 뇌의 높은 차원과 낮은 차원이 연결되어 도덕적으로 부적절한 행동을 지적으로 평가하게 되면서 본능적인 혐오감을 느끼는 것이다. 이런 식의 연결은 흔히 잘못된 행위를 기술할 때 택하는 어휘에도 반영된다. 우리는 부패한 정치가 "썩었고", 악랄한 사람이 "더러운" 거짓말을 하고 있으며, 범죄가 "구역질 난다"고 말한다.

내가 마크에게 물었다. "욕구가 식으면 어떤 느낌이 듭니까?"

그는 다시 의자를 톡톡 두드렸다. "더러워요."

동성애 혐오의 부정적 결과

늦은 오후 사다리꼴 모양의 햇살 속에서 마크는 액자 속 그림처럼 앉아 있었다. 그는 손차양을 만들어 햇빛을 가렸다.

"잠깐만요." 내가 일어나서 블라인드를 내리자 실내에 연보랏빛 그늘이 드리워졌다. "좀 낫군요."

마크는 내가 다시 앉을 때까지 기다렸다가 말을 이었다. "전 항상 얼마간의 죄책감에 사로잡혀 있어요. 늘 죄책감이 들어요."

동성애를 바라보는 사회적 시각도 달라지고 진보적 법안이 통과되었지만 여전히 동성애에 대한 편견이 상당하다. 종교적 이유에서 동성애를 반대하는 사람도 많고 자연의 섭리를 거스른다는 이유로 거부감을 느끼는 사람도 있다. 종교적 신념은 합리적 주장으로는 깨지지 않는다. 하지만 동성애 행위 자체는 실제로 다양한 종種에서 관찰되므로 분명 자연스러운 현상이다. 내면화된 동성애 혐오의 부정적인 결과는 다양하지만 공통분모는 죄책감이다.

나는 마크가 느끼는 죄책감의 근원을 찾아가는 작업이 장기전이 될 줄 알았다. 그런데 어린 시절에 관해 물어보자 그는 곧바로 죄책감과 관련된 이런저런 기억을 끄집어냈다. 그는 간간이 말을 끊고 움찔하면서 별안간 심한 치통을 느끼는 것처럼 옆얼굴을 매만졌다.

"왜 그래요?" 내가 물었다.

"창피해서요."

그는 어린 시절에 관해 말하면서 무척 힘들어했다. 그럼에도 세 차례 상담에 걸쳐서 양육 과정과 현재의 성생활을 방해하는 죄책 감 사이의 비교적 선명한 연결을 들여다볼 수 있을 만큼 많은 이야 기를 털어놓았다. 안타깝게도 그의 사연은 특별할 것이 없었다. 다른 많은 사람에게 들었던 것과 유사한 사연이었다.

마크는 전형적인 노동계급 가정에서 자랐다. 어머니는 자식들 뒷 바라지를 했지만 다소 거리감이 느껴졌고, 이탈리아계 이민 2세인 아버지는 지중해 지역 남성우월주의자들에 대한 최악의 고정관념 에 부합하는 인물로, 동성애 혐오 발언을 서슴지 않고 자기 아들이 동성애자일지 모른다는 불안감에 사로잡힌 것 같았다. 마크의 누 나 둘은 아버지처럼 동성애라는 말만 들어도 인상을 찌푸리고 역 겹다는 표정을 지었다. 마크가 열다섯 살 때 아버지가 부엌칼을 내 밀면서 "네가 호모인 것 같으면 스스로 손목을 잘라"라고 위협하 기까지 했다. 마크의 아버지도 동성애자이고 남성우월주의는 일종 의 강한 부정일 가능성이 있었다. 내가 만난 어느 동성애자 환자는 청소년 시절에 스킨헤드족과 어울려 다니면서 "호모새끼들을 괴 롭혔다"라고 고백했다. 자신의 성적 취향을 받아들이지 못하면 이 렇듯 파괴적인 결과로 이어질 수 있다.

마크는 성장기를 힘들게 보낸 탓에 자주 심각한 정신적 고통에 시달리며 자해로 고통을 달래려 했다. "촛불에 손을 대고 고통을 참을 수 없을 때까지 그대로 있었어요." 이런 행동은 동시에 몇 가지 목적을 달성했다. 동성애자는 여성스럽다는 고정관념에 반박하면서 강인한 힘을 과시하는 동시에 상징적으로 타락을 '불태우고' 동성애 환상을 즐기는 행위를 처벌하는 것이다.

마크는 유능한 언어학자였다. 대학에 들어가 학문에 두각을 보였고 첫 연애도 시작했다. 자해도 하지 않고 대체로 행복한 청년으로 살았다. 하지만 대학 캠퍼스에서 진정한 '현실' 세계로 넘어가는 과정은 그리 순탄치 않았다.

"어쩌면 아버지가 옳았어요…."

"무슨 뜻이에요?"

"방황하면서 딱히 통하지도 않는 사람들하고 어울렸어요. 위험한 클럽에 드나들면서 후회스러운 짓도 많이 했어요. 아버지 말이 다 맞는 거 같았어요. 호모는 역겹다는 말. 남창이고 엉덩이나 쑤셔대는 자식들이라는 말. 사실 저도 그런 식으로 스치는 만남이 좋지는 않았어요. 나답지 않으니까요. 그냥 달리 갈 데가 없으니까 그런 데 드나든 거예요. 어디든 속하고 싶었던 거 같아요."

사람들은 외로움을 잊고 누군가에게 받아들여지고 싶은 마음에서 의외의 행동을 하기도 한다. 비뇨기과에서 일하던 시절에 꽤 많은 젊은 남자들이(일부는 10대 청소년이었다) 일부러 HIV에 감염되고 싶어서 콘돔 없이 성관계를 갖는 걸 보았다. HIV라고 하면 바로 동성애와 에이즈와 조기 사망을 떠올리던 시절이었다. 여러 가지 이유에서, 주로 사회적·문화적 이유에서 HIV가 성 정치나 개성이라는 개념과 뒤엉킨 시대였다. 이런 청년들은 일부러 HIV 양성이 되어 동성애자로서의 자기감각을 강화하고 더 넓은 동성애 공동체에서 지위를 얻고 싶어 했다. 많은 청년이 이런 목표를 달성했다. 그리고 사망했다. 그들이 그릇된 방향으로 투지를 불태우며 무모하게 자기를 내던진 일을 떠올리면 아직도 먹먹하다.

해가 넘어가면서 상담실의 그늘진 구석이 짙은 자줏빛으로 물들었다. 나는 상담 기록부에 몇 가지를 적고 나서 입을 열었다. "이제 의미 있는 관계를 찾았으니 죄책감이 줄어들겠죠."

"그래도 만난 지 벌써 여덟 달이나 됐는데요."

"그렇게 긴 시간은 아니잖아요. 아직은."

마크는 불편해 보였다. 미심쩍은 표정과 회의적인 태도로 신랄하게 말했다. "좋아요. 죄책감을 받아들이는 법을 배운다고 쳐요. 그게 그렇게 간단할까요?"

"그럴 수도 있어요."

"안 되면요? 제가 겪는 심리 문제를 전부 털어놓고도 여전히 클라우스가 원하는 식으로 관계를 갖기 싫으면요?"

"모든 성공적인 관계는 타협을 통해 다져지는 겁니다."

"그래도 섹스는 중요하잖아요. 제가 동성애자만 아니었다면…."

"그래도 역시 같은 상황에 놓였을 겁니다. 이성애자이면서도 항문성교를 즐기는 남자는 많아요."

"네, 그래도 그 사람들은 아내가 거부하면 확실한 대안을 찾을 수 있잖아요."

"맞아요. 그래도 개인적으로 만족스럽지 않을 수도 있겠죠. 어쩌면 그들은 항문성교를 특별하고 더 친밀한 것으로, 흥미로운 것으로 생각할 수 있어요."

"그렇겠군요. 이제껏 그런 식으로는 생각해본 적이 없어요."

나는 마크가 성생활 문제와 동성애를 당연하게 연결하기를 원하지 않았다. 내 말의 요지가 전달되었고, 그가 웃는 걸 보니 흐뭇했다.

성적 기호를 '치료'해야 할까

19세기 말 인간의 성행동을 과학적 연구 대상으로 삼기 시작했다. 동성애자(당시 명칭으로는 '성욕도착자sexual invert')에 대한 사례 연구가 의학 문헌에 등장했다. 전반적으로 성도착을 신체 기형이나 질병에 비견할 만한 선천적 조건으로 보기 시작한 것이다. 동성애는 정신의학 교재에 쾌락 살인과 시간증* 같은 현상과 나란히 실렸다. 동성애는 질병이 아니며 동성애자들(레오나르도 다 빈치 같은 사람들)

---

* necrophilia, 시체에 성욕을 느끼는 이상 성욕의 한 증상.

이 예술적으로 위대한 업적을 이루었다고 주장하는 의사들도 있었지만 깨어 있는 일부의 목소리는 다수의 요란한 목소리에 묻혔다. 20세기 전반에 걸쳐 태도의 변화가 일어나고 1960년대와 1970년대 초에는 많은 심리치료자와 정신과 의사들이 동성애를 정신질환으로 분류하는 것이 적절한지 의문을 제기했다. 결국 1973년에 동성애는 DSM 진단 기준에서 삭제되었다. 다만 동성애 진단의 수정된 형태인 자아이질성 동성애Ego-dystonic Homosexuality(자신의 동성애 지향을 받아들이지 못하는 상태)는 1987년까지 남아 있었다.

동성애가 정신질환 분류에서 삭제되자 흥미로운 의문이 제기되었다. 그렇다면 기존에 일탈 행위로 규정된 다른 성행동은 계속 그대로 두어야 하는가?

심리치료는 대개 성적 기호가 불법이거나 서로 합의하지 않았거나 해롭거나 건강을 해치거나 시간이 지나치게 많이 들거나 심각한 내적 갈등이나 고통을 유발해서 힘들어하는 사람들을 위한 것이다. 소아성애, 관음증, 노출증, 접촉마찰증(공공장소에서 동의하지 않은 사람에게 부비는 행위)은 명백히 반사회적 행위이고 치료를 받는 것이 바람직하다는 데는 누구나 동의할 것이다. 하지만 DSM 최신판에는 다른 '성도착장애Paraphilic Disorder'도 포함되는데, 성적 기호가 극단적이거나 심신을 약화시키는 형태로 나타날 때만 전문가의 치료가 필요한 유형으로 정의된다. 한때는 페티시fetish도 임상적으로 유의미한 상태로 간주되었지만 현재는 그렇지 않다. 많은 남자

(약 4분의 1)가 페티시를 가지고 있지만(스타킹, 하이힐, 가죽) 이들이 자동으로 '물품음란장애Fetishistic Disorder' 진단을 받는 것은 아니다. 성적 기호가 아무리 변칙적이어도 혼자서 즐기거나 상대가 성인이고 서로 동의하에 안전하게 즐기기만 한다면 굳이 치료를 받을 필요가 없다. 이런 성적 기호로 고통을 받는다고 호소하는 사람에게는 '치료'보다는 수용에 초점을 맞추는 방식으로 접근한다.

성은 본질적이다. 모든 주요 사회 제도는 성의 중요성을 인식한다. 신화와 문학과 연극에서 성적 만남이 중요하게 그려지고, 우리는 끊임없이 TV와 인터넷, 광고와 미술관에서 관능적인 이미지를 접한다. 그런데 성은 왜 그렇게 자주 낭패감과 죄책감과 수치심의 원인이 될까? 물론 지금은 이미 어느 정도 성을 수용하는 법을 배웠을 것이다.

종교는 성에 죄책감을 덮어씌운 책임이 있지만 어릴 때 종교적 가르침을 거부한 사람인데도 성인이 되어서 성을 불편하게 받아들이는 경우도 많다.

문제는 주로 부조화에서 생긴다. 누구에게나 사고하고 판단하는 4밀리미터 두께의 피질과, 원시적 욕구와 정서를 생성하는 기관이 들어 있는 피질 하부가 있다. 신경과학자들은 수십 년 동안 삼위일체뇌triune brain라는 용어를 사용했다. 뇌가 세 겹으로 팽창해왔고 각각은 진화 단계에서 파충류와 포유류와 인간에 해당한다는 관점을 반영하는 용어다. 지나치게 단순화된 개념이지만 우리가 피질과 피질 하부의 갈라진 틈에 따라 분할된다는 개념에는 이견이 없다. 대략 의식과 무의식으로 나뉘는데, 프로이트의 용어로는 에고$_{ego}$와 이드$_{id}$다. 남자가 성적으로 매력적인 여자를 볼 때는 얼굴이 고전적인 미의 개념에 얼마나 부합하는지 평가하는 동시에 개의 기민하고 예리한 눈으로도 보는 것이다.

프로이트는 높은 차원의 자기와 낮은 차원의 자기 사이, 인간성과 야수성 사이의 충돌이 오늘날 문명사회에 영향을 주는 전반적인 불만족의 근원이라고 보았다. 우리는 끊임없이 우리를 구성하는 모순된 부분들을 화해시키고, 끊임없이 협상을 통해 타협을 이끌어내려고 안간힘을 쓴다. 모차르트 교향곡의 초월적 난해함을 이해하는 이성의 동물로 살면서도 항문-구강 접촉에서 쾌락을 느끼는 존재로 살아가는 삶은 혼란스러울 수밖에 없다. 두 가지 정체성이 어떻게 조화를 이룰까? 복잡한 이중성으로 인해 프로이트 시대 사람들은 성을 인간의 약점이자 파멸로 미끄러지는 길로 이해했다. 그리고 우리가 쉽게 미끄러져 진화의 단계를 거슬러 올라가 결국 형언할 수 없는 혼돈의 밑바닥으로 추락할 거라는 결론에 이르렀다. 자위행위는 19세기에 정신질환의 원인으로 여겨졌고, 20세기에 들어서도 한참 동안 여전히 정신질환과 연결되었다.

포유류의 성 충동은 제한적 목표와 행위 안에서 표출되는데, 가령 성교의 서두로서 구멍을 탐색하는 식이다. 하지만 인간 뇌에는 크고 강력한 피질이 있어서 같은 충동을 어느 방향으로든 돌릴 수 있고 거의 모든 대상과 연결할 수 있다.

개인의 성적 관심은 생물학적 기질과 학습 경험과 자위 환상(욕구의 대상을 정교화하고 통합하는 과정)에 의해 결정된다. 대개 열 살 무렵에 자위행위를 시작하고 사춘기를 거쳐서 이성을 좋아하는 단계에 이른다. 좁은 범위의 관련된 자극(야한 옷과 같은 자극)으로도 성적 흥분이 일어날 수 있다. 성도착증은 생물학적 기질에 따라 다르게 시작되거나 우연한 연상이 무의식적으로 자극으로 작용할 때 나타난다. 어떤 물건이나 재료는 본질적으로 매력적인 특징을 가지고 있어서 다른 물건이나 재료보다 자위 환상을 자극할 가능성이 크다. 가령 남자들이 스타킹에 환상을 품는 이유는 실크나 나일론이라는 소재가 부드러운 여성의 살결을 연상시켜 기분이 좋아지기 때문이라고 볼 수 있다. 반면에 주전자 같은 물건에는 이런 성질상의 이점이 없기 때문에 성적 환상에 등장하는 예가 거의 없다. 한편 페티시를 실험실에서 만들어낼 수 있다는 것이 입증되었다. 예를 들어 여자의 나체 사진 사이에 부츠 사진을 끼워서 남자들에게 보여주면, 그들은 나중에 부츠 사진만 보고도 성적 자극을 받았다. 이런 효과가 점차 모든 신발로 일반화된다.

한 가지 과정이 조금씩 변형되는 식으로 정상적 발달과 '비정상적' 발달을 모두 설명해준다. 따라서 성적으로 정상으로 간주되는 사람과 성적 일탈로 간주되는 사람 사이의 격차가 크게 좁혀진다.

내 환자 중에 한 중년 여성 사업가는 성관계 중에 규칙적으로 두드리거나 삐걱거리는 소리가 있어야만 완전한 흥분에 이르렀다. 어릴 때 흔들리는 말을 타면서 자위의 쾌감을 발견했기 때문이다. 두드리거나 삐걱대는 소리와 성적 흥분 사이에 강력한 연상이 일어난 것이다. 우연한 사건에 의해 성적 발달의 방향이 전환될 가능성은 항상 존재했다. 이런 우연한 사건들은 보육학교에서도 찾아볼 수 있다.

거울 속의 자신과 교감하다

클라우스는 가수로서 전성기를 누리고 있었다. 여러 국제음악축제에 초대받아 공연 여행을 많이 다녔다. 마크가 혼자 지내는 시간이 많다는 뜻이다. 그는 자위를 하는 일이 부쩍 늘었다. 나는 그가 먼저 이런 얘기를 털어놓기로 한 데 놀랐고, 더 큰 죄책감과 수치심을 폭로하기 위한 서막이라고 짐작했다. 하지만 내가 질문해도 그는 전혀 갈등하는 기색이 없었다. 오히려 편안하고 열린 마음으로 (심하게 많이 열린 마음으로) 자위행위에 관해 다소 구체적으로 설명했다. 우선 향기 나는 욕조에서 촛불을 켜놓고 편안하게 몸을 푼 다음, 침대에 실크 시트를 깐다. 시트 위에 알몸으로 누워서 마사지 오일로 자위를 하면서 성적 환상을 즐긴다. 그런 다음 전신거울 앞에 서서 자위하면서 오르가슴에 이른다.

나는 (그의 강박장애 병력으로 보아) 그가 그런 자위행위의 절차에 어떤 의식적 특성이 있다는 것을 보여주려는 건지 궁금했다.

"꼭 그 순서를 따라야 하는 건가요?"

"딱히 그런 건 아니에요."

"다르게 하면 불편할 것 같아요?"

"아뇨. 그렇지는 않아요."

시간이 흐르면서 그의 자위 의식에 새로운 요소가 들어갔고, 자위 시간도 꽤 길어졌다. 진동 자위기구도 사용했다. 가끔은 클럽에 다니던 시절을 떠올리며 가죽 가면과 PVC나 망사 소재의 의상을 입기도 했다.

마크는 자위에 중독되어가는 걸까?

"조절하지 못할 정도는 아니에요. 그냥 하고 싶을 때 하는 거예요. 이런 건 괜찮지 않나요?"

"네, 그럼요."

마크는 만족스러운 자위 분위기를 조성하는 데 많은 에너지를 쏟으면서도 정작 클라우스가 집에 올 때는 그와 성관계를 갖기 위한 분위기를 만드는 데 별다른 노력을 기울이지 않았다. 두 사람은 계속 문제를 안고 지냈다.

"당신이 혼자 즐기는 것들을 클라우스한테 소개해야 할 것 같은데요. 그 옷이랑 자위기구 같은 거요."

"왜 그래야 해요?"

"성생활에서 더 흥분을 느끼면 삽입 성교도 다르게 느껴지지 않을까요?"

"클라우스는 변장하는 거 좋아하지 않아요. 우스꽝스럽다고 생각해요. 그 친구는 저랑 세대가 다르고, 사실 꽤 보수적이에요. 둘 다 엄청 민망해질 거예요."

뭔가가 달라졌다. 마크는 클라우스와의 관계를 별로 신경 쓰는 것 같지 않았다. 내심 클라우스가 떠나기를 바란다는 느낌마저 들었다.

"어쩌면 우리 둘은 안 맞는 사람들인지도 몰라요." 말투에 회한이나 슬픔은 묻어나지 않았다. "서로 아주 다르다는 점이 나한테 얼마나 큰 영향을 미치는지 잘 몰랐던 거 같아요. 끊임없는 요구, 그 친구를 실망시켰다는 느낌. 이런 게 저한테 좋을 게 없죠."

마크는 혼자 지내는 걸 즐겼다. 성생활도 훨씬 좋았다. 상대가 원하는 것과 정확히 일치하는 쾌락을 줄 수 있었다. 나르키소스처럼 마크는 거울 속에서 이상적인 상대를 발견한 것이다.

고전적인 정신분석이론에 따르면 자기애(나르시시즘)는 성적 대상으로 자기 몸을 선호하는 성도착이다. 그런데 과대망상과 존경받고 싶은 욕구와 공감 능력 부족으로 나타나는 자기애성 성격장애Narcissistic Personality Disorder와 자기애를 혼동하면 안 된다.

인터넷과 소셜미디어가 출현하면서 인간은 자기에게 집착하는 성향이 강하다는 사실이 선명하게 드러나고 있다. 디지털 원주민digital native이라 불리는 세대 전체가 셀카를 찍고 사진 갤러리를 셀카 사진으로 도배하는 일이 거의 본업이 되었다. 인터넷에는 옷을 거의 걸치지 않고 입술을 삐죽 내민 10대 아이들이 혼자 침실이나 욕실에 앉아서 티셔츠를 걷어 올려 맨살을 드러내고 이글거리는 눈빛으로 사이버 공간을 쳐다보는 이미지가 넘쳐난다. 누구의 관심을 끌려는 걸까? 아무도 아닐 것이다. 사이버 심리학자들은 이런 자기애적 표현이 유행하는 현상은 독신주의와 성 혐오가 증가하는 세태와 연관된다고 보았다. 오스카 와일드Oscar Wilde는 마치 미래를 내다보기라도 한 것처럼 이렇게 말했다. "자기를 사랑하는 것은 평생 연애의 시작이다."

어느 날 마크는 상담실에 들어와 클라우스와 헤어지기로 서로 합의했다고 말했다. "잘 풀리지 않았어요."

"기분이 어때요?"

"그렇게 나쁘진 않아요. 사정이 그러니까."

그는 선택했다. 그런데 내게는 조금 불편한 선택이었다. 정신분석에서는 자기애가 해로울 수 있다고 경고한다. 유아기적 과대망상과 연관된 성향이기 때문이다. 자기를 지나치게 사랑하면 남에게 줄 사랑이 남아 있지 않다.

"다른 사람을 만나고 싶은가요?"

"솔직히 말하면 그런 건 중요하지 않아요."

"잠시 생각할 시간을 갖고 나면…."

"아마도." 그가 어색하게 웃었지만 무척 불안해 보였다.

이런 결과를 예측할 수는 없었지만 논리적으로는 일리가 있었다. 불행한 가족사와 이후의 죄책감이 그가 삽입 성교를 혐오하게 된 원인이었다. 마크는 클라우스가 집을 떠난 사이 자위를 많이 했다. 이후 그는 지속적으로 자기 이미지와 오르가슴을 연결하는 식으로 자신의 성적 관심을 정교하게 다듬어가면서 몰두했다.

자기와 사랑에 빠진 남자. 기묘한 소설의 주제로 삼을 만한 이야기다. 최고급 병원의 새하얀 벽과 파란색 합성섬유 카펫이 깔린 우울하고 무미건조한 상담실에서 나는 다시 한 번 기괴한 상황의 짜릿함을 맛보았다.

"치료를 더 받아야 할 것 같지는 않은데요?" 마크는 강박증 증상을 다시 보이지 않았다. 그는 나와의 상담이 도움이 되었다고 말했다. 특히 그가 처음에 "동성애 문제"라고 말한 문제에 대해서는 도움을 받았다고 본 것이다.

"클라우스가 보고 싶어요?" 내가 물었다.

"아뇨." 그가 대답했다.

이것은 만족스러운 결과였을까?

성적 발달은 우연에 의해 진행된다. 우연한 경험과 연상에 영향을 받는 경우가 많다. 결과적으로 모두가 저마다 다른 궤도를 따라서 저마다 다른 목적지에 이른다. 특정 체위를 선호하기도 하고, 끈 팬티를 좋아하기도 하고, 결박과 같은 역할 놀이를 즐기기도 한다.

인터넷에서 포르노그래피를 몇 분만 검색해봐도 인간의 성적 취향이 얼마나 다양하고 유연한지 확인할 수 있다. 뇌의 고차원적인 피질과 피질 하부의 동물적 욕구가 상호작용하여 무한한 성적 가능성을 창조할 수 있다.

마크의 성적 궤도는 침실에 도착해서 거울 속의 자기와 교감하는 것이었다. 진단에 집착하는 치료자가 되어 동성애를 병리적으로만 이해하는 우를 범하지 않으려고 조심하면서 마크의 자기애를 병리적으로 보거나 추후 치료를 권하고 싶지 않았다.

정신분석가 자크 라캉은 (다소 비관적이게도) 낭만적 사랑은 항상 자기애적이라고 보았다. 그는 사랑은 주는 것보다 받는 것이 중요하다고, 다시 말해 상대의 욕구를 채워주기보다는 자신의 욕구를 채우는 것이 더 중요하다고 보았다. 이상적인 상대는 우리의 소망을 구현하는 존재다. 우리는 그런 상대에게서 우리의 욕망이 투영된 이미지를 발견할 수 있다. 사랑하는 사람을 애정 어린 눈길로 바라볼 때 우리도 마크처럼 거울을 들여다보는 셈이다.

악령에 홀린 남자

자각형 빙의

인간의 마음을 어지럽히는 것은

사건이 아니라, 사건을 보는 관점이다.

짐은 숫기는 없어도 자기 생각을 명료하게 표현할 줄 아는 20대 후반의 청년이었다. 한참 눈이 마주치면 부끄러워서 눈을 피했다. 조용조용한 목소리에 깍듯이 예의를 차리는 사람이라 자주 이렇게 말했다. "제가 쓸데없이 선생님 시간을 빼앗는 거 아닌지 모르겠어요. 선생님 도움이 필요한 분들, 더 중요한 문제로 오시는 분들이 많을 텐데요." 그의 이런 사려 깊은 마음씨에 정이 갔다.

짐을 나한테 의뢰한 사람은 비뇨기과 의사였다. 짐은 매춘부에게 임질이 감염되어 비뇨기과 진료를 받았다. 전에도 두 차례 임질에 감염된 적이 있고 HIV 위험군으로 분류된 상태였다. 당시 나는 행동수정으로 위험한 성 행동을 피하도록 도와주는 심리치료 기법을 개발하는 중이었다. 매춘업계에 종사하는 여성들은 안전한 성관계를 위해 최선의 노력을 기울인다. 짐이 피임하지 않고 성교한 것으로 보아 지식이 부족하거나 자포자기한 매춘부에게서 성을 산 것으로 보였다. 그는 틀림없이 열악한 매춘업소를 찾아갔을 것이다. 지저분하게 얼룩진 매트리스에 벽지는 벗겨지고 남자들이 너무 많이 드나들어서 악취가 진동하는 장소. 짐이 임질에 걸린 건 이번이 세 번째지만 사실 그동안 만난 매춘부는 적게 잡아도 서른 명은 될 터였다.

외로움과 낭패감

우리는 비뇨기과 병원 지하에 앉아 있었다. 사방의 벽이 더럽고 여 닫이창에 철창이 있는 비좁은 방이었다.

"공중전화 부스 앞을 지날 때마다 꼭 그 안에 들어가서 명함을 봤어요." 당시에는 매춘부들이 호객을 위해 공중전화 부스에 명함 을 갖다놓곤 했다. 명함에는 헐벗은 여자 사진이 있고 사진 아래에 "가슴 빵빵한 흑갈색 머리, 뭐든 해드려요"라는 문구가 눈에 띄게 찍혀 있고 전화번호가 있었다. "명함을 한 장씩 넘기면서 맘에 드 는 얼굴을 골라요. 그리고 그 명함을 가지고 가야 돼요."

"얼마나 지나서 전화를 겁니까?"

"몇 시간도 안 걸려요. 그냥 참을 수가 없어요…. 일단 그 얼굴이 눈에 들어오면… 전화를 안 할 수가 없어요. 그건 마치…." 짐은 자 신의 말이 얼마나 황당한지 안다는 듯 겸연쩍게 웃으면서 말했다. "첫눈에 반하는 사랑 같아요. 그냥 이런 욕구가, 아주 강렬한 욕구 가 일어나요."

"그런데 명함에 찍힌 사진 속 여자들은 사실 누드모델이에요."

"네, 맞아요. 사진 속 여자들은 실제로 만난 여자들하고 전혀 닮지 않았어요. 하지만 그 여자들 아파트에 들어서면 때는 늦은 거죠. 이미 거기 갔으니까요. 그땐 여자가 어떻게 생겼는지도 중요하지 않아요."

짐은 자신감이 없었다. "전 여자들하고 잘 지내지 못하는 편이에요. 엄청 긴장하고 머릿속이 하얘지거든요. 여자한테 수작 거는 걸 잘 못해요. 어색하고 억지스럽게 느껴져요."

그의 행동은 외로움에서 시작되었다. "여자친구를 사귄 적이 있습니까?"

"많진 않아요. 그래도 예전에는 달랐어요. 말을 잘 걸었어요. 아는 여자들이라. 학교 다닐 때부터 알던 여자들이요."

"지금 만약 누굴 사귄다고 해도 매춘부를 계속 찾아가고 싶을 것 같나요?"

"전 아무도 못 만날 거예요. 이렇게 살다가는. 만날 기회가 없거든요."

"좋아요. 그래도 만약 만난다고 가정한다면…."

짐은 여자친구를 사귄다는 가정을 한참 진지하게 고민했다.

"잘 모르겠어요."

"그래도 가고 싶군요?"

"이러는 제가 황당하죠?" 그는 눈을 깜빡이며 덧붙였다. "공중전화 부스에 들어가면….”

“그러면요?”

“마치… 제가 아닌 거 같아요.”

“무슨 뜻이죠? 당신이 아니라니?”

짐은 고개를 저으며 저도 모르게 방어적인 몸짓으로 내 질문을
피하려 했다.

짐은 자신의 행동에 낭패감을 느꼈다. 자주 말이 없고 침울한 표
정을 지었다. 한참 고민한 끝에 이렇게 말했다. “저도 왜 그 여자들
을 찾아가는지, 왜 자꾸 그리로 돌아가는지 모르겠어요. 진짜 모르
겠어요.”

“즐겼겠죠. 그건 사실이잖아요.” 짐이 머리를 미세하게 흔들면서
내 말을 부정했다. 내가 다시 물었다. “아니라는 건가요?” 나는 믿
기지 않는다는 투로 지나치게 날카롭게 물었다.

“그렇게 단순한 문제가 아니에요. 네, 그런 섹스를 즐기기는 해도
항상은, 매번은 아니에요. 섹스가 끝나면 항상 기분이 나빠요.”

“어떤 면에서…?”

“그 여자들을 착취하는 느낌이랄까. 죄책감이 들어요.”

나는 환자 기록부를 내려다보고 적은 게 거의 없는 걸 알았다. 우
리의 대화가 만족스럽지 않았다. 그동안 짐이 절제하지 못하는 원
인을 탐색했지만 이렇다 할 결론을 얻지 못했다. 결국 짐은 우리의
대화를 막다른 골목으로 끌고 가는 말을 꺼냈다. “선생님께서 이렇

게 계속 저를 만나주셔서 정말 감사드려요."그가 슬그머니 내 눈 길을 피하며 다소 불안한 표정을 지었다.

나는 같은 병원의 정신과 의사에게 짐의 모호한 태도에 관해 상의했다.

그 의사는 차를 마시며 말했다. "선생님이 그 환자가 겪는 문제의 뿌리까지 파고들지 않으려고 하시네요."

"왜 그렇게 생각하시죠?"내가 물었다.

"그 환자는 외로워서 대화할 상대를 찾아온 거예요. 선생님께서 그 환자의 문제를 뿌리까지 파고들었다면 더는 오지 않았을 겁니다."

일리 있는 지적이었다.

짐은 서식스의 소도시에서 자랐다. 어머니는 초등학교 교사이고, 아버지는 전기기사였다. 그가 기억하기로 행복하고 특별할 것 없는 유년기를 보냈다. 그러다 열일곱 살에 신경쇠약에 걸렸다. "제가 시험에 집착했거든요. 시험 공부를 하느라 잠을 제대로 못 잤어요. 감당이 안 됐어요."그가 다시 온전히 회복하기까지는 몇 달이 걸렸고, 그 사이 시험을 놓쳤다. 한 학년을 휴학하기로 했지만 한 해가 다 지나가도 학교로 돌아가고 싶지 않았다. 이후 이런저런 허드렛일을 하며 살았다. 그리고 집을 떠나 런던에서 떠돌다가 어느 한적한 교외에 정착했다.

"요즘은 무슨 일을 합니까?"내가 물었다.

"아파트에서 야간 경비를 서요."

"그 일을 하면서 행복한가요?"

"그럭저럭요. 아무 일도 일어나지 않아요…. 그래서 책을 봐요. 돈 받으면서 책 보는 셈이죠."

"무슨 책을 읽습니까?"

"온갖 책이요. 역사를 좋아해요."

세월이 흘러 학교 때 친구들하고도 연락이 끊기고 부모 집에도 거의 가지 않았다. "부모님이 저한테 많이 실망하신 거 알아요." 전반적으로 사회에서 소외된 남자의 모습이었다. 그는 사회의 변두리에서 눈에 띄지 않는 존재로 살아갔다. 잠자는 시간도 남들과 반대였다.

점심시간에 병원 인근의 카페에서 지난번의 그 정신과 의사를 우연히 만났다.

"그 어려운 환자는 요새 어때요?" 그녀가 물었다.

"별로 진전이 없네요."

"거보세요…."

"뭘요?"

"그 환자가 놀리는 거예요."

짐이 딱히 '놀리는' 건 아니었지만 분명 필요한 만큼만 진실을 말하고 있었다.

짐은 다음 상담에 무척 우울한 얼굴로 왔다.

"죄송해요. 또 갔어요." 나는 짐의 환자 기록부를 펼치고 날짜를 적었다. 그가 다시 말했다. "정말 죄송해요."

"무슨 일이 있었는지 하나하나 살펴봅시다."

짐은 고개를 끄덕이며 안도한 표정을 지었다. 나한테 비난받을 줄 알았던 모양이다. "일을 마치고 지하철역으로 가는 길에 공중전화 앞을 지나는데 그 안에 명함이 잔뜩 있었어요."

"무슨 생각이 들었습니까?"

"아무 생각도. 그냥 저도 모르게 들어갔어요. 제가 거기 없는 것처럼. 명함을 넘겨보는데, 그중 한 사진에, 흑백사진에… 아시아 여자가 생글거리고 있어서… 도저히 참을 수가 없었어요."

짐은 명함을 들고 집으로 갔고 현관에 들어서자마자 전화를 걸었다. 그날 오후 그는 마약이 거래되는 가난한 동네로 그 아시아계 매춘부를 찾아갔다.

"피임은 하고 했습니까?"

"네. 그 여자 때문이긴 하지만. 그 여자가 먼저 그 얘기를 꺼냈거든요." 그동안 성교 전에 콘돔을 착용하는 문제에 대해 논의했는데, 막상 그때가 되면 그는 다 잊어버렸다. "죄송해요." 그는 흡연으로 누렇게 변한 손가락으로 관자놀이를 문질렀다.

"괜찮아요?"

"두통이 있어요. 자주 머리가 아파요."

"계속할까요?"

"그럼요." 그의 눈썹이 일그러지며 미간에 주름이 잡혔다.

"원하면 진통제를 드릴게요."

"아뇨. 괜찮아질 거예요." 그는 잠시 기다렸다가 말을 이었다. "정말 죄송해요." 그는 몹시 혼란스러워 보였다. "절 도와주려고 애쓰셨는데, 제가 솔직하지 못했어요." 나는 그의 눈을 들여다보았고, 그와 눈이 마주쳤다. 그가 시선을 피할 줄 알았는데 이상하게도 그러지 않았다. 동공이 조금 커져서 마약이라도 한다고 고백하려는 줄 알았다. "선생님을 엉뚱한 쪽으로 유도할 생각은 전혀 없었는데, 몇 가지가, 아, 어렵네요, 그 말을 꺼내는 게…." 그가 해야 할 말의 무게를 감당하지 못하겠다는 듯 횡설수설했다. 책상 위의 시계 초침 소리가 들렸다. 짐은 자세를 고쳐 앉으며 숨을 들이마시고 (잠시 숨을 참았다가) 입을 열었다. "제가 매춘부를 찾아가는 건 뭔가에 홀려서 그런 거예요. 전 악령에 씌었어요."

"그렇군요." 나는 호들갑스럽게 반응하고 싶지 않아서 간단히 대꾸하고 환자 기록부에 적었다. 눈을 들어 보니 그가 아직 날 바라보고 있었다. 어떻게 반응해야 할지 몰랐다. 정신과에서 일하면서 악마의 농간에 넘어갔다고 주장하는 환자를 많이 보았다. 모두 조현병 진단을 받은 환자들로, 독립적으로 기능하지 못한 채 자기를 방치하는 징후를 보였다. 이런 환자는 특이할 게 없었다. 하지만 짐은 그런 부류와 전혀 달랐다. 이성적으로 사고하고 면도도 말끔히 하고 다니는 청년이었고, 10년 동안 직장에 꾸준히 다니고 있었다. 수줍음이 많고 모호하게 말하는 습관이 있기는 하지만 그것 말고는 그의 외모나 태도에서 그런 충격적인 고백을 짐작하게 할 만한 구석이 전혀 없었다. 혹시 장난치는 건가? 이런 의문이 들었지만 곧바로 접었다.

그런 엉뚱한 소리를 하면 상담이 바로 끝장나고 다시는 짐을 만나지 못할 수도 있었다. "당신은 악령에 씌었군요. 매춘부를 찾아가는 건 악마의 소행이고요." 나는 잠시 짐의 기준 틀을 받아들여서, 우리의 대화를 정상적인 대화로 만들었다. 우리는 그냥 앉아서 대화를 나누는 두 남자였다.

짐의 어깨가 편안하게 내려갔다. "네. 맞아요…."

"좋아요, 좋아요." 우리 둘 다 좀 더 편하게 호흡했다.

자각형 빙의

악마는 정신의학 역사에서 특별한 지위를 차지한다. 정신질환에 관한 최초의 '이론'은 악마에게 홀렸다는 것이고, 이런 사실을 보여주는 고고학적 증거도 있다. 석기시대의 일부 두개골에 구멍이

나 있고 구멍 주변에는 상처가 아문 흔적이 남아 있다. 두개골에 구멍을 내는 원시적인 수술에서 회복했다는 뜻이다. 수술로 추정되는 이 방법의 목적은 악령을 밖으로 내보내는 것이었다.

악령에 사로잡힌 상태를 여러 가지로 분류할 수 있지만 가장 중요한 기준은 당사자가 악마의 소행을 어디까지 인지하느냐는 것이다. '몽유병' 빙의 사례에서는 악마가 주인의 몸을 완전히 차지하고 1인칭으로 말한다. 환자는 나중에 무슨 일이 벌어졌는지 기억하지 못한다. 한편 '자각형' 빙의 사례에서는 의식이 단절되거나 부재하지 않는다. 다만 환자는 내면에서 작동하는 독립적인 의지를 알아채고 그 의지에 저항하려고 몸부림친다.

짐은 자각형 빙의에 해당했다.

나는 열다섯 살에 윌리엄 프리드킨 William Friedkin 감독의 〈엑소시스트〉가 보고 싶어서 안달했던 기억이 있다. 신문에 영화사상 가장 무서운 영화로 소개되었다. 이 영화는 당연히 X등급(지금으로 치면 '19금')을 받았고, 그때 나는 앳된 얼굴의 소년이었다. 우리 동네 극장에 이 영화가 걸리자 나는 키 크고 성숙하게 생긴 친구하고 같이 가서 그 친구가 표를 살 때 슬그머니 매표소 앞을 통과했다. 무심한 좌석 안내원은 담배 연기 자욱한 싸구려 극장 안으로 우리를 들여보냈고, 나는 흥분한 마음으로 자리에 앉았다. 그 영화에 관한 기사는 모두 사실이었다. 엄청난 흥분을 자아내는 영화였다. 어떤 장면에서는 나도 모르게 눈을 질끈 감았다. 도저히 화면을 계속 바라볼 수 없었다.

짐을 어떻게 치료할까? 그의 내면에 도사리는 악마를 어떻게 몰아낼까?

폭우가 쏟아지는 소리와 콘크리트 바닥을 울리는 구두 소리.

비뇨기과 병원 지하의 내 책상 위로 전등 불빛에 아우라가 생기고, 그 너머로는 어둠이 급격히 짙어졌다. 짐은 전등 불빛으로 생긴 보호막의 바로 안쪽에 앉아 있었는데, 경계에 걸쳐 앉은 그의 위치는 경계에 놓인 그의 처지를 은유했다. 의사와 간호사들은 다들 퇴근한 뒤였다.

"악령에 사로잡힌 지는 얼마나 됐습니까?" 내가 물었다.

"신경쇠약에 걸렸을 때부터요." 짐이 대답했다.

"학교 다닐 때 겪었다던 신경쇠약 말이군요."

"네, 죄송해요. 사실은 가볍게 말씀드렸지만 그보다 훨씬 심각했어요. 의사가 입원을 권했을 정도로요. 그때 전 감당하지 못했어요. 전혀 감당이 안 됐어요." 빗길을 달리는 자동차 타이어 소리가 들렸다. "공부가 힘들어서 그런 게 아니었어요. 기분이 몹시 나빠져서, 두통과 피로감과 이상한 감각이 몰려와서 감당이 안 된 거예요."

"그런 일이 생긴 게 언제였는지 기억납니까? 악령이 들린 정확한 순간이 기억나요?"

"네, 그전에 예비단계 같은 게 있었지만요." 나는 그에게 자세히 말해달라고 했다. "두통은 그해 초여름에 시작됐어요. 그러다 시야가 흐려지고 구역질이 났어요. 병원에 갔더니 편두통 증상일 수 있다고 했어요. 의사가 약을 처방해줘서 먹긴 했지만 효과는 없었어요. 두통이 오히려 더 심해졌어요. 몸이 항상 피곤하고 아침에 눈을 뜰 수가 없었어요. 엄마는 제가 게으름을 부린다고 생각했지만 사실은 끔찍하게 피곤했어요." 그는 말을 끊고 책상 모서리를 만지며 자기 손을 보았다. 손톱이 모두 둥글게 다듬어져 있었다. 그는 눈을 들지 않고 말했다. "그리고 꿈을 꿨어요. 무서운 꿈이요."

"무슨 내용이었나요?"

마침내 그가 혼자만의 생각에서 깨어나서 말했다. "성적인 꿈이었어요. 그런데 전혀 즐겁지가 않았어요. 몹시 불안했어요." 나는 그가 꿈 얘기를 하고 싶지 않을 거라고 생각했다. 꿈의 내용이 (10년 이상 지나고도) 여전히 그를 불편하게 만들 뿐 아니라, 내 관심을 호색적인 호기심으로 오해할 수도 있었기 때문이다. 짐은 책상에서 손을 떼서 무릎에 내려놓았다. "뭔가 잘못된 걸 알았어요. 많이 잘못된 거요. 저한테… 이상한 일이 벌어지고 있다는 거요. 어떤 영향을 받는 느낌, 뭔가가 제 머릿속을 마구 휘젓는 느낌이 들었어요. 꿈은, 그 무서운 꿈은 다른 사람의 꿈인 것만 같았어요."

"기분이 좋지 않았군요…. 악몽을 꿨군요. 유독 강렬한 꿈이었다고 해도 초자연적인 현상으로 설명하는 이유는 뭔가요?"

"엄마는 일요일에 성당에 나가고 아버지도 가끔 같이 갔어요. 독실한 가톨릭 신자 집안은 절대 아니고, 가족이 모여서 기도하지도 않았어요. 집에 성경책도 없었으니까요. 저도 어릴 때 성당에 나가긴 했지만 나이가 들면서 점차 발길을 끊었어요. 엄마는 꽤 유연한 사람이라 저한테 억지로 나가라고 강요하지는 않았어요." 그는 티셔츠를 흔들었다. 여름의 무더위로 몸을 식히려는 것처럼. "한동안, 사실은 몇 달 정도 성당에 나가지 않다가 어느 일요일에, 왜 그랬는지 모르겠는데 성당에 가기로 한 거예요. 그런데 그 냄새, 초랑향 냄새 때문에 속이 울렁거렸어요. 토할 것 같았어요. 거기 더 있지 못하겠더라고요. 쫓겨나는 느낌이 들었어요."

"무척 당황스러웠겠네요."

"네… 그랬죠." 그의 눈에 고마워하는 마음이 드러났다. 내가 그의 경험을 알아줘서, 이해해줘서 고맙다는.

어떤 느낌일까? 악마가 사는 세상에 살면서 무서운 악몽을 꾸다가 지독한 공포에 사로잡힌 채 매일 아침 눈을 떠야 하는 삶이란.

"그 순간이 정확히 기억난다고 했잖아요…."

"그날 친구가 술 마시러 갈 거냐고 물었거든요. 그 친구가 그때 막 운전면허를 따서 아버지 차를 몰고 나왔어요. 우리는 그 차를 타고 시내 술집으로 갔어요. 노천 테이블이 있고 한적하고 경관이 좋은 곳이었어요. 날이 점점 흐려지더니 폭풍우가 시작됐어요. 천둥 번개가 치고 폭우가 쏟아졌어요. 우리는 급히 안으로 뛰어 들어갔지만 이미 흠뻑 젖은 상태였어요. 10시쯤인가 10시 반쯤인가 그보다는 늦지 않게 제 방으로 돌아왔어요. 폭풍우가 그쳤는데도 공기는 여전히 축축했어요. 창문을 열고 잠을 청했어요. 잠이 들락 말락 하는 순간에 방에서 어떤 존재가 느껴졌어요. 전 꼼짝도 못하고 마비됐어요. 그러다 뒤통수를 찌르는 것 같은 무서운 통증이 일어났어요."

그는 팔을 반대편 어깨로 올려서 후두부를 문질렀다. "바로 여기요. 두개골 아래쪽에 뼈가 아치처럼 만져지는 자리가 있거든요? 날카로운 뭔가가 여길 뚫고 지나간 것 같아요. 바로 그때였어요. 그 일이 일어난 순간이요." 그가 눈빛을 반짝이며 몸을 앞으로 숙였다. "그날 밤 꿈은 그전의 다른 어떤 꿈보다 무섭고 끔찍했어요. 자다가 깨보니 머리가 무겁고 지끈거렸어요. 오후 늦게야 겨우 침대에서 나왔지만 감기 기운 같은 게 있었어요. 욕실에서 양치질을 하다 거울을 보고 충격을 받았어요. 제가 달라 보였거든요."

"어떻게요?"

"얼굴이 변해 있었어요."

"남들도 알아챘나요?"

"아뇨. 아주 미세하게 길어진 것 같았어요." 잠시 침묵이 흘렀다. "엄마가 퇴근하고 와서 당장 의사를 불렀어요. 의사가 걱정하면서 몇 주 동안 여러 번 진찰하러 왔어요. 제가 탈진한 상태라 병원에 입원해서 요양을 해야 할 것 같다고 말했지만 결국 그렇게 하지는 않았어요. 의사가 새 약을 처방해줘서 기분이 조금 나아졌어요. 그래도 학교는 가고 싶지 않았어요. 학교로 돌아갈 준비가 되지 않아서 슈퍼마켓에서 물건 채워 넣는 일자리를 구했어요."

"의사가 무슨 약을 처방했는지 기억납니까?"

"항우울제였을 거예요."

"우울했나요?"

"아마도… 잘 모르겠어요."

"의사한테는 성당에서 일어난 일을 말해주지 않았나요? 당신 방에서 느꼈던 존재와 악몽을 꾼 일에 관해서도요?"

"네, 안 했어요." 그는 고개를 저었다. "그런 얘기는 아무한테도 하지 않았어요."

"지금은 기분이 어떤가요? 나한테 털어놓고 나니까?"

"쉽지는 않았어요. 그래도 기분이…." 그는 의외라는 듯 말했다. "괜찮네요."

나는 펜을 내려놓고 짐의 환자 기록부를 덮었다. "왜 성당에서는 도움을 청하지 않았어요?"

"하느님께도 도와달라고 빌었어요. 성당에 오래 머물면서 열심히 기도했어요. 그런데 항상 기분이 좋지 않았어요. 지금은 성당을 보기만 해도 속이 울렁거려요."

"신부님들은요? 신부님들한테 왜 말하지 않았어요?"

"그분들은 편하지가 않아요. 엄마가 다니는 성당의 신부님들은 별로 맘에 들지 않았어요. 한 분은 나이가 많고 (비틀거리고) 다른

한 분은 성격이 좀 있었어요. 교구 사람들이 그분 험담을 많이 했어요."

나는 시계를 보았다. 상담이 한 시간 넘게 이어졌다. 나는 상담을 마무리하면서 다음 상담 시간을 제안했다. "네, 그렇게 할게요. 고맙습니다." 그는 이렇게 말하고 상담실을 나서면서 문 앞에서 잠시 머뭇거렸다. 복도에 형광등이 환하게 켜져 있어서 그의 검은 실루엣만 보였다. 그는 손을 들고 마지막으로 떠나는 손짓을 했고, 나도 마주 손을 들었다. 멀어져가는 그의 발소리가 들렸다. 비는 그쳤지만 뚝뚝 떨어지는 물소리는 계속 들렸다. 나는 한동안 짐이 앉아 있던 빈 의자를 보았다.

악령에 사로잡힌 사람과 마주 앉아 관찰하고 의문을 품으면서 인간 본연의 공포가 은근히 올라오는 상태를 느끼고 있으니 불안해졌다. 나는 짐의 환자 기록부를 서류가방에 넣고 코트를 집었다.

의식의 지하세계

"악마가 당신한테 말을 걸어요?"

"목소리 같은 게 들리는 건 아니고…."

"그럼 악마가 뭔가를 시킬 때는 어떻게 전해요?"

"그런 식으로 되는 게 아니에요. 악마가 저한테 뭘 하라고 시키는 게 아니에요."

"그럼 악마가 어떻게 당신이 매춘부를 찾아가게 만든다는 겁니까?"

"공중전화 부스 앞을 지날 때 그 안에 들어가서 명함을 보기로 결정하는 건 저예요. 매춘부 사진을 보는 것도 저고요. 그 여자들이 매력적이라고 생각하는 것도 저예요. 섹시하다고 생각하는 것도."

나는 어리둥절했다. "당신이 전화하게 만드는 건 악마잖아요?"

"아뇨." 짐이 말했다. "악마는 제가 옳고 그름을 고민하지 못하게 만들어요."

"악마가 왜 당신한테 말을 걸지 않을까요?"

"그런 건 못하는 거 같아요. 그만큼 힘이 센 것 같지는 않아요."

"악마가 그렇게 힘이 세지 않다면 당신은 왜 악마의 영향을 거부하지 못하는 건가요?"

"악마는 지치지 않으니까요. 그러면서 절 지치게 만들어요. 전화하지 않겠다고 결심할 때도 있지만 어느새 의지가 약해져요. 이런 생각이 들어요. 이런다고 해로울 거 있나? 딱 한 번만 더 하고 그만두자."

"악마가 다른 쪽으로도 당신에게 영향을 미치나요?"

"아뇨. 악마의 영향은 제한적이에요. 매춘부를 찾아가는 일에만 영향을 미치고 다른 쪽으로는 전혀 영향을 주지 않아요."

"악마가 폭력을 휘두르게 한 적은 없군요."

"네."

"매춘부랑 같이 있을 때 과격한 생각이나 충동이 일어난 적이 있나요?"

"아뇨."

"확실해요?"

"폭력은 역겨워요. 특히 성폭력은."

"악마가 당신한테 폭력적인 생각을 주입할 수는 없을까요?"

"그런 식으로 되는 게 아니에요. 악마는 제 양심에 끼어드는 식으로 제게 영향을 미쳐요. 제가 원해야만 폭력을 휘두르는 거예요. 제가 명함에 있는 그 여자들을 찾아가기를 원하는 것처럼. 악마가 옳고 그름을 따지는 제 감각에 혼란을 일으켜야 실제로 제가 폭력적이 되는 거예요."

악마가 행동에 영향을 미치는 방식에 대한 짐의 이해는 신경과학과 정신분석학 두 가지 모두와 놀랄 만큼 일치한다. 원시적 충동이 표출되려면 전두엽의 억제기제가 작동하지 않아야 한다. 정신분석학의 관점에서 보면 미성숙하고 관대한 초자아super-ego에 해당한다.

"혹시 악마가 어떻게 생겼는지 알아요?" 내가 물었다.

"가끔 꿈에 얼굴이 보여요. 그게 그놈인 거 같아요."

"어떤 얼굴인데요?"

"왜 있잖아요." 짐이 두 손을 머리 양옆으로 올려서 검지로 뿔 모양을 만들어 보였다. 유치한 캐리커처를 우스꽝스럽게 표현하는 것일 수도 있지만 그의 표정이 사뭇 진지해서 나도 모르게 그의 두려움에 공감해 고통을 느꼈다. 나는 그렇게 심각하게 침해당하는 느낌이 어떤 건지 속으로 다시 물었다. 우리의 대화에서 중요한 부분을 적으려는데 짐이 말했다. "그놈 이름을 알아요."

나는 적다 말고 자명한 질문을 던졌다. "악마가 당신한테 직접 말할 수 없다면서 이름은 어떻게 알아냈어요?"

짐은 잡지에서 알파벳 철자를 모두 오려서 테이블에 둥글게 늘어놓았다고 했다. 그런 다음 포도주 잔을 엎어서 손끝을 대고 악마에게 정체를 밝히라고 요구했다. 잠시 후 포도주 잔이 스스로 움직이며 한 글자 아래로 갔다가 다른 글자 아래로 옮겨갔다.

"아즈고로스 Azgoroth." 짐이 말했다.

"아즈고로스." 내가 되뇌었다.

중세 주술사들은 위계질서에 집착했다. 지옥에도 도시국가나 국가처럼 군주, 대사, 시종, 관료의 지휘체계가 있다고 믿었다. 훗날 나는 신비로운 지명 색인을 살펴보다가 지옥의 재무상 아스타로스 Astaroth, 아스테레스 Astereth(아스타르테 Astarte라고도 한다), 지옥의 장군 아자젤 Azazel을 발견했다. 색욕의 마왕 아스모데우스 Asmodeus도 있었다. 그런데 아즈고로스는 어디에도 없었다.

나는 점심시간에 주로 지금은 테이트브리튼으로 불리는 미술관을 둘러보았다. 라파엘전파 Pre-Raphaelite 전시실을 특히 좋아했고, 이

방에서 본 단테 가브리엘 로제티Dante Gabriel Rossetti의 하데스의 여왕 페르세포네에게 매료되었다. 아름다운 여인이 음침한 복도에 서 있는 모습을 그린 훌륭한 초상화다. 여인 뒤의 벽면은 지상세계의 정사각형의 빛으로 환했다. 윤기 나는 머릿결과 관능적인 붉은 입술이 긴 코와 단단한 턱으로 보완된다. 여인의 얼굴은 강인해 보이지, 예쁘지는 않다. 옆으로 비스듬히 서 있고 (어깨에서 흘러내릴 듯 걸친) 가운 위로 상체의 완벽한 근육이 드러난다. 손에는 석류를 들고 있는데, 그 속의 과육이 드러나서 노골적으로 여성의 성기를 상징한다. 지하세계로 아주 깊숙이 내려가야만 관능적인 것을 접하는 것은 아니다. 지하세계와 프로이트의 무의식은 사실상 동일한 장소다.

병원으로 돌아가는 길에 근처 카페에서 지난번의 그 정신과 의사를 다시 만났다. 그녀가 짐에 관해 물었다. 나는 그동안의 과정을 짧게 요약해주었다.

"그럼, 그 환자를 어떻게 치료할 생각인가요?" 그녀가 물었다.

"아직 잘 모르겠어요." 내가 답했다.

그녀는 점심을 마저 한 입 가득 물고 냅킨으로 입을 눌러 닦았다. "별로 조급해 보이지는 않네요."

"사례 개념화가 가장 중요하니까요…."

그녀는 인상을 찌푸리며 말했다. "좋아요. 그럼 이렇게 정리해보죠. 선생님은 매춘부를 자주 찾아가는 남자를 상담하는데, 그 환

자는 머릿속에 악마가 있다고 믿어요. 선생님은 그게 문제라고 생
각하지 않고요."

"전 그 환자가 좋아요…."

"그게 무슨 상관인가요?"

"그 환자가 누구한테 해를 끼칠 것 같진 않아요."

그녀는 눈썹을 치떴다. "아, 잘됐네요. 그럼…." 내가 대꾸하지 않
자 그녀가 다시 말을 이었다. "약물 치료를 생각해봐야겠어요."

"그 환자한테 약이 필요한지 모르겠는데요."

"머릿속에 악마가 있다고 믿는다면서요. 그런데도 약이 필요한
지 모르겠다고요?"

"전 심리치료자예요. 가설적 개념으로 접근하는 데 익숙합니다."

"그런데 그 가설적 개념이 그 환자에게 다음번에 만나는 매춘부
의 목을 조르라고 시킨다면요?"

"목소리가 들리는 건 아니래요. 그런 식으로 되는 게 아니에요."

그녀의 가지런한 눈썹이 조금 올라갔다. "선생님이 틀렸다면요?"

한 번은 병원에서 나가려는데 문이 잠겨 있었다. 전자식 잠금장
치라서 경비에게 열어달라고 부탁하자 그가 로비 건너편의 창백
하고 깡마르고 기름 낀 긴 머리의 젊은 여자를 가리켰다. 여자는
마약 중독자였다. 늦은 시간이고 몹시 피곤해서 빨리 집에 가고 싶
었다.

"문 좀 열어줄래요?"

"안 돼요." 경비가 말했다. "안 됩니다. 저 여자가 당장 길거리로 뛰쳐나갈 거예요. 저 여자를 밖으로 내보내면 안 돼요."

나는 그 여자를 돌아보고 다시 문을 보았다. 그 여자가 오기 전에 얼른 빠져나갈 자신이 있었다. 거리가 충분했다.

"부탁이에요. 문 좀 열어주세요." 나는 부탁한다고 말하기는 했지만 정중한 부탁과는 거리가 멀었다.

"그래요, 문 열어요." 젊은 여자가 소리쳤다. "아무 짓도 안 해요. 안 한다니까…."

경비는 불안한 표정이었다. "선생님이 책임지실 겁니까?"

내가 답했다. "네, 제가 다 책임집니다."

나는 손잡이를 잡았고, 잠금장치가 딸각거리는 순간 놀랍게도 그 여자가 바로 옆에 와 있었다. 로비를 뛰어서 건너온 게 아니라 순간이동을 한 느낌이었다. 여자가 탈출하는 걸 막기 위해 급히 팔을 뻗어 문을 막았다. 그러자 여자는 내 손을 콱 깨물었다. (한 손으로는 문을 닫으려고 잡고 있고 다른 손으로는 여자가 나가지 못하게 막느라) 나는 꼼짝도 하지 못했다. 구조팀이 도착해서 여자를 떼어 놓기 전까지 여자가 내 손을 물어뜯는 걸 바라보고만 있었다. 1년 가까이 지워지지 않은 그 흉터를 볼 때마다 내 어리석음을 깨닫곤 했다.

"선생님이 틀렸다면요?" 정신과 의사의 목소리가 다시 들렸다.

악마에게 책임을 떠넘기다

19세기 말 파리에서는 악령이 들린 수많은 사람이 유명한 살페트리에르병원에서 치료받았다. 이렇게 악마가 갑자기 기승을 부린 현상은 심령술이나 신비주의에 대한 관심이 높아진 현상과 일치했다. 얄궂게도 심령술이 동력을 얻은 이유는 신비주의보다는 과학기술 때문이었다. 영매가 죽은 사람에게 메시지를 받던 때는 전신으로 원거리 통신이 가능해진 시기와 맞물렸다. 몇 년 후 전화가 육체에서 분리된 목소리를 전송했고, 라디오는 영혼의 대화가 천상의 방송처럼 들릴 수 있다는 관점에 신빙성을 더해주었다.

회의적인 사람들은 죽은 사람과 소통하는 강신회 séance가 사후세계의 증거가 아니라 인간의 뇌를 들여다보기 위한 중요한 통찰이라고 보았다. 영매는 영혼의 안내자와 교신하고 이상한 언어로 말하고 자동 글쓰기 automatic writing ●로 뭔가를 끼적였다. (주로 신경과학자들은) 마음의 여러 부분이 분리되어 독립적으로 작동할 때 이런 현상이 발생한다고 보았다. 신경과학자들은 영매와 다중인격 환자의 유사성을 지적했다. 영혼의 안내자와 악마는 단순히 한데 묶여서 정체성을 부여받은 무의식적 기억을 의미할까? 이 개념과 유사한 현대적 개념이 있다. 자가조직 인공지능 Self-organizing Artificial Intelligence 도

● 의식적 사고를 벗어나 무의식적 생각의 힘을 따라가는 글쓰기.

발달하고 자율성을 얻는다. 마이크로소프트에서 2016년에 출시한 챗봇 '틴걸teen girl'은 세상에 나온 지 24시간 만에 섹스에 집착하고 히틀러를 숭배하는 음모론자가 되었다. 마이크로소프트는 이 챗봇을 곧바로 삭제하지 않을 수 없었다.

19세기에 악령이 들린 사람들의 흥미로운 사례 가운데 프랑스의 대학자 피에르 자네Pierre Janet가 보고한 사례가 있다. 자네는 뛰어난 학자였지만 불행히도 과학사에서 가장 공적을 인정받지 못한 사람으로 남았다. 그는 1889년에 의학 연구를 시작하고 살페트리에르병원에서 심리분석 기법을 개발했다. 그가 잠재의식이라고 부른 마음의 한 영역에서 기억을 탐색하는 방법이다. 자네의 심리분석기법의 기본 원리는 프로이트와 브로이어의 치료법과 일치한다. 다만 프로이트와 브로이어가 심리치료를 '창시한' 인물로 평가받는 데 반해, 자네는 프랑스 바깥에서는 잘 알려지지 않았다.

1890년이 끝나갈 무렵에 악마에 사로잡힌 서른세 살의 아쉴이라는 사람이 살페트리에르병원에 들어왔다. 그는 자기 몸을 때리고 신성모독 발언을 쏟아내고 이따금 악마의 목소리로 말했다. 그는 6개월 전쯤 출장을 갔다가 다른 인격이 되어 돌아왔다. 아내와 말도 하지 않고 침울하고 정신이 다른 데 팔려 있었다. 의사들은 아무것도 설명하지 못했다. 아쉴의 상태는 기괴한 방향으로 악화되었다. 두 시간 내내 웃어대거나 지옥과 악마와 마귀의 환각을 경험하거나 두 다리를 묶은 채 연못에 뛰어들었다. 연못에서 구조되자 그는 자기가 악령에 사로잡힌 건지 시험해보려고 그랬다고 말했다.

당시 자네는 환자를 최면요법으로 치료하고 있었다. 하지만 아쉴은 최면에 저항해서 아무런 반응을 보이지 않았다. 다행히 자네는 창의적인 치료자라서 아쉴의 잠재의식과 자동 글쓰기 기법으로 소통할 수 있을 것으로 보았다. 그는 아쉴의 손에 연필을 쥐어주고 질문을 중얼거렸다. 아쉴이 답변을 끼적이기 시작하자 자네가 물었다. "당신은 누굽니까?" 아쉴은 "악마"라고 적었다. 그러자 자네는 교묘하게 그에게 정체를 증명할 힘을 보여달라고 요구했다. 악마가 아쉴에게 (그의 의지에 반해서) 최면을 걸 수 있다면 설득력이 있을 거라고 말했다. '악마'는 자네의 요구대로 했고, 자네에게는 환자에게서 진실하고 직접적인 대답을 받아낼 수단이 생겼다.

우리는 뭔가 고백하고 싶을 때 직접적으로 고백하지 않는다. 모호하게 에둘러서 속내를 전달한다. 자네의 치료법은 우회적으로 접근해서 아쉴이 스스로 부담을 벗어버릴 수 있도록 도와주었다. 사실 아쉴은 출장 중에 아내 몰래 불륜을 저질렀다. 자네는 이런 결론에 이르렀다. "이 환자의 병은 악마를 생각하는 것이 아니다. 악마 사고는 부차적인 문제이고 미신을 믿는 생각이 낳은 해석이다. 환자의 진정한 병은 회한이다." 자네는 아쉴에게 아내가 용서해줄 거라고 거듭 안심시켜서 병의 궁극적 원인인 죄책감과 불안을 잠재울 수 있었다. 자네의 치료법은 기대를 조작하는 방식의 정교한 사이코드라마로 이해하는 편이 가장 쉬울 것이다. 치료법이 '시연되자' 아쉴은 진실을 말하고 싶어졌다(혹은 말할 수 있게 되었다).

아쉴은 아내를 배신한 책임을 감당하지 못했다. 도덕적으로 불편한 마음을 덜기 위해 자신의 일부(불륜에 책임이 있는 일부)를 분리시켜서 단절하고 마음속 가장 깊은 곳에 감춰두었다. 우리가 일상적으로 나누는 대화에는 모호한 대상에게 책임을 떠넘기는 표현이 많다. "내가 뭐에 씌었었나 봐" 또는 "내가 제 정신이 아니었어"라고 말한다. 스스로 용납할 수 없는 행동을 초자연적인 존재의 탓으로 돌리는 것이다. "내가 악령에 씐 것 같았다"라고 말이다.

아쉴은 아내 몰래 불륜을 저지르고 곧바로 악마가 나오는 꿈을 꾸기 시작했다. 그 꿈은 아쉴에게 그의 잘못된 행동은 악마에 홀려서 한 짓이라고 말해주었고, 그는 곧 자신의 분리된 일부를 악마로 간주했다. 이런 갑작스러운 변화는 아쉴의 어린 시절을 보면 이해하기 쉽다. 그는 미신을 많이 믿는 집안에서 자랐다. 아버지는 나무 아래서 악마를 만난 적이 있다고 주장했다. 어린 아쉴은 거기에 세뇌당한 셈이었다. 그리고 성인이 되어서는 세상사를 초자연적 개념으로 해석하는 경향을 보였다.

짐은 아쉴이 불륜을 자책하는 것처럼 매춘부를 찾아가는 문제로 우울해했다. 짐의 악마도 비슷한 목적을 수행했다. 짐이 악마의 지배를 받고 있는 거라면 그의 부도덕한 행위에 대한 책임을 면할 수 있을 것이다.

나는 정신과 의사에게 전화를 걸었다.

"생각해봤는데요. 선생님 말씀이 맞는 것 같습니다. 제 환자를 진찰하고 약물 치료를 의논해주시겠어요?"

내가 왜 정신과 의사의 도움을 받을 생각을 하지 못했는지 의아했다. 전문가답지 못한 태도일 수도 있었다. 짐은 약을 먹고 좋아질 수도 있었다. 그러면 나는 쓸모없는 존재가 되고 실망할 터였다. 나는 내 환자를 놓아주고 싶지 않았던 것이다.

잘못된 귀인

짐이 휘청거리며 상담실에 들어선 순간 나는 뭔가 잘못된 걸 알았다. 그는 의자에 앉았고, 겨우 말을 붙여봤지만 그는 어눌하게 횡설수설했다. 면도도 하지 않고 옷차림도 엉망이었다. 어느 부분은 너무 꽉 끼고, 어느 부분은 너무 헐렁했다. 대답을 하나 듣기 위해 같은 질문을 몇 번씩 되풀이해야 했다. 그는 눈을 게슴츠레하게 떴고, 그나마도 버거워 보였다. 간간이 그에게 가서 흔들어 깨워야 했다.

짐은 항정신병 약물인 리스페리돈에 심각한 부작용을 보였다.

"짐… 내 말 들려요?"

그의 머리가 옆으로 기울었다. 왼쪽 눈은 감고 오른쪽 눈은 뜬 채였다. "네…."

"약을 중단하는 게 좋겠어요. 네?"

"약이…."

"네. 리스페리돈이요. 당신한테 효과가 없는 거 같아요."

"네, 그런 거 같아요. 엄청 피곤해요."

"오늘 저녁에는 출근하지 않는 게 좋겠어요. 경비회사에 전화할 게요. 몸이 좋지 않다고 말할게요. 괜찮죠?"

"네, 좋아요."

"전화번호 알아요?"

"어디 있을 텐데." 그는 다이어리를 뒤적이는 둥 마는 둥 하더니 몸을 푹 수그리고 머리를 손으로 받쳤다.

약에 그렇게 심한 반응을 보이는 환자는 본 적이 없었다. 그러면 안 되지만 나는 (내심) 기뻤다.

짐은 망상장애를 앓았다. 다만 일반적인 유형(예: 애정형이나 질투 형)으로 분류되지 않는 망상이었다. 해당 범주(DSM 제5판의 몇 가지 범주)에 꼭 들어맞지 않는 망상에도 망상장애 진단을 내릴 수 있다. 다만 '불특정형'으로 분류된다.

사랑과 불륜에 관한 망상은 현실과 크게 동떨어지지 않았다. 사 람들은 실제로 사랑에 빠지고 서로를 배신한다. 하지만 악령이 들 린 상태는 인간의 보편적인 경험이 아니다. 따라서 악령이 들린 망 상을 설명하는 것은 더 어렵다. 그럼에도 짐의 과거를 보면 그런 망상이 타당한 결과로 보였다.

짐은 두통을 느끼기 시작했을 때 일종의 정신 발작을 일으켰을 수 있다. 만약 그때 악몽을 꾸지 않았다면 그냥 지나가는 일로 끝났을 것이다. 악몽과 편두통이 결합했지만 짐은 그런 사실을 알아채지 못한 채 악령에 사로잡힌 줄로만 알았다. 당시 그는 10대 청소년이라 테스토스테론이 몸에 가득 차 있었다. 당연히 꿈은 성적이고 생생했다. 예민한 소년은 전에는 경험해본 적 없는 괴상한 상상을 불쾌하고 생경한 것으로 체험했다. 매일 아침 본능적으로 코를 킁킁대며 지옥의 유황 냄새를 맡아보았을 것이다.

머릿속에 들어온 악령에 대한 짐의 설명은 독특하다. 방 안의 존재, 마비, 두개골 아래를 찌르는 통증, 무서운 꿈. 그런데 이런 경험은 사실 꽤 흔한 것이고 악몽과 마찬가지로 편두통과 강력하게 연결되었다. 수면마비는 주로 수면의 과도기, 막 잠이 들거나 깨는 순간에 나타난다. 수면마비가 나타나면 의식이 있고 때로는 눈도 뜨고 있지만 몸이 말을 듣지 않는다. 호흡 곤란과 극심한 불안과 환각(촉각으로 느껴지는 고통)이 나타날 수도 있다. 수면마비의 가장 흔한 증상은 어떤 존재에 대한 감각이다. 이를테면 누군가 혹은 무언가가 방 안에 있다고 느끼는 것이다.

수면마비의 정확한 원인은 아직 밝혀지지 않았지만 스트레스가 한 요인이다. 짐은 증상이 시작될 때 엄청난 스트레스에 시달리고 있었다. 주위에서 공부를 잘한다는 기대를 많이 하고 있어서 시험이 다가오자 점점 압박감을 느꼈을 것이다.

인간과 성교하는 악마인 인큐버스incubus는 수면마비로 생긴 상상의 존재라는 것이 거의 정설이다. 인큐버스는 신화와 전설에 나오고 고딕 미술과 문학에도 자주 등장한다. 화가 헨리 푸젤리Henry Fuseli의 장엄하고 음산하고 관능적인 〈악몽The Nightmare〉에는 잠자는 여자가 자신의 배에 올라탄 괴물에 의해 황홀경에 빠지는 장면이 있다. 잡지 편집자들이 수면마비 기사의 삽화로 애용하는 그림이다.

우리가 꿈을 꿀 때는 몸의 근육이 거의 마비된다. 지극히 정상이다. 수면마비는 깊이 잠들기 전에 막 꿈을 꾸기 시작할 때 나타나는 듯하다. 의식의 지하세계, 곧 꿈을 꾸는 상태와 깨어 있는 상태의 중간지대에 머물러 있는 것이다. 몸이 말을 안 듣고 자신의 상태를 지각하지도 못하는 상태다.

짐은 (술 마시러 간 다음 날) 느지막이 일어났을 때 모든 감각을, 심지어 피곤한 상태와 가벼운 바이러스에 감염된 상태까지도 모두 악령에 홀린 상태로 해석했다. 그는 인지심리학에서 확증편향confirmatory bias이라고 부르는 성향, 곧 기존의 가설이나 믿음에 부합하는 정보를 찾아내고 해석하고 중시하는 성향을 보였다. 누구나 이런 편향을 보인다. 사람들은 자신이 지지하는 정치적 입장을 더 굳건히 해줄 만한 기사를 찾아 읽는다. 사실 자신의 견해를 철저히 검증하려면 반대쪽 주장을 찾아 읽어야 한다. 확증편향은 우리를 신념의 참호 속으로 끌고 들어간다.

짐은 거울 속의 자기 얼굴이 변했다고 했다. 불안해지면 과호흡이 오고, 과호흡을 하다 보면 지각 왜곡이 생길 수 있다. 실제로도 얼굴이 달라 보였을 것이다. 그리고 어머니와 성당에 갔을 때도 불안감에 속이 메스꺼웠을 것이다.

짐이 초반에 겪은 두통은 편두통이지만 나는 짐이 그즈음 시달린 두통의 원인을 불안에서 찾으려 했다. 짐은 두통을 악령이 들린 징후로 믿었다. 그래서 더 불안해지고 머릿속 감각에 예민하게 신경 썼다. 두개근 긴장이나 대뇌혈관 확장(과호흡 증후군에 의한 현상), 혹은 두 가지 모두로 인해 두통이 생길 수 있다. 지속적인 두통은 머릿속에 악마가 산다는 짐의 믿음을 확인해주는 징표였다. 짐이 망상에 사로잡혔을 수 있지만 그의 망상은 실제로 몸에 나타난 지각 왜곡과 메스꺼움과 두통에 의해 유지되었다.

짐이 악령에 씌었다는 생각에 점차 익숙해지자 악마는 다른 목적을 수행하기 시작했다. 짐은 악마의 명령으로 매춘부를 찾아간 것이라면서, 자신의 가치관을 거스르는 행동의 책임을 악마한테 떠넘겼다.

이런 잘못된 귀인이 차곡차곡 쌓여 악마가 만들어진 것이다. 하지만 각각의 상황은 (그 자체로 보면) 딱히 일탈적인 것도 아니고, 악령에 홀린 끔찍한 경험은 사실 수면 장애에 지나지 않았다. 스토아학파의 철학자 에픽테토스Epiktētos는 이렇게 적었다. "인간의 마음을 어지럽히는 것은 사건이 아니라, 사건을 보는 관점이다." 짐의 문제를 한 마디로 정리한 말이다.

그러면 나는 짐의 상담을 어떻게 진행해야 할까?

정신의학의 고전으로 데이비드 에녹David Enoch과 해드리언 볼Hadrian Ball의 《이례적 정신질환 증후군Uncommon Psychiatric Syndromes》이라는 책에는 악령이 들린 상태에 관해 이렇게 적혀 있다. "악마의 존재는 과학 연구로 입증되지도, 반증되지도 않았다." 심리치료자가 환자의 확고한 신념을 수정하고 싶다면 인간애와 존중하는 마음으로 다가가야 한다.

"당신이 겪는 증상을 다르게 설명할 수 있을지 생각해본 적 있습니까?"

"음." 짐이 말했다. "그럼요. 이런 생각도 들어요. 혹시 내가… 아픈가 하고."

"또요?"

"제가 미친 소리 하는 건 알아요." 그는 희미한 미소를 지었다. "그래도 미친 느낌이 들지는 않거든요."

"두 가지 가능성이 있어 보여요. 일단은 당신의 문제가 악령에 홀린 결과일 가능성이 있고, 또 하나는 심리 문제일 가능성이 있어요. 당신은 항상 첫 번째 가능성을 선호했고, 나도 그 생각이 옳을 수도 있다고 봐요."

짐이 놀라서 물었다. "정말요? 정말 그렇게 생각하세요?"

"네."

짐은 걱정스러운 표정을 지었다. "선생님이 보시기에도 정말 제가 악령에 홀린 것 같아요?"

나는 어깨를 으쓱했다. "나도 다 아는 건 아니에요. 무엇이 가능하고 무엇이 가능하지 않다고 확실히는 말할 수 없어요. 물론 나는 심리로 설명하는 쪽을 선택하고 싶지만 일단 생각을 열어두는 게 도움이 될 겁니다. 초자연적이든 심리적이든 어느 한쪽만 믿어버리면 안 돼요. 몇 가지 실험을 해보기 전에는."

짐은 흥미를 보이면서도 미심쩍어했다. "실험이요? 실험은 어떻게 하는데요?"

"좋아요. 두통을 예로 들어보죠. 두통이 악령에 홀려서 생긴 거라고 믿잖아요. 그런데 사실은 다른 원인으로, 다른 일상적인 원인으로 두통이 생길 수도 있어요. 두통의 가장 흔한 원인이 뭘까요?"

"잘 모르겠어요."

"추측해봐요."

"긴장, 스트레스…."

"맞아요, 스트레스. 두통이 스트레스 때문에 생긴 거라면 긴장을 이완하면 어떻게 될까요?"

"두통이 사라지겠죠."

"그럼, 그게 무슨 뜻일까요?"

그는 자명한 결론 앞에서 멈칫했다. "그런데 저도 가끔 긴장을 풀어보지만 별 차이를 못 느끼겠어요."

"긴장을 푼다고 생각하는 거겠죠. 사실은 긴장을 푸는 게 아닐 수도 있어요. 몸은 계속 긴장하고 있을지도 몰라요."

나는 책상 서랍을 열고 바이오피드백 장치를 꺼냈다. 흰색 플라스틱 실린더의 둥근 양끝에 금속밴드가 감겨 있는 장치였다. 안타깝게도 남근 모양이라 긴장을 풀기보다는 자극하는 용도로 보일 수도 있었다.

"그게 뭐예요?" 짐이 어리둥절해하며 물었다.

엄지로 스위치를 돌리자 장치에서 낮은 신호음이 나왔다. "땀샘 활동을 탐지하는 장치예요. 스트레스를 받으면 땀이 나는데(어떤 때는 미량으로 난다) 땀이 나면 이 신호음이 올라가요. 긴장이 풀리면 신호음이 내려가고요. 바이오피드백 장치예요. 지금은 기분이 어때요?"

"괜찮아요."

"스트레스를 받는 상태가 아니군요."

"그런 거 같아요."

나는 짐에게 장치를 건넸다. "그냥 느슨하게 잡아요. 그렇게 잡고만 있으면 돼요."

당장 신호음이 올라가기 시작했다. "아… 생각보다 스트레스가 심했나 봐요."

"꼭 그렇진 않아요. 이건 당신한테 새로운 상황이잖아요. 새로운 상황에서는 누구나 조금 불안해지거든요. 이건 무척 민감한 장치예요. 잠깐 기다리면서 신호음이 고르게 나는지 봅시다." 신호음은 계속 올라갔다. "좋아요. 눈을 감고 마음을 비워봐요. 호흡에 집중하세요. 숨을 들이쉬면서 배가 조금 나오는 걸 의식하고, 숨을 내쉬면서 배가 살짝 들어가는 걸 의식해봐요. 가슴이 아니라 배로 호흡하려고 해보세요." 짐은 내 지시를 따랐고, 신호음이 내려가기 시작했다. 내가 말했다. "좋아요. 잘하고 있어요."

우리는 몇 가지 이완운동을 연습했다. 복식호흡과 간단한 명상법과 심상치료법(평화로운 장면에 대한 설명 듣기)을 더 시도했다. 모든 연습이 효과적이었고, 신호음이 계속 내려갔다.

내가 계속 말을 이었다. "두통이 생길 때마다 이 장치를 이용해보세요. 그러면 어떤 방법으로 이완하든 반드시 효과가 나타날 거예요. 그런 다음 이완이 두통에 어떤 효과를 주는지 의식해보세요." 짐이 스위치를 반대로 돌리자 신호음이 꺼졌다. "괜찮아요?"

짐은 고개를 끄덕였다. "좋아요."

다른 가능성을 채택하다

짐의 핵심 문제는 망상이었다. 무서운 수면마비를 경험하면서 처음 생성된 망상은 스트레스와 불안 관련 증상을 잘못 해석하면서 유지되었다. 짐이 아즈고로스의 존재를 믿지 않으면 자제심이 부족해서 저지른 행위에 대한 책임을 물을 대상이 없어지고 자신의 행동을 스스로 책임져야 했다. 성장하고 성숙해야 했다. 나는 치료가 잘되면 짐의 성격과 성 행동이 재구성될 것으로 기대했다. 짐은 자기를 덜 유별나게 바라보고 좀 더 평범한 존재로 살아갈 수 있을 터였다. 여자를 만나 사랑에 빠지고 의미 있는 관계를 맺을 수 있을 터였다. 언젠가는 다정하고 자상한 남편이자 아버지가 될 수도 있을 터였다. 하지만 일단 망상부터 깨져야만 가능한 일이었다.

나는 짐이 다음 상담 시간에 오기를 초조하게 기다렸다. 작은 상담실 안에서 서성이며 철창이 덧대진 창문을 돌아볼 때마다 갇힌 느낌이 들었다. 그의 바이오피드백 실험 결과에 많은 것이 걸려 있었다. 좋은 출발은 자신감을 북돋는다.

짐은 상담실에 들어서면서 고개를 저으며 2분 늦었다고 미안해했다. "죄송해요. 버스가….." 청바지와 청재킷과 체크무늬 셔츠에 데저트부츠를 신었다. 겉보기에는 특별히 달라진 것 같지 않았다. 나는 지난 상담의 내용을 되짚으면서 질문을 던졌다. "바이오피드백은 어떻게 됐어요?"

"음, 두통이 생길 때마다 신호음이 내려갈 때까지 이완했어요. 통증이 심하지 않았어요."

"두통이 완전히 사라졌나요?"

"네… 두 번 그랬어요."

"그래서 어떤 결론에 이르렀나요?"

짐은 한숨을 쉬었다. "제가 그동안 잘못 생각했던 거 같아요…." 어렵사리 인정하는 듯했다. "두통에 관해서는요, 어쨌든."

"악마와 악마의 영향력에 관한 책이 상당히 많습니다. 그중에 바이오피드백으로 악마의 힘을 억제하는 방법을 소개한 책이 있을까요?"

"없겠죠, 아마도…."

"그에 반해 이완기법이 긴장성 두통에 효과적이라고 밝히는 논문은 수두룩합니다."

짐은 말이 없었다. 힘껏 숨을 내쉬며 목구멍에서 긍정의 대답을 내보냈다. 악마의 손아귀에서 벗어날 가능성, 실망할까 두려워서 인정하지 않으려 한 가능성이 갑자기 그럴듯해 보였다. 한 줄기 빛이 그의 어둠을 뚫고 들어왔고, 그는 이상한 소리를 냈다. 조심스럽게 내보는 웃음처럼 들렸다. 그는 아주 오랫동안 즐거운 적이 없는 사람이었다.

"또 할 수 있는 게 있을까요?" 짐이 물었다. "다른 실험 같은 거요."

"있어요. 해볼 생각이 있다면요."

이후 몇 차례에 걸친 상담에서 나는 끈질기고 조심스럽게 탐색하는 태도로 접근했다. 우리는 자료를 수집하고 증거를 평가하고 결론을 끌어냈다. 어느 한순간도 나는 악령에 사로잡혔다는 그의 믿음을 묵살하거나 하찮게 여기지 않았다. 단지 다른 가능성을 고려해보자고 제안했다.

나는 그의 사례에 대한 개념화를 제시했다. 신체 증상과 잘못된 귀인이 망상 신념을 어떻게 유지하고 강화하는지 보여주는 악순환의 도표였다.

"그럼 모든 게 제 마음속에 들어 있는 게 아니군요."

"네. 당신이 **상상한** 게 아니에요. 문제는 해석에 있어요."

흔히 말하듯 악마는 디테일에 있다.

이후 두 달 동안 짐은 아즈고로스의 존재를 점점 덜 믿었고, 매춘부도 찾아가지 않았다. 나는 우리의 상담에서 얻은 소득이 굳건해졌는지 확인하고 싶었고, 아직 궁금한 게 많았다. 애초에 짐은 왜 자신이 악마에게 사로잡힌 상태라고 생각했을까? 그의 가족은 그가 말한 것보다 더 종교적이었을까? 그는 또 한 명의 아쉴이었을까? 그리고 그는 왜 성적 일탈에 대한 책임을 받아들일 준비가 되지 않았을까? 심리치료 환자를 대할 때 자주 그렇듯이 나는 짐에 대한 이런 질문의 답을 찾지도, 그의 치료에서 만족스러운 결과를 얻지도 못했다. 그는 두 차례 상담을 취소하고 기분이 훨씬 나아졌다는 메시지를 보냈다. 그날이 마지막 상담이었던 것이다.

내가 알기로 짐은 비뇨기과에도 가지 않았다. 지역 병원 기반의 비슷한 서비스를 이용하지도 않았다. 그가 한동안은 공중전화 부스에 놓인 명함의 유혹을 뿌리쳤을 거라고 생각하는 편이 안전할 것이다. 하지만 그 뒤로 짐이 어떻게 됐는지는 전혀 모른다. 사실 정신건강 관련 질병은 재발률이 상당히 높다.

내가 짐에게서 악마를 쫓아냈기를 바란다. 그가 지금쯤 결혼해서 잘 살고 있기를, 다 허물어져가는 가축우리 같은 싸구려 방에 널브러져 있지 않기를, 그 옆에는 매춘부가 대자로 뻗어 있지 않기를 바란다.

나로서는 그렇게 소망할 수 있을 뿐이다.

우리는 모두 악마에 사로잡혀 있다

프로이트가 파리 살페트리에르병원에서 연구할 때 휴식시간에 즐겨 찾던 곳은 노트르담 대성당의 두 탑 사이를 연결하는 높은 회랑이었다. 그는 그곳을 좋아해서 시간이 날 때마다 올라갔다. 키메라 회랑이라고도 부르는 그곳은 가고일(괴물 석상)로 유명하다. 괴기스러운 형상이 진정한 중세적 상상력의 소산으로 보이지만 알고 보면 19세기 중반에 제작된 복제품이다. 18세기 중반에 성가대 밑에서 뿔 달린 신의 형상이 새겨진 이교도 제단이 발견되었고, 북쪽 입구의 3각 면에는 악마와 계약하는 주교의 모습이 새겨져 있다.

가고일 54개가 회랑 난간에 앉아 있고 저마다 이름이 붙어 있다. 가장 유명한 가고일은 수심에 잠긴 날개 달린 악마 뱀파이어다. 또 하나는 디바우러 Devourer*다. 모든 위대한 예술품과 마찬가지로 가고일도 기만적이다. 외양과 달리 디자인에 오늘날의 과학적 사고가 담겨 있다는 점에서 지극히 '현대적'이다. 예를 들어 뱀파이어의 뒤통수에 눈에 띄게 불거진 부분이 있다. 이것은 골상학(두개골의 모양과 정신 기능의 상관관계에 관한 연구)을 참조한 형태다. 불거진 부위는 무절제한 욕망과 과도한 격정을 의미한다. 뱀파이어의 음탕한 성격은 부푼 입술과 뾰족한 혀로 더욱 부각된다. 난간에 걸터앉은 다른 악마들은 흉포한 야수의 모습으로 저 아래 광장을 향해 할퀴고 꽥꽥 소리를 지르는 형상이다. 가고일은 날로 퍼지는 공포를 형상화한다. 주로 다윈과 선구자들에 의해 점차 확산된 공포, 짐승으로 회귀하는 것에 대한 공포다. 이론상으로는 진화가 멈추고 과거로 되돌아갈 수 있었다.

프로이트가 악마들 사이에 서서 퇴폐적 향락으로 이름 높은 도시, 파리를 내려다보는 모습을 떠올리는 것은 어렵지 않다. 다소 불안한 분위기를 풍기는 말쑥한 청년, 풍성한 수염과 예리한 눈빛의 소유자. 그는 고민이 많았을 것이다. 실험실의 연구, 최면, 뇌, 히스테리, 무려 22프랑이나 주고 산 끈 달린 영국제 굽의 새 부츠에 대해. 그리고 그는 자기 내면의 악마와 싸우고 있었을 것이다. 약혼녀와 오래 떨어져 지내야 했던 그는 빈으로, 결혼으로(부부침대로),

---

● 죽음이나 파괴, 세상의 종말과 연관된 파괴적 힘을 가진 존재.

"소중한 연인"이자 "작은 공주"이자 "사랑하는 여자"에게로 돌아가고 싶었을 것이다.

어쩌면 이것이 프로이트 연구의 진정한 시작이었을 것이다. 탐욕스러운 짐승 같은 동료들 틈에서 성적으로 좌절한 젊은 의사, 초현실적인 정경 속의 형상(외로운 남자), 그의 절박한 욕망을 실체로 구현한 악마들의 무리. 이드$_{id}$가 악마의 서식지가 아니라면 무엇이겠는가? 프로이트에 따르면 우리는 모두 악마에 사로잡혀 있다. 생물학적 악마들이 척수를 따라 내려가 허리 부위에 불을 지른다. 우리의 머릿속을 포르노그래피로 가득 채운다. 악마들이 위로 올라오면 우리는 네 발로 기어 다닌다. 악마들은 우리를 고통 속에 빠뜨린다.

악마에 사로잡힌 상태는 다스리기 힘든 성욕의 완벽한 은유다. 그래서 이브가 에덴동산에서 금지된 과일을 맛본 이래로 성과 악마적인 모든 것이 그렇게 강력히 연결된 것이다. 프로이트가 우리 안의 악마를 과학의 언어로 정제해서 표현했을 수 있다. 악마는 모습을 바꾸었을 뿐 여전히 존재한다. 우리는 선을 넘고 싶어질 때 악마들이 찌르고 밀치며 선에 더 가까이 다가가라고 떠미는 것처럼 느낀다.

The Incurable Romantic

10장

자기혐오에 빠진 소아성애자

소아성애

우리는 우리가 결국 도달한

선택을 내릴 만큼만 자유롭다.

　나는 아들 둘을 두었다. 두 번의 결혼에서 얻은 자식들이라 스물두 살 터울이다. 그래서 (예순 가까운) 내 나이에 비하면 아기를 본 기억이 아직 생생하다. 둘째 아들이 태어나면서 첫째를 키운 기억이 얼마나 많이 망각되었는지 깨달았다. 가장 슬픈 건 매일의 삶, 이를테면 별다른 사건이 일어나지 않은 것처럼 보이는 일상을 거의 잊었다는 점이다. 작가와 철학자들은 사소해 보이는 일상에 특별한 가치를 부여한다. 이들은 사람들이 언젠가는 인생을 되돌아보고 뒤늦게 사소한 일들이 모두 중요했다고 깨닫는 시점에 이른다고 말한다. 다행히 둘째 아들이 태어났을 때 나는 이런 단순한 진실을 이해할 나이가 되었다.

　나는 소파에 누워 있었다. 어두웠다. 블라인드가 내려와 있었지만 좁은 블라인드 틈새로 창밖의 가로등 불빛이 새어들었다. (고작 몇 개월 된) 아들이 내 가슴팍에서 쌔근쌔근 잠들어 있었다. 아들이 자꾸만 앞으로 미끄러져서 은은한 향기가 나는 머리가 내 턱 밑에 닿았다. 나는 아기를 다시 가슴 쪽으로 끌어내렸다. 그러면 아기가 뒤척였다. 아기는 조금 빠는 소리(쪽, 쪽, 쪽)를 내고 잠시 뒤척이다 다시 자세를 잡았다.

나는 아기의 등에 가만히 손을 얹고 아기의 몸이 한 손에 쏙 들어오는 걸 느꼈다. 아기는 아주 작고 부서질 듯 여리고 아주, 아주 연약했다. 아기가 내 가슴에서 미끄러져 바닥으로 떨어지면 끔찍한 일이 벌어질 수도 있었다. 망막 출혈, 사지 골절, 뇌 손상, 두개골 파열, 심지어 사망에 이르기까지.

갑자기 심장이 팽창하는 느낌이 들었다. 내가 느끼는 사랑이 크고 아낌이 없고 방대하고 경계가 없어서 억제하는 게 불가능해 보였다. 갈비뼈에 금이 가고 부러지지 않을까 싶을 정도로 벅찼다. 그러다 이런 사랑, 이렇게 격렬한 동물적 사랑이 보편적 의미를 획득했다. 우리 둘은 사람이 살기 힘든 추운 황무지의 청록색 대리석 위에서 돌고 있었고, 무방비 상태의 인류가 우리와 함께 돌고 있다는 생각이 든 것이다. 눈물이 뺨을 타고 흐르고 또 흘렀다.

이런 사랑은 우리에게 놀라움을 안겨준다. 나는 이런 사랑을 신경전달물질, 옥시토신, 애착이론, 진화심리학으로 설명할 수 있지만 그런다고 해서 사적인 의미나 위력이 줄어들지 않는다. 나는 수많은 부모와 이런 유사한 경험에 관해 대화를 나눠보았다.

우리는 자식을 지키기 위해서라면 무슨 짓이든 한다. 자식을 위해서라면 지체 없이 죽음을 택할 것이다. 자식이 위험에 처했다는 생각이 들면 자식을 살리기 위해 살인도 서슴지 않을 것이다.

욕망과의 사투

어린아이에게 해를 끼칠 수도 있는 사람을 치료하기란 매우 어렵다. 윤리적으로 복잡한 문제가 제기된다.

음산한 외래병동 3층 상담실. 회갈색으로 페인트칠 된 벽과 쓸모없는 게시판, 흉물스러운 초록색 카펫, 낡아빠진 사무용 가구. 지저분한 창문 너머로 지붕과 굴뚝이 펼쳐지고 높이 솟은 고층건물과 낮게 날아가는 여객기가 보였다.

"전 항상 아이들한테 끌렸습니다."

"성적으로 끌린다는 말인가요?"

"네… 그런 것 같아요. 그런데 그 말은…."

"성적으로…."

"사실은 그게 무슨 뜻인지 잘 모르겠어요."

30대 후반의 그 남자는 보수적인 차림새에 갈색 곱슬머리이고 착색 안경을 꼈다. 어깨에 비듬이 떨어져 있고 표정은 (비록 무표정하긴 했지만) 블러드하운드의 얼굴이 떠오를 만큼 축 늘어져 있었다. 이상할 정도로 창백하고 허연 목에 울긋불긋 발진이 올라왔다.

"항상 아이들한테 끌린다는 게…."

"학교 다닐 때도 여학생들한테는 관심이 없었어요. 애들이 크면… 끌리지 않았거든요. 애들이 발달하면…." 그는 손으로 허공에 형상을 만들면서 이렇게 말했다. "애들한테, 그 애들 몸에 일어난 변화 때문에 흥미가 식었어요."

"혐오감이 들던가요?"

"그렇진 않아요. 그냥 더 이상 예쁘게 보이지 않았어요. 그리고 성숙할수록 관심이 식었어요. 어릴 때도 제가 남들하고 다른 건 알았어요."

"지금은 성인들이 어떻게 느껴지나요?"

"전혀 관심이 없어요."

"성인 여자한테는 끌린 적이 없군요."

"가끔 잡지를 넘기다 보면 모델이 나오거든요. 깡마르고 어려 보이는 모델이요. 그때는 뭔가 느껴져요." 목의 발진이 더 심해졌다. "저도 이런 게 싫어요. 싫어요." 그는 두 손으로 머리카락을 잡아 뽑을 듯 머리를 움켜잡았다. "잘못이란 건 저도 알아요. 그런데 전 원래 이렇게 태어났어요. 이러려고 선택한 게 아니라 이렇게 생겨 먹은 거예요." 그는 움켜쥔 머리를 놓았고, 어깨에 비듬이 더 떨어졌다. "그러지 않으려고 싸워요, 항상 싸워요. 여태 잘 참을 수 있었어요."

"죄를 지은 적은 없군요."

"잘못인 걸 아니까요. 누구한테 손끝 하나 댄 적이 없어요."

내가 이 말을 믿었을까? 확신이 들지 않았다. "연애해본 적은 있습니까?"

"성 경험이 없어요." 그는 이 말이 정확히 맞는지 다시 생각하는 듯했고 이렇게 덧붙였다. "음, 엄밀히 말하면 사실이 아니네요. 자위를 하거든요." 그는 눈을 돌려 창밖을 보았다. "하지만 그것도 죄를 짓는 것만큼 나쁘죠."

그는 문제의 상상을 에둘러 말했다.

"자료를 사용합니까?"

"그런 적이 있어요." 자신의 기호가 비정상이라는 걸 잘 아는 티가 얼굴에 드러났다. 그는 진심으로 괴로운 듯 보였다.

"아이들 의류 카탈로그요." (인터넷이 생기기 전의 상담이다.) 그가 수치심으로 고개를 숙였다. 이어서 계속 말했지만 내내 바닥을 보고 있었다. "아주 오래 싸웠어요. 그런데 조금도 나아지지 않고 어떤 면에서는 더 나빠지고 있어요. 언젠가는 더 이상 참지 못할까 봐 걱정돼요."

그는 주머니에 손을 넣어 단정하게 다림질한 손수건을 꺼냈다. 파란색 네모난 손수건을 펼쳐서 눈물이 나오면 곧바로 닦을 준비를 했다. 그리고 코를 풀었다. "죄송해요."

소아성애에 관한 연구

누군가는 왜 소아성애자가 될까?

호르몬이나 뇌 기형과 같은 생물학적 요인이 한 가지 원인일 수 있다. 뇌를 다친 후 성적 관심의 대상이 성인에서 아동으로 옮겨간 것으로 보고된 사례가 있다. 안와전두피질과 왼쪽과 오른쪽의 배외측 전두엽이 연관된 것으로 나타났다. (성욕 과잉과 관련된) 측두엽 손상도 마찬가지였다. 대체로 생물학적 관점에서는 탈脫억제를 특히 강조한다. 탈억제 이론에서 이어지는 불편하지만 필연적인 결과는, 소아성애 충동이 우리가 흔히 인정하는 것보다 더 일반적으로 나타난다는 점이다.

소아성애와 비非소아성애의 차이는 본질적인 차이가 아니라 부수적인 통제 기제의 효과에 달려 있다는 것이다. 충동조절은 주로 전두엽에서 관장하는데, 전두엽은 알코올에 특히 취약하다. 이 때문에 알코올 소비량과 아동 성범죄 사이에 강력한 연관성이 있다고 본다. 전두엽이 제대로 작동하지 않으면 이드가 완전히 표출되어 야수 같은 성향이 튀어나온다는 것이다. 물론 전두엽의 기능에는 자연스러운 정도의 차이가 있고, 스펙트럼의 아래쪽 끝에 있는 사람일수록 사회적으로 용인되지 않는 충동에 따라 행동할 가능성이 크다.

소아성애자의 비율은 전체 인구의 3~5퍼센트이지만 (익명을 철저히 보장하는 조건으로 실시된) 미국의 한 연구에서는 남성의 21퍼센트가 아동에게 일정 정도의 성적 관심이 있다고 인정했다.

소아성애자는 또래보다 일찍 성숙한 것으로 알려졌다. 이들이 자위를 시작하는 시기에 또래의 매력적인 아이들은 아직 사춘기 이

전 단계라는 뜻이다. 따라서 또래 아이들을 상상하면서 아동에 대한 성적 기호가 굳어지는데, 그중 일부는 성인이 되어서도 그 기호를 버리지 못하는 것이다.

소아성애에 관한 복잡한 심리학적 설명에서는 정서적 미숙과 성인의 관계에 대한 회피를 강조한다. 성적 상황을 완벽하게 통제해야 하는 욕구도 중요한 주제일 수 있다.

한편 아동에게 성적 매력을 느끼는 성향은 사회적·문화적 요인에 의해 강화되기도 한다. 아동 포르노그래피를 쉽게 접할 수 있는 환경에서는 처음에 자위 습관을 들일 때 이런 자료가 사용될 여지가 커지고, 또 아이들이 광고에 성적으로 등장하는 예도 많다. 서양에서는 마르고 체모가 없는 몸(두 가지 모두 사춘기 이전의 신체 특징이다)이 점점 이상적인 몸이 되었다. 소음순 절제술이 성형수술로 인기를 끄는데, 여자의 성기가 체모 없이 깔끔하면 어린아이처럼 보일 수 있다. 이런 특징을 새로운 성적인 미의 기준으로 본다면 이제껏 소아성애로 간주되던 특징이 일반화될 것이다.

소아성애를 한 가지 이론만으로 온전히 설명하기는 어렵다. 모든 이론에는 나름의 약점이 있다. 예를 들어 소아성애자가 성인과의 관계를 회피한다는 이론은 아버지가 딸을 대상으로 저지르는 성범죄가 많다는 점에서 한계가 있다. 이미 결혼관계로 성립된 가정 안에서 우발적으로 자행되는 범죄이기 때문이다. 소아성애가 여러 가지 요인으로 결정되는 복잡한 상태라고 보는 편이 맞을 것이다.

소아성애자들은 대체로 수치심을 거의 느끼지 못한다. 양심의 결여라는 점에서 사이코패스와 유사하다. 이들은 현실을 왜곡해서 자신의 행동을 정당화하는 식으로 죄책감을 최소로 줄이려 한다. "성범죄가 그렇게 해롭지는 않다, 아이들도 사실 그런 행위를 즐긴다, 성 경험을 일찍 할수록 나중에 성적 문제를 겪지 않게 된다"라는 식이다. 소아성애자는 피해자를 돌보는 입장인 경우가 많다는 점에서 전형적으로 타인의 마음을 교묘히 조종하는 부류일 것이다.

고든은 아이와의 성관계가 잘못이라는 점을 인정했다. 특이한 사례였다. 게다가 자신의 생각과 상상으로 고통스러워하는 듯했다. 문득 그가 나를 조종해서 내가 모르는 어떤 교묘한 목표를 달성하려는 건지 의문이 들었다. 그런데 상담이 진행될수록 그런 건 아니라는 느낌이 들었다. 그는 심각하게 우울하고 절박했다. 목소리가 착 가라앉아 단조롭고 음산하게 들렸다. 행복도, 성취감도, 미래도 상상하지 못하는 사람의 목소리였다.

성적 환상과 성적 행동 사이

"자선단체에 기부를 많이 해요. 어린이 자선단체에….."
"죄책감이 들어서인가요?"

"네."

"그래도 아이를 건드린 적은 없다면서요."

"그랬죠."

"그럼 무엇 때문에 죄책감을 느끼는 거죠?"

"제 생각, 제 상상 때문에요."

"생각이나 상상은 누구나 합니다."

"아이들에 관한 건 아니겠죠."

"그렇긴 하겠지만 누구나 남에게 알리고 싶지 않은 생각과 상상을 합니다. 생각이나 상상을 실제로 행동에 옮기고 싶어 하지 않을 뿐이죠."

"저는 어떤 것을 생각하는 것도 그것을 행동으로 옮기는 것만큼 나쁘다고 배웠습니다."

"집안이 종교적이었나요?"

"네."

생각과 행동은 도덕적으로 어디까지 동등하게 봐야 할까? 대부분의 종교에서는 비록 단서가 달리기는 하지만 생각과 행동을 대등하게 바라본다. 신은 모든 것을 보시기 때문일 것이다. 신의 관점에서는 인간의 생각까지도 관찰이 가능한 행동이다. 순수하지 않은 생각은 순수하지 않은 행동만큼 명백히 실재한다. 하지만 신을 믿지 않는 세계에서는 나쁜 생각이 얼마나 나쁠까? 우리가 나쁜 생각에 불편해하는 이유는 마음속으로 뭔가를 하려고 생각한다면 그

것을 하고 싶어 한다는 뜻이고, 그런 행위를 생각해봤다면 그렇게 할 가능성이 크다고 가정하기 때문이다. 그럴 수도 있지만 어느 정도까지다. 성적 생각과 성적 행동이 일치하는 것은 아니다. 우리는 성욕을 자극하는 사람과 상황을 성적으로 상상하지만 그렇다고 해서 반드시 상상을 실행에 옮기고 싶어 하는 것은 아니다. 음란하거나 금지되거나 금기시된 무언가가 가장 흥분될 때가 많다. 설문조사에서 과격한 성관계에 대한 환상을 보고하는 여성이 많다고 하지만 누구도 실제로 강간당하기를 원하지는 않는다. 아내가 바람피우는 환상을 품는 남자도 많지만 실제로 아내가 다른 남자와 자기를 바라는 남편은 거의 없다.

성적 환상이 꼭 성적 행동을 예측하는 것은 아니라고 해도, 아동에 대한 성적 상상이 6개월 이상 지속되면 DSM 제5판의 '소아성애 장애'에 속한다. 하지만 아동에 대한 상상이 반복적이고 강렬하고 자극적이어야 하고 당사자가 고통을 느껴야만 그런 진단을 받는다.

"얼마나 자주 성적 상상을 하나요?"

"항상요. 생각, 이미지, 그런 게 머릿속에 떠오르고, 그러면 발동이 걸려요. 차단하려고 발버둥 치죠. 그런데도 자꾸만 떠올라요."

생각은 원래 누르려고 하면 더 자주 떠오른다. 억눌러놓은 생각이 나중에 꿈의 내용에도 영향을 미친다. 이른바 '꿈 반동 효과dream rebound effect'다. 고든은 자신의 문제를 악화시키고 있었을 것이다.

"저 스스로를 통제할 수 없어요. 제가 만약 이런 생각을 통제하지 못하면….''

스트레스가 심해 보였다. 나는 그에게 비교적 가벼운 질문을 해보기로 했다. 그의 배경을 아직 충분히 파악하지 못한 터라 가족과 경력에 관해 알아보았다.

고든의 아버지는 측량사로 일하다가 은퇴했고, 어머니는 가정주부였다. 둘 다 냉담한 편이었다. 고든은 부모에게 친밀감을 느낀 적이 없었고, 부모가 나이 들어가는 지금도 잘 찾아가지 않는다. "저희 식구들은 말이 없어요. 서로 할 말이 없거든요." 그에게는 사랑하는 누나가 둘 있었다. "어렸을 때 누나들이 항상 절 많이 아껴줬어요. 누나들 탓에 버릇없이 자랐어요." 그는 수도회에서 운영하는 초등학교에 다니고 가톨릭 신중등학교●에 다니며 '총명한 소년' 대접을 받았다. 공부를 잘했지만 대학에 진학하지 않았다. 학교를 졸업하고 곧장 사회보장센터의 하급 사무직으로 들어갔다. 이후 20년 동안 어렵지는 않은 일을 하면서 살았다. "그냥 몸을 낮추고 살려고 해요."

"왜죠?" 내가 물었다.

"승진하면 사람들을 더 많이 만나야 하고, 관리 업무도 늘어날

● 영국에서 1970년대까지 있던 학교로, 중등학교에 진학하지 않는 11~16세 아이들을 위한 학교.

테니까요."

"그게 왜 문제가 되나요?"

그는 창밖을 내다보았다. 새똥으로 유리창에 길게 줄이 생겼다. "사람들과 알고 지내다 보면 제가 꼭 사기 치는 기분이 들어서요. 어디 사느냐, 누구랑 사느냐, 주말엔 뭐 하냐. 이런 질문을 받으면 불편해요. 제 또래 남자들은 다 결혼했잖아요. 제가 결혼하지 않은 게 당장 문제가 돼요. 다들 왜 결혼하지 않는지 궁금해하거든요. 당연한 거지만."

"친구들은 있습니까?"

그는 의아할 정도로 당황했다. "어렵네요. 그건, 뭘…." 그는 고개를 돌려 나를 똑바로 보았다. "친구 사이에는 정직이 제일이잖아요. 제가 어떻게 정직할 수 있겠어요." 그는 다시 눈길을 돌렸고, 목의 반점이 벌겋게 달아올랐다.

"고든?"

그의 단조로운 목소리가 감정에 의해 갈라졌다. "회사 구내식당에 가서 누가 말 걸까 봐 겁내지 않아도 되면 좋겠어요. 누나들을 더 자주 만나고 싶어요. 조카들하고 놀아주고 싶어요. 또…." 그는 말을 끊고 오른손 손톱으로 왼손 살갗을 찌르며 덧붙였다. "제가 너무 많은 걸 원하는 거겠죠."

그렇다는 생각은 들지 않았다.

선택할 수 없는 행동에 책임을 물을 수 있을까

공감은 상대의 입장이라면 어떨지 상상하는 능력으로, 인간의 가장 중요한 자질 중 하나다. 우리가 살면서 하는 거의 모든 행위는 남들이 무슨 생각을 하고 어떤 감정을 느끼는지에 관한 개념을 형성하는 일과 관련된다. 우리는 네 살 무렵에 타인의 주관적 상태를 추론하는 능력을 획득한다. 심리학에서는 이런 능력을 '마음 이론theory of mind'이라고 부른다. 나는 고든의 말을 들으면서 그의 고통과 소외감, 비통, 죄책감, 고뇌, 두려움을 강렬히 느낄 수 있었다. 그의 자기혐오는 존재가 유독성 산酸에 부식되는 것과 같았다. 그는 평생 성적으로 만족해본 적이 없었다. 키스나 애무를 받아본 적도 없었다. 진실로 친밀한 관계를 경험한 적이 없었다. 나는 그가 안타까웠다.

나는 아동 성범죄 피해자를 많이 만나봤고, 피해자들이 얼마나 극심한 고통에 시달리는지 알았다. 피해자들은 잃어버린 순수를 찾아, '내면의 아이'를 찾아 울부짖었고, 평생 어둠 속에서 벌벌 떨면서 점점 다가오는 발소리를 들으며 방문이 덜커덕거리고 열리는 것을 조마조마하게 지켜보아야 했다.

그런데 어떻게 고든 같은 사람을 안타깝게 여길 수 있을까?

한 번은 우울증이 심한 외과의를 치료한 적이 있다. 어느 날은 유난히 고통스러워 보였다. 우느라 말을 잇지 못할 정도였다. 그는 질은 안개 속에서 막막해 보였다. 그가 중얼거렸다. "전 정말 한심해요. 빌어먹을, 한심해요." 그때 그의 전화기가 울렸다. "죄송하지만 꼭 받아야 하는 전화라서요." 전화를 받자 그의 표정이 날카로워졌다. 자리에서 일어나 서성이기 시작했다. 병원에서 동료들이 수술 중에 위기에 봉착한 모양이었다. 그는 순식간에 차분히 지시하는 입장이 되었다. 키가 더 커져서 몸이 정장에 꼭 맞는 듯 보이고 자신만만해 보였다. 그는 침착한 어조로 이런저런 가능성을 제시하고 속사포처럼 수습책을 쏟아냈다. 정확한 전문용어를 구사했다. 그러고는 한참 말없이 듣더니 "됐나? 좋아"라고 통화를 끝냈다. 그는 전화를 끄고 다시 의자에 깊숙이 눌러앉았다. 다시 안면근육이 풀리고 이목구비가 촛농처럼 흘러내렸다. "전 정말 한심한 인간이에요." 목소리가 갈라지면서 다시 울기 시작했다.

전문가로 사는 것은 분리된 인격으로 사는 것과 같다. 한 사람이 자기 자신이면서도 사무실이자 직위이자 업무를 위한 수단이기도 하다. 나는 고든을 나로서, 내 이름을 가진 한 인간으로서 바라보지 않고 심리치료자로서 바라보았고, 심리치료자는 자기 업무를 수행하기 위해 판단을 보류해야 한다.

고든은 나쁜 사람일까?

잘못된 행위에 대한 책임은 개인과 선택의 문제다. 개인은 잘못된 행위를 선택하면 그에 따른 책임을 져야 한다. 점잖던 남자가 뇌 손상을 입은 후 아동을 성추행하기 시작했다면 그에게는 기질적 소아성애자에게 마땅한 강도로 비난을 퍼부을 수 없다. 그의 행동의 원인을 뇌 손상에서 찾고 그가 사악하기보다는 불행한 사람이라고 바라본다. 하지만 사실은 기질적 소아성애자도 별반 다르지 않은 처지일 수 있다. 사실 누구도 스스로 행동을 선택하지 못할 수 있다. 그렇다면 잘못에 대한 책임은 어디에 있을까? 어떤 사람이 나쁜 사람이라고 어떻게 단언할 수 있을까?

18세기 말에서 19세기 초에 걸쳐 살았던 프랑스의 수학자 피에르-시몽 라플라스 Pierre-Simon Laplace는 과학적 결정론의 원리, 곧 모든 결과는 전제조건에서 나온다는 인과관계에 대한 기계론적 고찰을 최초로 기술한 인물이다. 과학적 결정론은 자유의지와 양립할 수 없는 개념이다. 뇌에서 마음이 생기고, 모든 뇌 상태는 이전의 뇌 상태에 의해 결정된다. 우리는 스스로 선택하는 줄 알지만 사실은 불가피한 선택일 뿐이다. 우리는 우리가 결국 도달한 선택을 내릴 만큼만 자유롭다. 실험실 연구에서는 어떤 행위를 수행하는 것과 연관된 뇌 활동은 그 행위를 하기로 한 결정을 인식하기 약 0.5초 전에 시작되는 것으로 나타났다. 우리가 일어서거나 앉기 전에 뇌에서는 이미 그러기로 결정한 것처럼 보인다.

자유의지가 존재하지 않는다면 모든 행동이 사전에 결정된 것이므로 잘못에 대한 책임이라는 개념 자체가 무의미하다.

철학자들은 과학적 결정론을 비판해왔다. 이들은 실험실 연구(손가락을 움직이기로 결정하는 것과 같은 단순한 행동에 주목한다)가 지나치게 단순한 조작이고 사람들이 현실에서 복잡한 결정을 내릴 때는(가령 결혼을 결정할 때는) 자유의지를 사용한다(적어도 그와 상당히 유사한 과정을 거친다)고 주장한다. 한편 일부 이론에서는 개념을 양자물리학에서 신경과학으로 넘겨서 자유의지의 존재 가능성을 열어준다. 원자보다도 작은 차원에서는 뇌가 결정론적으로 작동하지 않을 수 있다. 양자의 세계는 확률론적이고 유연하다. 전제조건이 모호하고 결과도 다양할 수 있다.

과학적 결정론을 거부한다고 해도 우리는 생각보다 자유롭지 않을 수 있다. 우리가 직접 DNA를 선택한 것도 아니고 뇌 구조를 선택한 것도 아니다. 신경전달물질 수준이나 호르몬이나 가족이나 생애 초기 경험도 선택할 수 없다. 인간이 다양한 요인에 의해 만들어진다고 볼 때 사실은 누구도 소아성애자가 되기로 '선택'하는 것이 아니다.

소아성애자를 옹호하려는 게 아니다. 성범죄는 생명을 말살한다. 성범죄 피해자는 심각한 정신적 외상을 입고 심지어 자살하기도 한다. 엄연히 극악무도한 범죄다. 그럼에도 심리치료자는 환자가 혐오스럽다는 이유로 치료를 거부할 수 없다. 어디서든 연민을 끌어내야 한다. 나는 우리의 도덕적 확신이 약해지는 균열, 자유의지에 대한 이해의 틈새에서 연민을 발견했다.

용납될 수 없는 사랑

나는 고든이 실제로 범죄를 저지를 가능성이 낮은 편이라고 보았다. 하지만 그런 생각은 당시 고든이 한 말의 내용과 말하는 방식과 그의 태도에 근거했다. 무엇보다도 고든의 주변에 아이들이 없고 누나들 집에도 가지 않는다는 점이 중요했다. 범죄를 저지를 기회가 거의 없는 환경이었다. 그런데 자위행위의 빈도가 고든처럼 우울한 사람치고는 이례적으로 많았다. 보통은 기분이 저하되면 욕구가 줄어들게 마련이지만 언제나 예외는 존재한다.

어느 날 상담 중에 그가 불쑥 이렇게 말했다. "죄송해요. 드릴 말씀이 있어요…."

"네?"

그는 한 손가락으로 셔츠 옷깃 안쪽을 쓸었다. "저한텐 친구가 없다고 했잖아요? 그게, 꼭 그렇진 않아요. 가끔 만나는 부부가 있어요. 근처에 사는 사람들이에요. 배리랑 제인."

"그렇군요."

그는 긴장을 풀지 않았다. 발진이 목을 타고 올라와서 얼굴까지 퍼졌다.

"저기, 그게 말인데요…." 그가 무릎을 움켜잡았다. "그 집에 딸이 하나 있어요."

"몇 살인데요?"

"여섯 살이요."

그래서 치료받으러 온 건가? 그 집 아이를 성폭행하고 책임의 일부를 나한테 떠넘기려고? 그는 자기가 자제력을 잃을까 봐 걱정된다고 명확히 말했고, 나는 아무런 조치도 취하지 않은 터였다.

그가 내 생각을 짐작하듯 말했다. "저기… 저 지금 자백하는 거 아니에요."

"그래요."

"그 애 이름은 몰리예요."

"그리고…."

그는 겁먹은 듯 멍한 표정이었다.

"고든, 그래서요?"

나는 그를 재촉했지만 그는 대답하지 않았다. 그러다 눈빛에 어렴풋이 정신이 돌아온 기미가 보였다. 그가 애원하고 간청하듯이 나를 보았다. 고통을 떨쳐내고 싶은 모양이었다. 그는 극심하고 극적인 고통에 시달렸고, 그 고통은 깊은 절망감에 더 불타는 듯했다. 나는 평소 타인의 마음을 읽을 수 없고 겉으로 드러난 모습을 과잉 해석해서는 안 된다고 강조하지만, 고든이 사랑에 빠진 사실을, (트리스탄이나 로미오나 베르테르처럼) 광적이고 비극적인 사랑에 빠진 사실을 알 수 있었다. 내 앞에서 한 인간이 사랑의 본질적인 딜레마의 뿔에 찔린 채 극단적으로 표출되는 사랑의 내재적 모순을 화해시키려고 발버둥 치고 있었다. 고든은 천국과 지옥 사이에 매달려 정신과 이드에 의해 반대 방향으로 끌려가고 있었다.

그는 길고 지독한 침묵 사이사이에 고백을 시작했다.

배리를 만난 건 동네의 한 선술집에서였다. 배리는 실직 상태였고, 고든이 그에게 연금제도를 최대로 활용하기 위해 협상할 방법을 조언했다. 고든은 배리의 집에 저녁 초대를 받았고, 그 자리에서 제인과 다섯 살 된 딸 몰리를 만났다. 그는 곧바로 몰리에게 집착했다. 그가 몰리에 대해 말하는 순간 토마스 만Thomas Mann의 소설 《베니스에서의 죽음Death in Venice》이 떠올랐다. 노학자가 남몰래 미소년을 사랑하는 내용이다. 노학자는 몇 시간이고 소년을 지켜보고 동경하는 마음을 신비한 정신적 사랑의 시적 정서로 표현한다. 그 소년은 완벽이요 진실이다.

몰리는 고든의 정신적 사랑이 향하는 이상이었다. 그런데 고든은 그런 이상과 뭘 하고 싶었을까?

내가 이 질문을 던지자 그는 내 눈을 피했다. 그가 아무리 감정을 정당화하고 욕망을 고상하게 표현하려 해도 결국 원하는 것은 몰리와 성관계를 갖는 것이었다. 몰리는 고작 여섯 살이었다.

"저도 그게 얼마나 끔찍한지 알아요." 그가 말했다. "절대로 해서는 안 될 짓인 것도 알고요."

고든은 배리의 가족과 1년 동안 친분을 쌓았다. 여름에는 공원으로 같이 소풍도 갔다. 그는 햇살에 빛나는 몰리의 긴 금발을 바라보며 그 아이를 사랑할 수 없는 세상에서, 사랑을 온전히 표현하면 상대에게 해를 입히거나 심지어 파멸시킬 수도 있는 세상에서 얼마나 더 살아갈 수 있을지 고민했다.

"차라리 죽는 게 나아요." 고든이 심각하게 말했다. "그 애한테 절대로 그런 짓을 할 수 없어요."

심리치료의 역사에서 가장 논란이 많은 사례 중 하나는 섭식장애와 우울증을 비롯한 여러 가지 문제를 안고 있던 엘렌 베스트Ellen West라는 젊은 여성의 사례다. 엘렌은 실존주의 심리치료학파의 초기 치료자인 루트비히 빈스방거Ludwig Binswanger에게 치료받았다. 1921년에 빈스방거는 엘렌이 자살할 가능성이 높은 줄 알면서도 퇴원을 허락했다. 사흘 후 엘렌은 약물 과다복용으로 사망했다. 이 사례에서 논란이 된 부분은 결과에 대한 빈스방거의 생각이었다. 빈스방거는 그것이 '진정한' 결과라고 판단했다. 엘렌은 선택할 권리를 행사했고, 그녀에게는 올바른 선택이었다는 것이다. 시한부 환자를 위한 조력자살을 옹호하는 사람들도 빈스방거와 비슷한 주장을 펼친다.

고든이 자살을 선택한다면 실존적으로 용납되는 결과일까? 나로서는 결코 마음 편히 받아들일 수 있는 결과가 아니지만 그의 선택에 공리주의적 의미가 있고 다른 사람들을 보호하기 위한 의미 있는 희생이 얼마나 중요한지도 안다.

엘렌 베스트는 퇴원한 후 상당히 건강해졌다. 행복해 보이고 몇 년 만에 처음으로 식사도 잘했다. 엘렌은 그런 선택을 하고 마침내 평안해졌을까?

"차라리 죽는 게 나아요." 고든이 다시 말했다. 그 말이 진심이라는 것은 의심할 여지가 없었다.

재조건화 치료

나는 고든의 우울증을 치료하려고 해봤지만 우울한 감정이 몰리에게 집착하는 불가능한 사랑과 소아성애와 직접 연관된다는 사실은 피할 수 없었다. 이런 본질적인 문제를 직접 드러내놓고 말해볼 필요가 있었다.

내가 고든을 상담하던 시기에는 심리학자들이 성적 지향은 '조건화conditioning'로 수정할 수 있다고 믿던 때였다. 정상적인 성 발달에서는 성적 기호가 자위를 통해 강화된다. 선호하는 성적 대상(주로 성인 남자나 여자)이 나오는 환상과 쾌락이 강력하게 연결된다. 따라서 동일한 과정을 활용해 성적 기호를 조정할 수 있다고 전제하고, 이런 목적을 위한 치료법(오르가슴 재조건화orgasmic reconditioning)도 나왔다.

이 치료법은 다음의 과정을 거친다.

우선 소아성애자에게 아동이 나오는 평소의 환상을 떠올리며 자위행위를 하게 한다. 다만 오르가슴에 이르려는 순간 아동 대신 성인을 떠올려야 한다. 이렇게 성적 대상을 (아동에서 성인으로) 바꾸는 시점을 자위행위 단계에서 서서히 앞당긴다. 재조건화에 성공하면 성인과의 성관계가 가능해지고 이후 더 강화된다는 논리다.

내가 고든에게 이 치료법을 소개하자 그는 큰 관심을 보였다. 나는 몇 가지 추가사항을 일러두었다. "환상의 대상을 너무 일찍 바꿔버리면 아예 발기가 안 될 수도 있습니다. 그럴 때는 그냥 원래 환상으로 돌아가고, 어쩔 수 없는 지점에 이르면 그다음에 다시 성인 여자를 떠올리세요. 알았어요?"

"네."

"그래도 환상을 서서히 앞 단계에서 바꾸는 원칙을 지키려고 노력해보세요."

"그럼요."

"참, 하나 더요. 이건 중요한 문제예요. 우리는 성인 여자에 대한 관심을 강화하는 동시에 아동에 대한 관심을 약화하려는 겁니다. 그러니 오르가슴에 이를 때 아동이 나오는 환상을 떠올리지 말아야 합니다. 그냥 놔두면 당연히 아동과 성적 흥분 사이의 연상이 더 강화되겠죠. 이건 바로 우리가 약화시키려는 지점이잖아요. 이해해요?"

"주의할게요." 고든이 진지하게 말했다. "약속합니다."

"질문 있습니까?"

"얼마나 자주 해야…."

"음, 그건 당신과 당신 몸 상태에 달려 있어요. 자위를 너무 자주 하면 흥분에 이르는 게 어려워질 겁니다. 이 치료법으로 효과를 보려면 일단 흥분해야 하니까요. 최적의 빈도는 스스로 찾아야 합니다."

고든이 상담을 마치고 일어설 때 여느 때보다 활기차 보였다. 소심하게 고마운 미소까지 지으려 했다.

조건화 이론에 기초한 치료법은 행동치료의 한 유형이다. 행동치료는 대체로 효과적인 접근법으로 입증되었다. 특히 거미나 어둠 같은 특정 대상에 대한 공포증을 치료하는 경우에 효과적이다. 심리 문제는 대개 학습된 나쁜 습관 같은 것이고, 학습되었다면 탈학습도 가능하다는 논리다. 하지만 학습과 탈학습이 가능한 대상에는 한계가 있고, 성적 지향을 수정하는 방법에 대한 초기의 열기도 곧 식었다. 초기의 연구에서 제시하는 것보다 신뢰도가 훨씬 떨어지는 것으로 나타났기 때문이다.

한 달 후 오르가슴 재조건화 치료법은 고든의 성적 기호에 거의 혹은 전혀 영향을 주지 못했다. "성인 여자를 생각하면서 사정하려고 아무리 시도해봐도 여전히 아동을 보는 게 더 흥분됩니다." 그는 색깔이 들어간 안경알 너머로 물끄러미 보았다. 무척 실망한 표정이었다.

우리는 다른 방법을 의논했다. 고든은 이미 성욕 저하 약물을 알아보았다. "그런 약을 먹으면 더 이상 내가 아니게 될 것만 같아요.

그런 약은 사람을 바꿔놓아요." 자기혐오로 가득 찬 소아성애자조차 지키고 싶은 자기정체성이 있다. 그는 에스트로젠을 복용하면 유방이 발달한다는 글을 읽고 당연히 겁을 먹었다.

나는 방향을 바꾸어 그의 낭만주의를 공략해보았지만, 그는 이미 몰리를 이상화하는 것이 부조리하다는 점을 이해하고 있었다. 그는 고개를 끄덕이며 말했다. "알아요. 그런 게 통한다고 해도 미친 짓이죠."

그는 배리의 가족과 접촉하지 않는 게 모두에게 바람직한 일이라는 데 동의했다. 그렇게 결심한 후에는 마치 실연당한 사람처럼 보였다. 한동안 갈팡질팡했다.

일부 나아진 점도 있었다. 그렇게 대단한 건 아니었지만. 고든은 사랑할 가망이 없는 삶을 더 많이 수용했다. 몰리를 알기 전의 상태로 돌아간 것이다. 몰리는 그를 흔들어 깨워서 '낭만적'으로 만들어놓은 터였다. 또 한편으로는 자신의 성생활에 관해 터놓고 말할 기회를 얻어서 도움이 되었을 것이다. 이것은 역효과를 낳은 사고 억제 방법과는 반대 논리였다.

"자제력이 더 생긴 것 같습니까?" 내가 물었다.

"네, 그래요."

하지만 우리 둘 다 그가 다시 햇빛에 반짝이는 몰리의 머리카락을 보면 그런 자신감이 증발해버릴 걸 알았다.

마지막 상담을 마친 후 나는 불안했다. 고든은 소아성애자였다.

그는 상담실에서 나가 계단을 내려가서 거리를 걸으며 아무런 의심 없이 지나가는 부모들과 그들의 자녀들을 지나칠 것이다. 그리고 초등학교 정문 앞을 지나면서 흰 양말과 가느다란 다리를 한참 바라볼 것이다. 나는 그가 범죄를 저지른 적이 없다는 사실을 상기했다.

"차라리 죽는 게 나아요." 그가 한 말이다. 그의 범죄는 그의 머릿속에 있었고, 누구나 머릿속으로는 크고 작은 죄를 짓고 살아간다. 게다가 신을 믿지 않는 세계에서는 생각이 곧 행동은 아니고 범죄는 단단한 두개골이 감싸고 있는 뇌 안에서만 일어난다.

나는 고든의 환자 기록부를 서류가방에 넣고 가방의 걸쇠를 걸었다. 지저분한 유리창 너머로 지붕과 굴뚝이 펼쳐지고 멀리서 구름이 몰려드는 광경이 보였다. 잠시 후면 세찬 빗줄기가 헤드라이트 불빛에 환한 점과 짧은 선으로 보일 테고, 우산들이 바람이 불어오는 쪽으로 기울어질 것이다. 나는 잠시 가만히 앉아 있었다.

병원을 나서며 옷깃을 세우고 흘러가는 인파 속으로 들어갔다. 눈부시게 환한 불빛 속으로 서둘러 돌진하는 무리 속으로. 날이 벌써 많이 어두웠다.

집에 도착하고도 불안한 마음이 가시지 않았다.

오늘도 여전히 불안하다.

The Incurable Romantic

11장

의식의 흐름대로 말하는 부부

진단 기준을 충족하지 않는 사람들

아무도 보지 않는 밀실 안에서는 누구나 이상하다.

나는 알프레드 아들러의 명쾌한 통찰에 동의한다.

"정상인 사람은 우리가 잘 모르는 사람일 뿐이다."

　그 환자의 의뢰서는 다소 피상적이었다. 한 단락으로 짤막하고 서명도 알아보기 힘들어서 마치 서둘러 휘갈겨 쓴 프로필처럼 보였다. '성격장애'로 보이는 맬컴과 매디 부부를 상담해달라는 지역 보건의의 의뢰서였다. 지역 보건의는 매디의 몸에서 타박상을 발견했다. 매디는 "아무데나 잘 부딪혀서" 생긴 거라고 설명했지만 그는 석연치 않게 여겼다. 가정폭력을 의심했다.

　성격장애는 논란이 많은 진단이다. 많은 심리학자가 '성격'(상황에 따라 발현되는 고정된 특징과 기질의 집합)을 병리적으로 이해하는 것은 적절하지 않다고 여긴다. 이런 관점은 일면 타당하다. 내가 만난 배우들 중에는 과도하게 감정적이거나 관심을 갈구하거나 '연극적인' 성향을 보여서 '연극성 성격장애'의 진단 기준을 충족하지 못하는 사람이 오히려 드물었다. 사실 이 진단 기준을 연극학교의 입학 조건으로 삼아도 될 정도다.

　어떤 사람의 성격이 사회적 기준에서 크게 벗어나는지 판단하는 것은 쉽지 않고 결국에는 주관적인 요인에 영향을 받는다. 나는 환자를 성격장애로 기술해놓은 의뢰서를 회의적으로 보는 편이다. 막상 만나보면 완전히 '정상'으로 판단될 때가 많기 때문이다. 이런 사례에서는 환자를 의뢰한 지역 보건의나 정신과 의사가 생각하는 '정상' 개념이 내가 이해하는 개념과 상당히 다르다고 볼 수밖에 없다.

맬컴과 매디는 함께 오기로 약속되어 있었지만 문을 열어보니 한 사람만 서 있었다. 깡마른 몸에 얼굴이 길쭉하고 이목구비가 날카로운 여자였다. 재킷과 바지와 신발은 검정색에 남성적인 분위기를 풍겼다. 하지만 옷차림에서 풍기는 이미지와 대조적으로 머리는 삐죽삐죽 짧게 자르고 빨간색으로 염색했다. 화려하고 밝은 빨강이 아니라 놀랄 만큼 강렬한 인상을 주는 빨강이었다. 의뢰서를 보고 40대 중반 정도로 알고 있었는데 그보다는 훨씬 어려 보였다. 그녀가 안으로 들어왔고, 내가 상담실로 안내했다.

"남편은 어디 계세요?" 내가 물었다.

"아, 일이 좀 생겨서요⋯." 그녀가 대답했다.

"직장 일인가요?"

"음, 직장에는 항상 문제가 생기지 않나요?"

매디는 자리에 앉으며 뭐라고 중얼거렸다. "초원의 소들⋯" 어쩌고 하는 것처럼 들렸다.

나는 내가 잘못 들은 줄 알았다. "뭐라고 하셨어요?"

매디는 미소만 지을 뿐 대답하지 않았다.

나는 부부치료가 어떻게 진행되는지 설명했다. 매디는 간간이 고개를 끄덕이며 설명을 유심히 들었다. 이어서 나는 무슨 문제가 있느냐고 물었다.

의식의 흐름대로 말하는 사람

"문제. 그래요. 그래. 더 나아질 수도 있었을 거예요. 그런데 뭘 어쩔 수 있을까요? 네? 뭘 기대할 수 있을까요? 전 잘 모르겠네요. 알았던 적도 없고. 사실은 말할 수 있는 게 거의 없어요. 확실히는. 그래도 삶은 계속되지 않나요? 세월이 흐르고. 우린 그저 최선을 다해 되는 대로 살아갈 뿐이죠. 잘 풀릴 때도 있고 안 풀릴 때도 있고. 때로는, 아니 대개는, 잘 풀리든 안 풀리든 그 사이에 다 있죠. 그럼에도 불구하고 질문이 떠오르는 순간들이 있어요, 그건 인정해요. 의심들, 모호한 것들…, 그런데 달리 어떻게 될 수 있을까요?"

매디는 장황하게 늘어놓았지만 알맹이가 없었다. 의식의 흐름에 따라 그냥 말하는 것 같았다. 말이 전혀 안 되는 건 아니지만 구체적이지 않은 내용을 횡설수설했다. 혹시 간저 증후군Ganser's syndrome 이 아닌가 하는 생각이 들었다. 간저 증후군의 특징은 낯선 질문에 대략적으로 답하는 것이다. 하지만 간저 증후군은 극히 드물고 거의 남자에게만 나타나므로 매디가 이 증후군일 가능성이 거의 없어 보였다.

그럼에도 매디의 말에 간간이 해석이 가능한 부분이 섞여 있었다. "남편은 원래 그래요. 그러니 제가 받아들여야죠. 다들 생긴 대로 사는 거잖아요." 그러다가도 의미를 빼놓고 에둘러가면서 에셔의 판화처럼 난해한 말을 늘어놓았다. 말의 앞뒤가 맞지 않았다. 모든 말이 모호하거나 옆길로 새나갔다. 게다가 고색창연한 표현이나 관용구를 늘어놓는 습관까지 있었다. "저도 물론 한계가 있죠. 전 어떤 협잡도 용납하지 않거든요."

나는 매디에게 질문에 구체적으로 답해달라고 거듭 일깨워주어야 했다. 그러면 매디는 "아, 그래요"라고 대꾸했다. 그러고는 다시 에둘러서 모호한 말을 늘어놓았다. 35분이 지나도록 나는 한 마디도 적지 못했다. 날짜를 적고 그다음에는 아무것도 적지 못했다. 기록부의 흰 여백을 보니 텅 빈 공간을 들여다보는 양 어지러웠다. 나는 매디와 맬컴의 관계에서 문제가 무엇인지 조금도 파악하지 못했다.

가정폭력에 관해서는 말도 꺼내지 못한 채 상담을 끝내자니 할 일을 하지 못한 것처럼 찜찜했다. 그래서 매디에게 몸에 난 멍 자국에 대해 물었다.

매디는 의자에서 일어나 서성이기 시작했다. "각자 자기만의 취향이 있는 거 아닌가요? 저기요, 저 거짓말쟁이 아니에요. 태양 아래 당당히 설 수 있어요. 필요하다면요. 그래도 맥락이 중요하죠."

매디는 창문 앞에서 걸음을 멈추고는 뒤늦게 깜짝 놀라는 연기를 했다. "저기 저 건물은 뭐예요?"

"연구소예요."

"뭘 연구하는데요?"

"정신질환, 신경질환…."

"다 너무 우울하네요…."

매디는 계속 서성이더니 내 시야에서 사라졌다. 내 뒤로 와서 서 있는 느낌이 들었다. 심리치료자에게 그런 게 얼마나 불안한 느낌을 주는지는 표현하기 어렵다. 환자는 항상 치료자 앞에 있다. 나는 어깨 너머를 돌아보고 싶었지만 애써 참았다. 규칙적으로 내뱉는 숨소리를 들으며 그녀가 운동 같은 걸 시작했다 보다고 생각했다. 그녀가 말했다. "부정한다고 될 일이 아니잖아요. 굳이 왜 그래야 해요?"

나는 앞의 빈 의자를 향해 말했다. "부정이요?"

"음, 네."

"미안한데요, 무슨 말을 하는 건가요, 정확히? 부정한다고 될 일이 아니라는 게 무슨 뜻인가요?"

"곤란한 일들이 있잖아요. 아무렴!"

"부탁인데, 좀 앉아주실래요?" 그녀가 그대로 바닥에 주저앉는 소리가 들렸다. 순간 내 의지가 무너지고 고개가 돌아갔다. "아뇨, 거기 말고요. 제 앞에, 저 의자에 앉아주시면 좋겠네요." 그녀는 일어서서 순순히 자기 자리로 돌아갔다. 나는 고맙다고 말하고 이렇게 물었다. "남은 시간 동안 그 자리에 앉아주실 수 있죠? 그러면 큰 도움이 될 겁니다."

매디는 처음에는 어리둥절한 표정을 짓더니 손가락을 흔들며 "아 네, 알겠어요. 도움이 된다면야" 하면서 미소를 지었다. 분명 단순한 호의 이상의 무엇을 전달하려는 미소로 보였다. 어렴풋이 장난스러운 표정이었다. 자기가 기발하고 재치 있는 말을 했으니 내가 알아듣기를 바라는 것 같았다.

상담이 끝나도록 나는 여전히 아무것도 적지 못했다.

그다음 주에 매디는 남편과 함께 왔다. 남편 맬컴은 땅딸막하고 통통한 60대 초반 남자였다. 얼굴은 술꾼처럼 불그스레하지만 서 있는 자세와 민첩한 행동에서 건강한 체력이 엿보였다. 그는 힘 있고 활기차게 한참 악수했다.

나는 그들 부부를 상담실로 안내했다. 둘 다 자리에 앉자 맬컴에게 지역 보건의가 왜 나한테 의뢰했다고 생각하느냐고 물었다. 맬컴은 어깨를 들고 가슴을 편 채 대답했다. "그 문제는 말입니다, 내가 보기에는, 과거에 본 것과 지금 이 순간에 본 걸로는, 가치관에 대한 타협과 충실함의 문제입니다. 가치관이 없다면 어디로 갈까요? 길을 잃고 방향을 잃은 채 광활한 대양 위로 떠다니겠죠."

맬컴의 말투는 그의 아내처럼 특이했다. 말을 계속하긴 하는데 무슨 말인지 알아듣기 어려웠다. 사실은 하고 싶은 말이 있기나 한 건지 의문이었다. 잠시 후 나는 무수한 절과 구와 단서의 세례를 받았다. 구문을 묶는 개념이 갑자기 달라졌고, 이따금 실소를 금치 못했다. "잘하는 게 하나뿐인 사람에 대한 허울 좋은 철학자", "침대보 속 들쥐처럼 벌벌 떠는", "왕당파 집안의 동성애자 잠자리 상대", "품행이 단정치 못하고 겉만 번지르르한 허풍선이".

한 번은 맬컴에게 아주 단순한 질문을 했다. "매디와 둘이서 행복하십니까?" 그러자 맬컴은 느슨한 연관관계를 주저리주저리 늘어놓고 미로처럼 복잡하게 대답했다. 마침내 다소 우쭐한 표정으로 이렇게 말했다. "한때 프랑스문화원에 자주 다녔지만 더는 안 가요. 아, 안 되죠. 거긴 이제 일반 대중으로, 어중이떠중이들로 들썩거리거든요." 윗입술이 말리고, 그가 큰 소리로 말했다. "그자들한테는 케이크나 먹으라고 해요." 매디는 맬컴을 보고 고개를 끄덕였는데, 존경의 마음이 가득한 표정이었다. 혹은 자부심인지도….

나는 다시 한 번 멍 자국에 대해 물어보려 했다. 조심스럽게 돌려서 그 말을 꺼내보았지만 둘 중 누구도 내 말 뜻을 알아채지 못한 듯했다. 나는 좀 더 명확하게 말했고, 맬컴과 매디는 은밀한 농담을 주고받듯 서로를 쳐다보았다. 당황하거나 불편한 기색은 없었다.

결국 단도직입적으로 물어야 했다. "맬컴, 부인을 때린 적이 있습니까?"

맬컴은 새가 부리로 날개를 고르듯이 상체를 비틀었다. 분노와 혼란이 일어나 거칠게 고함을 지르더니, 씩씩거리면서 다시 일장 연설을 늘어놓았다. "매디는 아시다시피 대가 센 여자지만, 분별력이 있는 여자고, 세련된 취향에 완전무결하게 솔직한 여자예요. 언쟁이 일어나죠, 당연한 거잖습니까. 다투기도 하고 불꽃이 튀어요. 그래봐야 칼로 물 베기, 찻잔 속의 태풍입니다. 그럼 어쩌라는 겁니까? 좀 물어봅시다. 상실감이 들고 의기소침하고 버림받은 기분이 들면, 지붕 위에서 밤새 울부짖는 개 같은 신세가 되면 어째야 하는 겁니까?"

매디는 손을 뻗어 맬컴의 무릎을 만지고는 천천히 손을 뗐다. 비록 잠깐이지만 다정하고 감동적인 손길이었다.

세상을 남다르게 대할 뿐

나는 맬컴과 매디를 그 뒤로 두 번밖에 더 만나지 못했다. 매디가 마지막 상담에 오고 그다음 약속 시간에 나타나지 않았다. 어쨌든 나는 지역 보건의에게 다시 편지를 써서 그들 부부가 치료에 적합하지 않은 것으로 보인다고 알렸다.

환자를 도와주려면 사례 개념화를 통해 문제가 무엇이고 문제를 어떻게 해결할지 어느 정도 파악할 수 있어야 한다. 하지만 나는 아무것도 알아내지 못했다. 게다가 애초에 문제가 있는지조차 알

길이 없었다. 맬컴이 매디를 때렸을까? 아무리 물어봐도 그에게서 직접적인 대답을 듣지 못했다. 매디도 마찬가지였다. 지역 보건의가 매디의 멍 자국을 발견했는데 그녀의 태도가 특이해서 과민하게 반응한 것일 수도 있었다. 결국 유별난 (그러면서도 말은 잘 듣는) 부부가 정신과 상담 주선을 선선히 받아들인 것일 수도 있었다.

그들에게 성격장애가 있을까? 두 사람은 DSM의 어떤 성격장애에도 부합하지 않았다. 무엇보다도 맬컴이든 매디든 임상적으로 유의미한 고통을 호소하지 않았다. 두 사람은 부부싸움을 했고, 싸울 때는 둘 다 화가 나기는 했지만 유난할 정도는 아니었다. 물론 그들은 둘 다 이상했다. 질문에 맞는 답을 하지 못하는 것도 이상했다. 그럼에도 그들이 현실에서 완전히 동떨어진 것은 아니었다. 단지 현실과 세상을 남들과 다르게 대할 뿐이다.

맬컴과 매디에게 흥미로운 점은 두 사람이 서로를 발견했다는 것이다. 유독 특이한 두 사람의 성격으로 볼 때 각자는 자기와 비슷한 누군가를 만날 확률이 매우 낮았을 것이다. 그럼에도 어찌어찌해서 (낭만적인 이상에 맞게) 사랑을 용케 찾아낸 것이다. 나는 지금도 어떻게 그런 일이 가능했는지, 두 사람이 어떻게 만나고 어떻게 서로를 유혹했는지 궁금하다. 프랑스문화원에서 (그곳이 어중이떠중이들로 들썩거리기 전에) 편하게 앉아 오래도록 행복하게 머물다가 겉만 번지르르한 허풍선이에 관해 대화를 나누었으리라.

아무도 보지 않는 밀실 안에서는 누구나 이상하다. 나는 알프레드 아들러Alfred Adler의 명쾌한 통찰에 동의한다. "정상인 사람은 우리가 잘 모르는 사람일 뿐이다."

The Incurable Romantic

12장

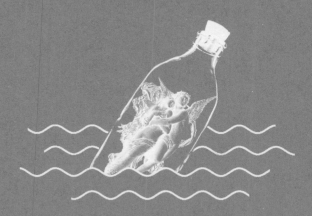

사랑을 해부하다

미친 듯이 사랑한다는 것

삶은 불확실하고 사랑은 삶의 본질이다.

강의 시간표에는 "뇌 절개: 해부학"이라고 적혀 있었다. 다른 두 학생과 해부실로 들어가자 동유럽 억양의 교수가 우리를 맞았다. 창가에서 배관공이 배관을 점검하고 있었다. 교수는 플라스틱 용기에서 뇌를 꺼내서 수돗물 아래 들고 있었다. 포르말린을 짜내고는 젤리 같은 덩어리를 대리석판 위에 놓았다. 우리 세 명은 굶주린 아이들처럼 의자를 앞으로 기울여 열심히 관찰했다. 교수는 뇌 표면의 주요 특징을 보여준 후 여러 곳을 섬세하게 절개해 대뇌반구를 조심스럽게 떼어냈다. 부엌이나 식당에서 들어본 소리가 났다. 즙이 많은 식재료를 뜯어내는 소리. 우리는 피질 하부 구조물을 살펴보았다. 이어서 교수가 큼직한 칼을 꺼내서 전두피질에서 후두피질까지 얇게 저며서 가로로 넓게 펼쳐놓았다. 그가 고개를 끄덕이자 우리는 서로를 흘끔거리며 씩 웃었다. 얇게 저민 뇌 조각마다 회색과 백색의 흥미로운 문양이 나타났다. 소뇌에는 생명의 나무라고 불리는 유난히 아름다운 나뭇가지 모양의 형상이 있었다. 배관공은 스크루드라이버를 가지러 나가서는 돌아오지 않았다.

나는 그 자리에 앉아서 교수의 유창한 영어를 들었다. 그 조각들에 어떤 기억의 흔적이 묻어 있을지 궁금했다. 남아 있는 조직의 일부를 (불가능한 과학기술의 도움으로) 동영상으로 변환할 수만 있다면 얼마나 좋을까. 나는 해부된 조각들에 음울하게 매료된 채, 계속 뚫어져라 쳐다보면 죽은 덩어리가 결국 비밀을 털어놓기라도 할 것처럼 하염없이 쳐다보았다. 나는 한 사람의 삶의 장면을 상상했다. 흥미롭게도 내가 상상한 장면은 모두 사랑과 친밀한 관계에 관한 것이었다. 구겨진 침대 시트 위에 누운 여인, 높은 창문으로 새어드는 햇살에 비친 그 여인의 벗은 몸, 포도주 잔 가장자리에 묻은 립스틱 자국, 바닷바람에 헝클어진 채 구름 한 점 없는 하늘을 배경으로 바로크풍 소용돌이 모양으로 돌돌 말린 긴 머리카락. 이런 장면, 이런 기억이 아직 그 조각들에, 어떤 모양이나 형태로든 남아 있을까?

사랑은 어떻게 작동하는가

사랑이 없다면 인생은 무슨 의미가 있을까? 사랑을 찾고, 사랑받고, 누군가를 사랑하지 않는다면 무슨 의미가 있을까? 하지만 사랑은 지적으로 이해하기 어렵다. 누구나 사랑에 빠져본 적이 있을 테지만 사랑이 어떻게 작동하는지는 거의 혹은 전혀 관심을 갖지 않는다.

　사랑이 문학의 관심을 끌 때는 대개 장르의 형식이다. 로맨스 소설은 그리 진지하게 받아들여진 적이 없고, 오해와 엇갈린 마음이라는 장치로 사랑의 어리석음에 웃게 만드는 로맨틱 코미디에서는 사랑의 비중이 더 적다. 게다가 사랑이 여자에게는 커다란 의미이지만 남자에게는 무시해도 좋을 정도의 의미밖에 되지 않는다는 이상한 믿음이 존재한다. 시인 바이런Byron의 유명한 말이 있다. "남자에게 사랑은 인생의 일부이지만, 여자에게 사랑은 존재의 전부다." 사랑은 깃털 장식이 달리고 향수 냄새를 풍기고 여흥을 주는 분홍색, 일종의 지적 자수다. 사치품이다.

　현실적으로 사랑은 다윈주의의 명령에 의해 결정된다. "인정사정 봐주지 않는" 냉혹한 야생의 한 측면이다. 사랑에 빠지면 정신질환을 일으키기 쉬운 상태가 되고, 사랑에 실패하면 그 결과가 치명적일 수 있다. 욕정은 뒤틀리고 추악해질 수 있다.

　그러면 우리는 왜 사랑에 관해 농담을 할까?

　프로이트는 사람들이 자기를 가장 불안하게 만드는 것을 별거 아닌 것으로 치부하려 한다고 설명했다. 사랑의 불안정한 속성으로 인해 우리의 나약한 내면이 노출되고, 우리는 당장 (사람이 가득한 방에서 서로 눈이 마주치는 짧은 순간에) 자기를 상실할 수 있다. 욕망에 이끌려 집착하고 광기에 휘말릴 수 있다. 삶이 송두리째 뒤집히고 혼돈 속으로 빨려 들어갈 수 있다. 그리고 성관계를 통해 사랑이 완성되면 겸허해진다. 서로의 몸의 구멍을 탐색하면서 우리도 그저 동물일 뿐이라는 사실을 깨닫는다. 체액을 교환하는 순간 인간의 우월성이나 교양이나 신성함에 대한 환상을 계속 붙잡기 어려워진다. 모순된 본성(문명화된 인간과 짐승의 본능)에 의해 일어나는 불편한 긴장 때문에 불안해진다. 사랑과 그 과열된 결과가 우리를 불안하게 만드는 것도 당연하다.

사랑은 다른 것일 수도, 아름다운 것일 수도 있다. 사랑은 광대하고 초월적이고 황홀할 수 있다. 사랑은 우리에게 완전해진 느낌을 줄 수 있다. 수많은 연구에서 사랑은 (충만하고 장기적인 관계의 사랑은) 행복하게 오래 살게 해준다. 사랑은 죽음의 신에게 다른 날 오라고 당당히 요구할 정도로 강력하다. 사랑 없는 삶이란 목적도 없고 피상적이고 고독하고 실체가 없는 것 같다고 사람들은 말한다. 사랑은 한 세대에서 다음 세대로 유전자가 전해지는 과정, 곧 인류 전체를 십자뜨기로 재결합하는 영원한 과정을 촉진한다. 사랑은 인류의 모든 공통점 중에 가장 위대한 한 가지다.

사랑과 진화

사랑은 번식 성공률을 최대로 끌어올리기 위한 진화적 압력에 의해 선택되었다. 원시 환경에서 아이들은 부모 양쪽 모두에게 헌신적인 보살핌을 받을 때 생존 가능성이 훨씬 높았다. 그런데 애초에 이런 상황이 어떻게 벌어졌을까? 사랑의 진화에 대한 **궁극적** 설명은 무엇일까? 이 질문의 답은 수돗물 아래서 해면처럼 꾹 짠 다음 얇게 저미면서 죽 펼쳐놓을 수 있는 것에 있다.

대다수 동물들과 달리 인간의 아기는 먹을 것을 구하고 스스로를 보호하는 능력이 심각할 정도로 떨어진다. 얄궂게도 이렇게 심각하게 무력한 이유는 뇌 크기 때문이다. 지능은 인간에게 막대한 혜택을 주었고, 덕분에 인간은 지구를 지배할 수 있었다. 그런데 뇌가 커진 탓에 출산이 몹시 위험해졌다. 머리가 크면 산도에 걸리기 쉬워서 아기와 산모가 위험해질 수 있다. 진화의 측면에서는 뇌 크기가 최적화되어야 하지만 그전에 우선 자손이 살아남아 자식을 낳아야 한다. 이렇게 곤란한 처지에서 타협이 필요해졌다. 인간의 아기는 다른 포유류에 비해 미성숙한 상태로 태어나고 뇌는 자궁 밖으로 나온 이후에 마저 성장한다. 결과적으로 인간의 아기는 매우 취약한 상태이므로 옆에서 누가 정성껏 돌봐주어야 한다.

원시 환경에서 아기가 살아남으려면 부모가 적어도 3~4년간 유대를 지키면서 관심을 가져줘야 한다. 아기가 미숙한 한계를 극복하고 어느 정도 독립성을 확보할 때까지 걸리는 시간이 3~4년이다. 부모의 유대가 일시적이라도 매우 강력해야, 사실은 압도적이어야 한다. 인류의 미래가 달려 있기 때문이다. 그래서 우리는 사랑의 노예가 되는 것이다.

사랑에 빠지면 더 이상 자유롭지 않다. 이성의 능력을 타협한다. 유전자는 우리가 배우자가 될 상대에게 냉담하게 다가가기를 원하지 않는다. 우리가 열정에 타버리기를, 간절하고 무모해지기를 바란다. 미친 듯이 사랑하기를 바란다.

우리의 조상들이 미친 듯이 사랑하지 않았다면 그 자식들이 살아남지 못했을 것이고, 성인에 이르지도 못해 큰 뇌를 써먹지도 못했을 것이며, 지금 당신은 이 책을 읽고 있지도 않을 것이다.

진화의 압력은 지능을 선택했지만 지능은 (머리를 커지게 만든 것만이 아니라) 추가로 다른 문제를 일으킨다. 큰 뇌는 우리가 본능을 무시하게 만든다. 이것이 관건인 이유는 유전자가 원하는 것(번식)과 우리가 원하는 것(자유)이 꼭 일치하지는 않기 때문이다. 뇌가 크면 관심이 가고 선호하는 대상을 우선적으로 선택할 수 있다는 뜻이다. 사실 조상들 중에서 배우자와 자식을 버리는 쪽을 선택한 사람이 늘어났을 수도 있다. 성관계만 갖고 결혼하지 않는 쪽을 선택했을 수도 있다. 그랬다면 결국 인류는 멸종했을 것이다. 따라서 진화는 다른 방법으로 이런 위험성을 보완했다. 적어도 3~4년간은 철저히 이기적인 동물로서의 삶을 멈추게 만든 것이다. 그사이 애착을 형성하고 자식을 낳고 돌봐야 한다. 그리고 이 목적은 사랑에 빠져서 개인의 이기심을 채우는 합리적 행동이 불가능해져야 달성할 수 있다.

진화가 맹목적이라는 점을 강조할 필요가 있다. 종합 계획이 없고, 그런 이유로 '의도치 않은' 부작용이 많다. 우리는 큰 뇌 덕분에 진화 프로그램으로부터 어느 정도 자유를 누릴 수 있다. 지극히 '인간적인' 무수한 이유로, 가령 동료애, 유머감각, 다정함, 화합성, 함께 간직한 기억, 매력적인 미소, 한밤중의 온기, 제비꽃 빛깔 푸른 눈동자에 이르기까지 여러 가지 이유로, 진화의 편의주의적인 최저선을 한참 웃도는 사람을 짝으로 선택할 수 있다. 모두에게 저마다의 사연이 있다.

우리가 놓치는 삶의 본질

이 책에서 나는 사랑이라는 주제와 함께 사랑과 정신건강의 관계에 관해 폭넓게 접근하자고 제안했다. 새로울 것 없는 주장이고, 무수한 고전에 헤아릴 수 없이 많이 나오는 관점이다. 그럼에도 나는 각종 병원과 심리치료 상담실에서 환자들을 만나면서 우리가, 곧 사회 전체가 인간 조건의 주요 측면을 가볍게 여기다가 큰 대가를 치렀다고 생각한다. 히포크라테스와 루크레티우스와 이븐 시나가 그들의 세계관에 손쉽게 통합한 개념을 현대의 우리는 더 이상 이해하지 못하는 것이다. 고대 그리스와 로마와 11세기 페르시아의 의사가 상사병(비교적 학술적인 용어) 같은 상태에 관해 현대의 심리치료자보다 해줄 말이 더 많은 것 같다. 나는 임상심리학자가 되기 전 8년 동안 심리학을 공부했지만 낭만적 사랑이라는 주제로는 고작 한 시간 강의를 들은 것이 전부였다. 우리는 사랑에 빠지거나 사랑에 실패하면 심각한 고통에 시달릴 수 있다. 하지만 그 고통에 관해 (특히 정신건강 전문가에게) 솔직히 털어놓기를 꺼린다. 그런 고통이 사춘기적이거나 어리석거나 창피한 것이라고, 혹은 성적 환상과 충동이 더럽거나 변태적이라고 생각하도록 길러졌기 때문이다. 정신 차리라거나 자제하라거나 창피한 줄 알라는 소리나 들을 뿐이다. 하지만 감정은 뇌에 깊숙이 뿌리내리고 있으므로 여간해서는 통제하기 어렵다. 전문가의 도움을 구한다고 해도 갈망하고 욕망하는 마음이 치료된다는 보장이 없다. 치료의 목적은 병을 낫게 하는 것보다는 관리하는 데 있다.

사실 우리가 뇌를 직접 들여다볼 기회는 거의 없다. 요즘은 신경과학자들도 연구 대상을 직접 들여다볼 필요가 없다. 뇌 영상 기술의 발달로 과거의 뇌 절제 기법이 불필요해졌기 때문이다. 나는 '뇌 절개' 강의에 호기심을 느끼고 매료되었다. 나는 (가을 분위기의 조명 속에서 희미하게 빛나는) 그 조각들을 떠올리고, 현란한 회백질의 문양 속에 사랑의 기억이 희미하게나마 끈질기게 남아 있을 거라고 생각한다.

그때 해부학 교수에게 더 집중했더라면 좋았을 걸 그랬다.

당시의 상황과 주변 환경은 영화의 클리셰처럼 기묘하게 암시적이었다. 동유럽의 과장된 강세, 내가 실험실에 앉아 있다는 사실,

인간의 뇌를 요리하듯이 준비하고 펼쳐놓는 괴기스러운 분위기까지. 그 교수가 정확히 어디에서 왔더라? 트란실바니아에서 꽤 가까운 어딘가에서 온 사람일 거라고 나는 상상했다. 완벽하다.

그때 내가 더 예리했다면 교수의 나이를 추정하고 그의 억양이 뱀파이어가 나오는 영화 이상의 의미를 담고 있다는 점을 알아챘을 것이다. 그런 사람에게는 흥미진진한 역사가, 뇌와 인생과 사랑에 대한 나의 철학적 고찰에 깊이를 더해주고 풍성하게 만들어주었을 만한 과거가 있을 거라고 판단할 수도 있었다. 강의가 끝나자마자 바로 실험실에서 나가지 않고 더 머물면서 질문을 던지고 그 교수와 심도 깊은 대화를 나눌 수도 있었다. 하지만 나는 그러지 않았다. 유감스럽게도 내 호기심은 트란실바니아와 드라큘라 성의 희미한 첨탑까지밖에 이르지 못했다.

최근에 그 해부학 교수가 홀로코스트 생존자라는 사실을 알았다. 그는 베르겐벨젠 강제수용소에서 겨울을 보냈고, 그곳에서 아버지를 잃었다. 당시 그는 어린아이였다. (지금도) 그의 회백질 속에 어떤 기억이 스며들어 있을지 생각하면 섬뜩하다.

삶은 불확실하고 사랑은 삶의 본질이다. 나는 나이를 먹으면서 이처럼 진부한 표현을 자주 되새기는 것이 좋다는 걸 깨달았다. 우리 인간은 명백한 진실을 잊어버리는 경향이 있다.

상처로부터 다시 시작하기

"그이가 미워요. 그이가 미워요."

베리티는 중년의 주식 중개인의 아내이고 부유한 상류층 출신이었다. 한때 사교계에 진출한 상류층 여성으로, 평생 오전 커피 모임에 나가고 마을 축제와 마술馬術 경연대회와 윔블던과 자선행사에 참석하고 글라인드본으로 오페라를 보러 다니며 살았다. 장성한 자식들을 떠나보내기는 했지만 삶의 목적을 잃고 상실감에 시달리지는 않았다. 사는 게 좋았다. 늘 괜찮은 인생이었다.

그런데 어느 날 남편으로부터 그야말로 마른하늘에 날벼락 같은 말을 들었다. 자기는 더 이상 행복하지 않다고 했다. 남편은 켄트의 시골집에 가서 살기로 했고, 이혼을 원했다. 베리티는 다른 여자가 생겼냐고 물었지만 남편은 그런 게 아니라고만 대답했다. 베리티는 그 말을 믿지 않았다. 물어보는 방법으로 답을 듣지 못하자 직접 과감한 방법을 시도해보기로 했다. 값비싼 가운과 꽃무늬 드레스 대신 전투복을 차려입고 남편이 이사한 시골집 근처 들판에서 며칠 밤을 감시했다. 고성능 망원경과 망원렌즈가 달린 카메라와 장거리 도청기까지 구입했다. 더는 사교계의 세련된 안주인이자 네 자녀를 둔 어머니로 행동하지 않았다. 적진에서 임무를 수행하는 첩보요원처럼 행동했다. 완전히 다른 사람이 되었다. 친구들은 베리티가 미쳤다고 생각했다.

내가 베리티를 만났을 때 그녀는 병원 침상에서 다리를 꼬고 앉아 있었다. 나는 그 앞에 고리버들 의자에 앉았다. 마거릿 대처의 전기와 애거서 크리스티의 소설이 침대 옆 협탁에 먼지 앉은 물병과 종이컵 옆에 놓여 있었다. 베리티는 늘어진 카디건과 운동복 바지를 입고 있었다. 머리가 헝클어지고 얼굴에 주름이 깊게 파였다. 단기간에 체중이 빠진 탓에 턱 밑 살이 늘어졌다.

"그이가 미워요." 베리티가 비통하게 말했다.

알고 보니 다른 여자가 있었다. 젊고 아름다운 여자였다. 베리티는 감시를 그만두지 못했다. 남편의 새 인생을 속속들이 알고 싶었고, 얼마 안 가서 모든 것을 알아냈다. 그러자 자존감이 무너지고 임상적 우울증에 걸렸다.

"그냥 진실을 알고 싶었을 뿐이에요. 나 스스로에게 그렇게 말했어요. 그이가 그렇게 거짓말로 둘러대고 그냥 넘어가는 걸 가만두고 싶지 않았어요. 내 지성이 능멸당한 느낌이었어요. 내가 왜 계속 그 짓을 했는지는 잘 모르겠어요. 강박적이고 병적으로 변해버렸어요." 베리티는 머리를 움켜잡았다. 뇌가 조각나서 흩어지지 않도록 붙잡으려는 듯이. "어쩌다 여기까지 왔는지 모르겠어요." 그녀는 병실을 둘러보며 겁먹은 눈으로 자기가 정신병원에 있다는 걸 깨달았다. "내가 누군지 더 이상 모르겠어요." 그녀는 한동안 울었고, 나는 티슈를 건넸다.

베리티는 눈물을 훔치고 말했다. "그 애, 전 그 여자를 애라고 생각해요, 동양 여자였어요, 중국인인가…." 비통한 마음이 잦아드는 듯했다. "다들 저보고 바보 같다고 하겠죠. 소문이 돌겠죠, 물론. 이런 게 원래 그렇잖아요. 다들 세심하지 못하고 남의 일에 대해 함부로 말하죠. 그런데 내가 그렇게 바보 같아요?" 베리티는 생각에 잠긴 듯 두 손으로 턱을 받쳤다. "그이가 미워요. 그래도 그러는 게 옳지 않다는 건 알아요." 기억의 잉걸불이 무거운 한숨에 다시 타올랐다. 호텔 방, 파리의 레스토랑, 바람이 거세던 어느 날의 해변 산책, 이런 기억일까? "그이가 진짜로 미웠다면 이렇게 상처 받지도 않았겠죠. 이렇게 내 마음이 아픈 건…." 그다음 말을 잇기 어려웠을 것이다. 그녀의 얼굴에 긴장이 역력했다. "아직 그이를 사랑해서죠."

내가 기다린 대답이었다. 자아 인식, 진실. 내가 뭔가를 해볼 수 있는 재료가 나온 것이다. 이제 우리는 여기서부터 시작할 수 있다.

사랑이 없다면 인생은 무슨 의미가 있을까?

옮긴이 문희경
서강대학교 사학과를 졸업하고, 가톨릭대학교 대학원에서 심리학을 전공했다. 전문 번역가
로 활동하고 있으며 옮긴 책으로는《우리가 모르는 사이에》《대화에 대하여》《신뢰 이동》《우
아한 관찰주의자》《인생의 발견》《공간이 사람을 움직인다》《식탁 위의 세상》《밀턴 에릭슨의
심리치유 수업》《타인의 영향력》《플로팅 시티》《장사의 시대》《너브》《우리는 왜 빠져드는
가?》《유혹하는 심리학》《공감의 뿌리》《빅 브레인》 등이 있다.

심리치료실에서 만난 사랑의 환자들

초판 1쇄 발행 2019년 9월 4일

지은이 | 프랭크 탤리스
옮긴이 | 문희경
발행인 | 김형보
편집 | 최윤경 박민지 강태영 이환희
마케팅 | 이연실 김사룡
경영지원 | 최윤영

발행처 | 어크로스출판그룹(주)
출판신고 | 2018년 12월 20일 제 2018-000339호
주소 | 서울시 마포구 양화로10길 50 마이빌딩 3층
전화 | 070-8724-0876(편집) 070-8724-5877(영업) 팩스 | 02-6085-7676
e-mail | across@acrossbook.com

한국어판 출판권 ⓒ 어크로스출판그룹(주) 2019

ISBN 979-11-90030-16-8   03180

이 도서의 국립중앙도서관 출판예정도서목록(CIP)은 서지정보유통지원시스템 홈페이지
(http://seoji.nl.go.kr)와 국가자료공동목록시스템(http://www.nl.go.kr/kolisnet)에서 이용
하실 수 있습니다.(CIP제어번호 : CIP2019031448)

만든 사람들
편집 | 박민지
교정 | 오효순
표지디자인 | 오필민디자인
본문조판 | 성인기획